演劇ワークショップで
つながる子ども達

多文化・多言語社会に生きる

松井かおり ——〔編著〕

田室寿見子 ——〔著〕

成文堂

背中合わせで立ち上がるワーク
（昼間定時制高校有志とさつき教室生徒、2014 年　可児市国際交流協会）

ミゼルの歌に合わせて演じるさつき教室生徒
（セルフストーリー発表、2014 年　可児市総合会館分室）

放課後ワークショップ講座に参加した大学生とサポーター
（PIE プロジェクト、2015 年　朝日大学）

エリザの「マイマップ」
（PIE プロジェクト、2015 年　可児市総合会館分室）

子ども達全員の「マイマップ」
（PIE プロジェクト、2015 年　可児市総合会館分室）

自分の「島」にゲストを招いてセルフストーリーを語る子ども達
（PIE プロジェクト、2015 年　朝日大学）

旅の目的地を探すバス・ドライバー役の陽次郎
（PIE プロジェクト、2015 年　朝日大学）

思い出のシーンを演じる子ども達
（演劇ワークショップ合宿、2016 年　可児市総合会館分室）

講師のシャロンとスチュワートを囲む参加者たち
（演劇ワークショップ合宿、2016 年　可児市総合会館分室）

チーム対抗の「サイン・リレー」
（演劇ワークショップ合宿、2017 年　各務原市少年自然の家）

待望のランチで一息
（演劇ワークショップ合宿、2017 年　各務原市少
年自然の家）

ファイヤー・ボールを投げるマルセロ
（演劇ワークショップ合宿、2017 年　各務原市少年自然の家）

はじめに

　『ドキュメンタリー演劇の挑戦―多文化・多言語社会を生きる人々のライフヒストリー』が世に出てから3年が経ちました。本著はその姉妹版です。今回は岐阜県可児市とその近郊に定住することになった外国人の子ども達に焦点をあて，彼らが演劇ワークショップの体験を通し，どのように自分を理解し，コミュニティーの一員となっていくのかを見つめました。多くの子ども達が親の都合で突然の来日を余儀なくされ，家族や仲間の中で，教室で，地域社会で，様々なコミュニティーへの帰属を強いられ葛藤する様子がワークショップの活動の中でも見え隠れします。またそのとき，一緒に演劇ワークショップで活動した日本人学生は何を感じたのか，教師はどのように彼らを見守ったのか，ワークショップを創るファシリテーター，コーディネーターが活動の場で大切にしたことは何だったのか，その活動を地域の外の研究者がどのようにとらえたのかなど，演劇ワークショップに関わった様々な立場の人たちの記録です。

本書の活動地域と外国籍の子ども達

　最初に，活動の舞台となった岐阜県可児市と演劇ワークショップに参加した子ども達について簡単に触れておきます。

　岐阜県可児市は，県南部（中濃地方）にある人口10万人余の地方小都市です。岐阜市，名古屋市に通勤が可能なことから，ベットタウンとして，また県内最大級の工業団地を抱える地方工業都市として人口を伸ばしてきました。外国人人口は7660人（2019年現在）で市の全人口の7.5％を占めています。外国人人口比の全国平均が2％（2019年現在）であることをみても，その多さが際立ちます。1990年の出入国管理法の改正以来，就労可能な地位を得たブラジル人など南米日系人を中心に，可児市の自動車・家電関連工場へ「出稼ぎ」労働者が押し寄せました。一時不景気のため，外国人人口は減少したものの，現在はピーク時を上回る数の外国人が居住しています。その

働き方も，当初の出稼ぎから家族を伴った定住型へ移行し，外国籍の児童・生徒の数も増加し続けてきました。現在は 675 人（2019 年現在，外国人学校で学ぶ児童，生徒を除く）の子ども達が市内公立小学校，中学校で学んでおり，この人数は全児童・生徒数の 8.2％にあたります。国別ではフィリピン人の子ども達が最も多く，次いでブラジル人の子ども達となっています。ちなみに外国籍の子ども達の数に，日本国籍であっても海外にルーツがある子ども達は含まれていません。

可児市国際交流協会さつき教室

　本書で活動の主体者となっている子ども達が学ぶ教室です。可児市では，2001 年頃から外国人の児童生徒数が急増することによって，学校現場は日本語ができない子ども達への対応に困り，不就学児やドロップアウト，いじめなど問題が噴出しました。そこで，これらの課題に対応するため，市民による任意団体の可児市国際交流協会が設立され，子ども達の年齢や日本語レベルに合わせた学習・進学支援を行っています。その中の教室のひとつである「さつき教室」には，中学の学齢を過ぎて来日し，日本の高校への進学を希望する子ども達が集まっています。たとえ母国で大学に進学していた子どもであっても，日本では受験を乗り越えないと高校への入学が許可されず，彼らにとっては日本語学習と並んで，教科学習が高い壁となっています。

本書の構成

　第 1 章は，移民，難民の受け入れ先進国である英国で，演劇的手法が教育場面やマイノリティーの社会包摂のためのプログラムに用いられるようになった経緯や，英国内の地域（劇場，博物館，図書館，福祉施設などを含む）や学校で，アーティストが現場と連携して展開する演劇ワークショップの事例を豊富に紹介しています。

　第 2 章は，地域をあげて海外にルーツがある子ども達の教育支援に取り組み，その理念と方法が全国モデルとなっている可児市国際交流協会の事務局長と，可児市に多文化共生のための演劇活動の種をまき，ファシリテーターやサポーターの育成を継続的に行ってきた演出家が，2011 年から 2017 年度

までの 7 年間の演劇ワークショップの活動を振り返ります。短期間の演劇ワークショップであっても，外国人の子ども達にとって，教室内の仲間づくりや彼らのアイデンティティ形成にポジティブな影響を与えていると評価しながら，一方で，課題に応じたワークショップを創ることの難しさや，外国人ファシリテーターと日本人指導者が協働してプロジェクトを行う事例で噴出した様々な軋轢についても隠さず記述し，ワークショップ事業者，ファシリテーターに対する課題を突き付けています。

　第 3 章は，昼間定時制高校で学ぶ日本人高校生と可児市国際交流協会の教室で学ぶ同世代の子ども達の交流発表会の記録です。実際に子ども達が発表会で行った自己語りの発話台本が全て収録されています。

　第 4 章は，2015 年に英国の演劇ユニット，パカマを 1 週間招聘し，可児市のさつき教室の子ども達と，大学生，留学生が共同パフォーマンスを行った「PIE プロジェクト "Phakama in Education for Youth inJapan"」を取り上げます。パカマの「ギブ・アンド・ゲイン」の理念が確立した経緯や，その理念がどのように演劇ワークショップ活動の中に具現化されているのかを考察します。さらに，ファシリテーター，参加者の声とともに，記録映像を使った振り返り会で，参加者の感情が再び揺すぶられ，協同的に参加者の声が創られていく様子が分析されています。

　第 5 章は，2016，2017 年度にさつき教室や卒業生，大学生，留学生が寝食を共にした演劇ワークショップ合宿の記録です。日本人指導者によるフィールドノーツとともに，施行されたワークショップ活動が時系列で記述され，子ども達の一日の様子を窺い知ることができます。またこの合宿を企画した日本人指導者たちが，子ども達の合宿後の変化についても見逃さずに述べています。

読者の方へ

　本書は，応用演劇に関心がある方，教育者，外国人集住地区の地域行政に携わっている方だけでなく，広く一般の方を読者に想定しています。外国人の子ども達の暮らしや気持ちに関心がある方はまず第 3 章を，演劇ワークショップとは何か，どのような過程を経て作品を創るのかに興味がある方は，

まず第4章，第5章からお読みください。もちろん第1章から読んでいただければ，英国を事例として，なぜ社会が演劇的な活動プログラムを必要とするのかという大前提をよりよく理解することができると思います。また外国人集住地区で地域行政や教育に携わっていらっしゃる方は，第2章からお読みいただき，「流行りの」ワークショップ活動を継続していくこと，ファシリテーターの育成を地元で進めることの意義を改めて考えていただければと思います。

　今回の出版に当たり，お忙しいなか国内外の多くの方にご寄稿いただきました。心からお礼申し上げます。現在進行形の仕事をこなしながら，過去の出来事を振り返るというのは簡単な作業ではなかったはずです。それにも関わらず，多くの寄稿者が執拗な編者の修正提案にも快く応じてくださり，終了したワークショップの問題点もご指摘くださいました。また編者が，私事，編集の最終段階で思わぬ病を患い，十分な働きができなくなったとき，共著者の田室寿見子氏や寄稿者の山田久子氏から，活動データのまとめや写真の選出など多大なご助力とご助言を受けました。心よりお礼申し上げます。

　本書の出版では，前著に引き続き成文堂の飯村晃弘氏にお世話になりました。時間も予算もない状況で，最善を尽くしてくださいました。感謝申し上げます。また本書は，JSPS科研費（JP 17K04585）の助成を受けました。謝意を表します。

2020年1月　編集者記

目　　次

第1章　英国の演劇ワークショップの実際

1. 演劇は社会とともにある——英国演劇と教育——

中山夏織

はじめに

　「英国の教育演劇の意味」という筆者に与えられた命題は，理念も実践も非常に多様であるとともに，巨大な規模を持ち，わかりやすく説明することは不可能と言わざるを得ない。不可能を承知の上で本稿が試みるのは，その理念と実践の地図化であり，その経緯と展開である。手始めに整理しておく必要があるのは用語である。

(1) 演劇と教育をめぐる用語と政策の変化

　「教育演劇」という訳語は，ブレヒトで用いられるものの，少し違和感を伴う。drama education または theatre education は，一般的には演劇教育と訳してきた。しかし，この2つの言葉は包括的な意味をもち，ある特定の活動を意味する際には用いない。学校で教師より指導される演劇教育を説明する用語としては，drama in education（DIE），1965年以降，プロの劇団や劇場が教育的目的をもった参加型作品で学校をツアーする劇団やその概念，活動を指す言葉として theatre in education（TIE）が使われてきた。

　そもそも演劇にかかわる英語の翻訳は不可能に近い。A play is play は，演出家ピーター・ブルックの著書『何もない空間 The Empty Space』の最後を締める言葉である。「劇は遊び」と訳されてきた[1]。学問としての演劇学では，drama は演劇／戯曲，theatre は演劇／劇場であり，いずれもコンテキストを読み込みながら訳し分けていく。ややこしくするのは，応用演劇や演劇教育学では，演劇学とは異なる訳し分けを必要とすることである。すなわち，「ドラマ」はプロセス重視の活動を，「シアター」は成果を求め，上演を伴う活動を意味する。演劇教育の巨人ピーター・スレイド Peter Slade，ブライアン・ウェイ Brian Way がもたらしたこの区分と実践は，英国の演劇教育，応用演劇の実践を理解するうえで，不可欠な基礎知識である。

さらに，時代による変化にも目を向けなければならない。例えば，演劇教育でしばしば登場する創造手法ディバイジング devising は，90 年代に至るまで殆ど登場しない。それ以前は集団創造 collective creation と呼ばれていた。ちなみに，本書が主に扱う活動─ワークショップは，「作業場」「工場」を意味する。戦後，一世を風靡した演出家ジョウン・リトルウッドの劇団シアター・ワークショップは，実際，労働者演劇を標榜していた。しかし，時代とともに意味が変わる。いま，ワークショップという言葉は，創造の準備過程，あるいは単発の活動に対して使われることが多いように思う。

加えて，社会政策や文化政策の変化にも触れておく必要があるだろう。経済学者ケインズが英国芸術評議会（ACGB）を設立以来，英国の文化政策は「質の高さ excellence」と「アクセス access」をその旗印としてきた。ところが，90 年代半ば頃になると，もはやアクセスでは十分ではないという認識が生まれ，「参加 participation」へと変化した─さらに，イングランド芸術評議会は 2019 年 4 月，エクセレンスでも十分ではないとして，そこに「適切性 relevance」を導入すると発表した[2]。児童青少年を対象とする事業では適切性は，まさに的を射たものだが，芸術創造一般には悩ましい側面をもつことになるだろう。

アクセスから参加へ政策の転換の後押ししたのは，1997 年，フランソワ・マタラッソ Francois Matarasso 著『利用か飾りか Use or Ornament』報告書である[3]。人々が芸術活動に参加することの，社会的インパクトを初めて検証した報告書である。芸術活動に参加することが，自信を培い，スキルを高め，教育的効果をもたらすとともに，就業可能性を高める；社会的連帯を培う；環境の刷新や健康の推進につながる…等々，それまでの「経済的便益」に偏りすぎた公的助成の理論的根拠の議論に一矢を報いた。

教育 education という用語を避けるようになったことも重要な変化である。きっかけは，1997 年，「エデュケーション，エデュケーション，エデュケーション」を標榜して誕生したブレア政権が委嘱した「創造的かつ文化的教育についての国家諮問委員会」が 2001 年に発表した『すべて私たちの未来─創造性，文化，そして教育 All Our Future: Creativity, Culture & Education』報告書であり，その座長ケン・ロビンソン Ken Robinson の

「教育は社会的に用いるにはいやな言葉である」[4] という認識である。この報告書がイングランドでは 2002 年に始まる「クリエイティブ・パートナーシップ」という貧困地域の青少年たちの芸術による校外活動を推進する国家プロジェクトを生み，スコットランドでは「クリエイティブ・リンクス」をもたらした。政権交代により，このイニシアティブは 2011 年に終わりを告げるがこれらのプロジェクトがもたらしたものは小さくない。

　この頃から，劇場や劇団のエデュケーション活動を担う部署もその名称を creative learning へ変え始めた。教育という語とその目的は，一方的なまでの上から目線を否定できず，人々に嫌悪感や苦手意識を与えてしまう。とりわけ学校以外の場所での活用は，逆効果にしかならない。学校を離れた場所での芸術活動に参加が新世紀のコンテキストであり，そこに教育の語はそぐわない。

　本書が主眼をおく演劇の「包摂 inclusion」を目的とする活動の背景と，それを支える政策的根拠は，世界史の大きな変化からも切り離せない。理想主義的な政策を掲げる EU と，大量に流れ込み始めた難民・避難民の問題である。EU がもたらしたものの一つが，「障害者差別禁止法」（1995）である。ミレニアムに向けて英国全土の芸術施設・劇場等はサービス機関として，バリアフリー化が義務付けられた—これを財政的に支えたのが，その前年に復活した国営宝くじである。また，1997 年，ヨーロッパ評議会 Council of Europe の「文化と発展にかかるタスク・フォース」が文化による「包摂」についての報告書『周縁から中心へ In from the Margins』を世に出し，社会経済的に疎外されている人々を内包することを，文化政策や芸術文化活動の根幹に置くべきだと提言している。

　さらに，1999 年のコソボ紛争，エチオピア・エリトリア紛争は，英国に膨大な数の難民・避難民をもたらした。NATO のセルビア空爆により，1999 年 4—6 月のあいだにコソボから避難してきた 4,455 名の内，1,833 名が，英国政府から 1 年間の滞在許可と，就労許可あるいは手当支給が認められた。ジョン・レタラックの戯曲『ハンナとハンナ Hannah and Hanna』（2001）が描く海辺の地方都市マーゲートには，その避難民の多くが殆ど一夜にして流れ込んだ。さらに，EU 加盟国が東ヨーロッパへ広がるにつれ，

経済的に恵まれない国々からも多くの人々が流れ込んだ。前述のクリエイティブ・パートナーシップは，まさに，貧困地域の英国人の児童青少年のみならず，難民・避難民・移民を取り込みながら／中心にすえながら様々な活動を展開したのである。

　もう一つ，忘れてならないことがある。2003年の児童虐待の現状とパートナーシップの不在を明らかにした報告書『子どもにとって大切なことEvery Child Matters』を受けて，2004年，児童法が改正されたことである。子どもと関わる機関・団体はすべて「子ども保護政策 child protection policy」の策定とその実行が法的に義務付けられたのである[5]。児童青少年の関わる演劇活動も例外ではない。

(2) 演劇と教育の出会い

　1921年の英語の指導に関する国家教育委員会の報告書は，英語がきちんと指導されていない現状を指摘するとともに[6]，次のように英語教育における演劇の重要性に触れている。

　　(1)　書かれるべきものとして
　　(2)　読まれるべきものとして
　　(3)　演じるべきものとして

　そして，(3) は，さらに3つに細分化される。
　　(a)　授業でのシーンあるいは作品の上演
　　(b)　子どもたちによる演劇の公演
　　(c)　プロによる適切な演劇公演への子どもたちの訪問[7]

　しかし，この報告が演劇に期待したのは，多分に詩の朗読やプレゼンテーションといったスピーチ力の向上だった[8]。1926年の『生涯学習における演劇』報告書では，演劇の価値のみならず，他の科目などを学ぶツールとしての役割をも指摘した[9]。多くの報告書が大戦間に上梓されるが，文芸としてのシアターから，教育手法としてのドラマへのシフトが始まるのは1930年代である。1937年発行の『教師のためのハンドブック』には，進歩的教育

の広がりもあって，より教育的な側面，より子どもの成長に特化した側面が見えてくる。演劇はスピーチ，ムーブメント，自信の発展に貢献すると考えられるようになった[10]。公教育の完全無償化を成し遂げた 1944 年，48 年の 2 度の教育法の改正は，教育の場に理想主義と自由主義をもたらし，子どもを中心においた教育の模索へとつながった。時代の空気は，空っぽの子どもたちに役に立つ知識だけを丸暗記で詰めこむだけの教育から，子どもたちがすでにもつものを引き出し，高め，問題を考え解決する能力へ，そして協働，自己発見へ…と。さらに，行動を通して他のことを学ぶ learning by doing という新しい教育理論も広がりはじめた。

(3) ピーター・スレイドとブライアン・ウェイ

　演劇と教育を語る時，決して忘れてならないのが，ピーター・スレイドとブライアン・ウェイである。両者とも演劇人でありながら，学校のカリキュラムとしての演劇—DIE の基礎をつくり上げた。フリーの俳優・演出家・ストーリーテラーとして働いてきたスレイドは，1943 年，31 歳でアマチュア演劇の指導者育成に携わったことから，教育に関与を始める—1930-40 年代はアマチュア演劇，労働者演劇が世界的に盛んだった時代である。しかし，彼の関心は，アマチュア演劇よりも子どもたちを啓発する実践に向けられ，演劇教育における最初のプロフェッショナルとなった[11]。興味深いのは，それ以前から額縁舞台ではない演劇のあり方を模索するとともに，また問題児や学習困難児との演劇活動に携わっていたことである。彼の有名な理念「チャイルド・ドラマ」には，多分にセラピーかつ予防的な要素が含まれているが，そのルーツはこの活動に遡る。

　1948 年，教育省は，学校におけるドラマについての作業部会を設置し，そのメンバーにスレイドを招き入れた。「将来のドラマ指導は，既存の演劇の伝統の多くを投げ打つことをも含み，少なくとも中学校までは，ドラマは科目としてではなく，自然な活動として認知されるべき」であり，「教師はときに『芸術的アウトプット』の欠如ゆえに，『劇化』については配慮を要する。想像力が『燃え盛る』よりも，ただ『焼け焦げ』になってしまうからだ」，さらには「言語（の発展）はムーブメントから自然な発展としてみい

だせる」[12] と位置づけた。

　スレイドの理念は，1954年，『チャイルド・ドラマ Child Drama』として出版された。彼の語る「チャイルド・ドラマはそれ自体が芸術形態であり，誰かによって作られるものではなく，人間としての実質的な振る舞い」[13] と要約される。子どもの遊びこそが重要であり，子どもにとっての，考え，引き起こし，リラックスさせ，作業し，覚え，試し，創造し，夢中になる方法だとした。ただ放任して遊ばせるのではなく，最良のチャイルド・プレイは，大人により意図的に周到に仕掛けられた上にのみ生まれると考えた[14]。そのために，スレイドは，「ドラマの授業における自然発生的なプロセス」と，「幅広い意味におけるドラマ」，「大人の理解するシアター」の区別を強調した[15]。ダンスにも強い関心を示し，ラバン・システムの影響を受けながらも，より自由な表現形態をめざした[16]。だが，後に「くねくねとしたムーブメント」として批判されることになる。

　一方のウエイは，『チャイルド・プレイ』編集にも携わった[17]友人であり，後継者である。しかし，ウエイは子どもの遊びそのものを芸術と見なさず，遊びが奨励する「自然な」発展プロセスを回復させる手段として学校におけるドラマを見た[18]。ウエイは，1967年，『ドラマによる表現教育 Development Through Drama』を出版した。同書は，理念と実践的アドヴァイスを含み，第二世代の若いドラマ教師たちを刺激した[19]。ドラマ教育が自信を高め，意識向上と他者の認識を奨励し，集団としての協働を教え，寛容と理解の質を高め，自立した存在となるのを助けるという思想を世界中に伝播させた[20]。ルソーの亡霊が見えるという批判もあるが[21]，60年後半から70年代にかけて世界的にバイブルの役割を果たした。

　ウエイの功績の一つは，スレイドの「ドラマ」と「シアター」との差異をより明確に区分し，演劇教育全般の指針を作り上げたことにある。以後の多くの理論家は，この骨子を支持しつつ様々に論じてきた。ウエイにとって，「シアター」は俳優と観客のあいだのコミュニケーションであり，教育のコンテキストからすれば，上演を意図するプロセスで出会う様々な要素から子どもたちは学び，一方，「ドラマ」では，子どもたちによる「体験」に主眼が置かれ，参加する子ども以外，そこに観客は存在しない[22]。ウエイは劇団

「シアター・センターTheatre Centre」を主宰し，TIE の発展にも与した。演劇人でありながら，非演劇的手法をも取り入れ，子どもたちの内面の発展に寄与した。

(4) 児童青少年演劇とシアター・イン・エデュケーション

　プロによる子どもを対象とした演劇，つまり児童青少年演劇は 20 世紀初頭に始まるが，当初は散発的な活動に過ぎなかった[23]。アンソニー・ジャクソンによれば，子どもを対象とした最初のプロによる演劇は 1904 年の『ピーターパン』に遡る[24]。学校として劇場に行き，演劇を鑑賞するという行為は，第一次世界大戦中の 1915 年にしか遡れない。英国バレエとオペラの母リリアン・バイリス Lilian Baylis が経営するロンドンのオールド・ヴィック・シアターの芸術監督で名優ベン・グリートのカンパニーが上演するシェークスピア・シリーズの水曜日のマチネ公演がロンドンの公立学校の子どもたちに提供したことが端緒である[25]（グリートはオールド・ヴィックを去ったあとも，シェークスピア作品の学校に向けた上演を続けた）。当初，子どもたちはチケットを購入していたが，英語教育の一環として位置づけられ，自治体の補助金で賄われるようになった。しかし，1921 年，学校の劇場訪問に対して，地方公共団体の補助金支出は違法という見解を示した。授業時間中に劇場に出向く必要はないとし[26]，24 年まで補助金なしに行われた[27]。シェークスピアでさえ，演劇はだめだったのだ。実際，公立学校で授業時間中に非シェークスピア作品を見せ，そこに補助金が用いられたのは，1937 年のグラスゴーでの事例を待たねばならない[28]。これすら教育部局と 2 年以上にもわたる交渉の末だった。

　1944 年の教育法改正が地方公共団体教育部局に対し，教育的責任の範疇において，娯楽を提供してもかまわないという根拠を与えた[29]。多くの劇団が生まれ，子どものためにどのような演劇をどのように提供すべきかの模索が様々に始まる。しかし，1950 年，地方公共団体の財政難により学校巡演のための補助金が打ち切られ，多くの劇団が活動停止を余儀なくされた。その荒波を生き残ったのは，1947 年設立のキャリル・ジェンナー Caryl Jenner 率いるユニコーン・シアター Unicorn Theatre だった。

　ジェンナーは古い社会秩序を打ち壊すべく活動した女性演出家のパイオニアである[30]。ユニコーン・シアターのもととなる移動劇場を，バッキンガムシャーのアマシャム・プレイハウスの支流として設立し，民間防衛軍払下げの中古3トン車に俳優，装置，小道具，衣装などを積み込み，学校と社会的に疎外されている地域の子どもたちに演劇を届ける活動に着手した，昼に子ども向け作品を，夜には大人対象の作品を上演した。その後，活動を3班編成にまで広げ，そのうちの1班が児童青少年演劇に特化した。60年，ジェンナーは児童青少年専用劇場の必要性を訴えるキャンペーンに着手し，翌61年，ウエストエンドの小劇場アーツ・シアターに拠点を置き，週末に子ども対象の上演活動を始めた。62年には大人対象の活動を停止し，児童青少年専門劇団として，「子どものためのユニコーン・シアター・クラブ」と改称した。ジェンナーは子どもの理解能力を低く見なし，作品をシンプルなものに貶めてしまう傾向に挑んだ。

　50年代は財政的に辛い時期だったが，『チャイルド・ドラマ』出版（1954），UNESCO「青少年と演劇」会議（1952），また，ドラマ教育と児童演劇の統合をめざした「英国児童演劇協会」（BCTA）設立（1959）等，議論と理論化が進み，重要な充電期ともなった。だが，思惑の異なるプロ，アマ，組織，個人の混在するBCTAは不和を生み，ユニコーン・シアターやシアター・センター等のプロはBCTAを去り，地域劇場協議会（CORT）の青少年演劇部門に結集していく[31]。教育目的をもった演劇であっても，あくまでもプロの領域であり，独立劇団の思惑はともあれ，発展の途上にあった地方公共団体の資金によって運営される地域劇場の傘下での活動を推進するものになっていった。この傾向に拍車をかけたのが，1965年の初の芸術大臣ジェニー・リーによる『芸術についての政策─第一歩 A Policy for the Arts‐The First Step』だった。この時代に，TIEが生まれることになる。

　TIEはプロ俳優かつ教育者としての訓練／経験をもった人材によって担われる演劇形態であり[32]，演劇を学習媒体として活用し，社会変革の手段として青少年に参加を求める[33]。劇場という社会的・経済的強者にだけ開かれ，コミュニティ全体に対してはどこか閉ざされた場で，劇作家の書いたすでに完成された戯曲を演じてみせるのではなく，俳優自身によって教育的で

社会的な価値を持つ作品を集団創造し，その作品をもって学校やコミュニティを訪問する。額縁舞台と観客席に分断されるコンベンションを否定し，ミニマルな装置，照明，衣装，小道具でもって講堂や体育館または教室で，1度に1学級30人の子どもを対象として参加型の上演を行い，子どもとの議論やワークショップなどを重層的に組み合わせる統合された上演プログラムである。その最も重要な革新は，学校との継続的な関わりであり，緻密に構築されたプログラムであることだ[34]。一つの作品の鑑賞，一個の授業だけに終わらないことを表現するために[35]，あえて「プログラム」と描写される。

　TIE が子どもに求めるのは，社会問題を教条的に正しい答えや知識を与えられるだけの受け身の存在ではなく，自分たちで解決していくことにある。ドラマの授業での身体的な関与とは異なったものになる[36]。TIE の参加は，議論をベースに，ときに子どもたち自身が物語の展開の——とりわけ，危機的状況において——意思決定者ともなる等，インタラクティブな要素を持つ。「アクター・ティーチャー」と呼ばれる俳優／ナビゲーターは，作品に仕組まれた様々な課題や問題を子どもたち自身が積極的に関わる手助けを行う。演劇的な空間と次元を活用して，答えや方向性を教えるのではなく，より困難な状態を作り上げ，それを考える糸口を示していく。そのために，子どもたちは，物語の語る困難や役へ感情移入しながらも，安易な「同一化」は許されない——ブレヒトの理念が TIE を定義づけていた[37]。また，ボアールの演劇理念の英国への導入にも貢献したのも TIE である。

　一方，教師たちも傍観者ではいられない。TIE は，学校での上演が行われる前に，教師たちを集め，テーマ，目的，手法，議論における教師の役割を体験的に説明するためのワークショップを求めた。そもそもテーマ自体が教師の要望から生まれていたのだ。さらに，上演後，授業で教師がテーマや手法を応用的に発展させるための資料も配布される。加えて，教師からのフィードバックの仕組みも TIE の存在意義を示した。

　1958 年，英国初の公立劇場コベントリーのベルグレード・シアターの誕生は，劇場の役割を一新した。青少年をターゲットとした明確なポリシーをもち，開場まもなく，初のエデュケーション・オフィサーを雇いいれ，青少年との関係を高める活動を展開した。学校の休みの期間のドラマ活動，即興

や劇作のワークショップ等を提供した[38]。1962 年，一人の教師を劇場に雇い入れた。そのゴードン・ヴァリンズ Gordon Vallins は学校との関係を強いものにしていった。彼はメイン劇場に働く俳優を巻き込み，まずは青少年自身が演劇活動を行うベルグレード・ユース・シアターを設置，次に，俳優たちが出向いていく初の TIE 劇団を創出した[39]。子どもたちにとって必要な演劇体験とは何かを模索するなかで，明確かつ緻密な方針と手法を設定し，教師の資格をもつ俳優 3 人を雇用し，集団創造で作品を創らせた。興味深いのは，革新的な町であるにもかかわらず，当時，コベントリーには，ドラマ・アドヴァイザーも，一人のドラマ教師もいなかった事実である[40]。

　ベルグレード TIE の成功が，英国全土へと急速に波及した。納税者の資金で支えられる地域劇場がまさに欲するものの具現化だったからだ。もちろんすべてが成功したわけではない。いうまでもなく経済性の問題があり，十分な財源なしには活動は続けられない。70 年代の猛烈なインフレは，そのTIE の形態を難しいものにしていった。地域劇場の主たる観客が，中産階級の白人である以上，芸術監督らの視点は多分にそちらへと注がれる。自治体の予算ゆえに TIE に関わるものの，メインハウスのポリシーとは切り離されて存在してしまう可能性があった。トニー・クルトは，TIE を国家の教育システムと卓越した中産階級のレパートリー・シアターの現代的な意味での有意義な結婚であったというが[41]，きれいごとでは終わらない側面も抱えていたのである。最も問題となったのは，その過激なまでの政治性と，芸術作品としての質の低さ，陳腐さであった。

(5) ドラマ・イン・エデュケーションの形成と発展

　DIE に教科書は存在しない。1988 年の英国初の学習指導要領の設置まで，各学校が教える内容はその学校長の裁量にゆだねられてきた。シラバス会社が提供する統一試験（義務教育修了の GCSE ならびに大学入学資格 A レベル）と外部試験官制度が，その水準を調整する機能をもつものの，今も各学校が提供する科目は学校長の裁量による。

　1988 年の学習指導要領は，ドラマを主要科目からはずし英語の中に入ったことから，芸術教育としてのドラマを貶めたと否定的に説明されることが

あるが，国語教育の一環として小学校入学の5歳から義務教育修了まで学び続けるものとして位置づけたことは，すべての子どもたちが学ぶことを意味した。しかし，専門のドラマ教師の有無は，やはり学校長の裁量に託されている。専門のドラマ教師による指導を受けた子どもと，英語教師によって指導を受けた子どもとの差異は，マシュー・リーズン Matthew Reason の『子どもという観客 The Young Audience』が省察を提供している[42]。つまり，鑑賞という体験を自分のものとして位置づけられるかどうか-内在化である。

　英語の一環とはいえ，ドラマは，「作る」「演じる」「応える」という3つの柱で構成される。演じるだけがドラマではないのだ。筆記試験もあり，「この作品を演出するとしたら」といったかなり高度な問いも珍しくない。

　1967年の通称『プラウデン報告書』—正式名称は，『子どもたちと小学校 Children and their Primary School』が，DIE の方向性を変えたものとして歴史的意義をもつ。この報告書は DIE を「新成長科目」として見た。当時，ドラマはロンドン教育委員会部局の所管する300校の中学校うち，50校程度で教えられていたに過ぎなかったという[43]。筆者の一人ジョン・アレンは，理論と実践を兼ね備えた当時の演劇界の才人であり，1948年以来，教育省「学校におけるドラマについての作業部会」の主要人物として，演劇の教育現場への導入に努めてきた。当時，理想主義にのっとった精神論的な演劇実践のお粗末さを—リテラシー面の貧困，くねってもがくようなムーブメントと表現し，辛辣に批判した[44]。その背景には，スレイドの理念と実践のうちの，特に，感性面—ドラマを通しての子どもたちの自己表現の自由[45]が，教師たちに人気があり，想像力を高める，知識の限界を超えるといった抽象的な目的を設定していたことがある[46]。抽象的な目的は，達成したことも，達成し得なかったことも，曖昧模糊に終わり，自己満足に陥りやすい。たしかに，スレイドの理念と実践は，理想主義とロマンティシズムを基盤とし，セラピー目的を含んでいた。教育とセラピーの関係は悩ましく，1963年のニューソム報告書はセラピー的な役割をドラマに見いだしていたが，アレンはそれをも否定した。感性面よりもリテラシー面の重要性に着目し，その報告書を通して知らしめたのが，ドロシー・ヘスカッツ Dorothy

Heathcote の実践である。

　ヘスカッツがダーラム大学教育学部で教え始めたのは，1950 年，ヘスカッツ 24 歳の時のことだ。驚くのは，彼女は演劇を学んだ経験はあるものの，教師としての資格はおろか，きちんとした教育は受けていない。また子どもを教えた経験もなかった事実である[47]。ヘスカッツの実践を特徴づけるのは，「ティーチャー・イン・ロール Teacher in Role」と「専門家のマント Mantle of the Expert」である。彼女を後のドラマ教師たちのカリスマ，教祖のような存在にまで持ち上げたティーチャー・イン―ロールは，子どもたちの創造のなかに，教師がアーティストの一人として劇的に介入する手法である。その目的はドラマの世界へ，自らが役を演じることで誘導し，ステレオタイプや短絡的になりがちな子どもたちの即興のドラマにコンフリクトやジレンマをもたせ，それをもって重層的な構造をもたせていくことにある。教師と役とを行ったり来たりしながら，子どもたちに絶えず質問を浴びせ，考えさせるのである。

　　彼女（ヘスカッツ）は問いかけを通して計画し，問いかけを通して教え，生徒たちが問いかけるのを助け，問いかけを通して省察し，問いかけを通して評価した[48]。

　絶えず質問を浴びせかけられる子どもたちは，ドラマの虚構のなかでアクティング・アウトするが，役やドラマ自体に同一化する余裕は与えられない。あらかじめ準備しておくこともできない。即座に，自発的に，即興で対処することが求められる。ドラマの内側だけでなく，外側にも自己を置き，想像力を駆使し，自らの経験と照らし合わせて考えていく。この二重性がせっかちになりがちな行動のスピードを落とさせ，省察と自己観察を奨励し，認識を高める[49]。特に，情緒的に陥りすぎるドラマの指導を，論理的な学びの段階に落とし込んだ功績は大きい。

　TIE も DIE も演劇を使って子どもたちの「理解の変化」を目的とし，そのために「集団としての体験」を提供する[50]。虚構に参加する「契約」を交わして，ともに旅に出るわけだが，旅の途上には多くの障害が用意されて…虚構のなかで，この障害の意味を考えさせ，解決へとナビゲートする役割

を，アクター・ティーチャー／教師が担う。最も大切なのは，子どもたちは「集団として体験」する参加者であり，識別眼をもった観察者となる構造である[51]。体験ではなく省察こそが，理解の変化に導くからだ[52]。しかし，ここに一つの落とし穴が存在する。ボルトンが指摘するのは，教師の場合，理解の変化を求めるあまりに，子どもたちが備えなければならない演劇的スキルの重要性を見落としてしまうことだ。また，目的とする機能や知識を，体験として学べば十分であり，鑑賞は不可欠ではないと考えてしまうことである。

(6) TIE の衰退とエデュケーション・プログラム

　オイルショックの後，英国経済は深刻な経済の停滞と物価の上昇に苦しめられた。75 年にはインフレは最大 24.1％を記録し，76 年，政府は財政破たんをきたし，国際通貨機構の支援を受けるまでの状態に陥った。いわゆる英国病である。そして，78 年から 79 年にかけて，「不満の冬」と呼ばれる空前の混乱を招いた。政府と労働組合の対立，折からの厳寒に追い打ちをかけるように，運輸，清掃，水道，救急隊員，墓掘人までもがストライキを行い，人々の生活は立ちいかなくなった。その混乱から，初の女性首相マーガレット・サッチャーによる保守党政権が誕生する。彼女がめざしたのは，自由経済であり，コミュニティと集団性を嫌い，協働を競争へと置き換えた。

　それは演劇人にも教師にも悪意に満ちた時代の到来を意味し，TIE も変貌を余儀なくされていった。一つは，子どもの参加する芝居から，子どもが見る芝居への変化である[53]。インフレによる助成金の実質的目減りが進むなかで，効率性の悪い TIE は維持できなくなっていた。1 学級相当の子どもに見せるよりも，学年単位に見せる方が経済効率は高い。また，見る芝居への変化は劇作家に依頼する機会を増加させた[54]。劇作家による質の高い見る芝居への特化が進むのであれば，アクター・ティーチャーは不必要になる。演劇学校卒の俳優の多くは，子どもたちに参加をナビゲートする能力が欠けるものの，強い政治性はもたず，従順だった。さらに，ティーチャー・イン・ロールに代表されるヘスカッツらの DIE 実践が広がるにつれて，教師が上手に参加型を担えるのであれば，演劇人の役割は，優れた演劇体験を子

どもたちに残すことにあると考える劇場・劇団が増えはじめたのだ[55]。過度なまでに政治性を持っていた TIE に対する反省であり，「適応するか，死か adapt, or die」とまで言われたサッチャー時代の芸術団体のサバイバルも関係してくる。このあたりから一般的な児童青少年演劇との差異が曖昧化し，多彩なプログラムで構成されるのか，参加型かどうかを問う前に，学校巡演自体を TIE と呼ぶ傾向もはじまる。

　80 年代，ACGB が芸術団体に突きつけたのは，一つの財源に依存せず，多くの財源から資金を集める「資金調達」，社会階層，人種，年齢を越えて新たな観客を集める「マーケティング」，そして，芸術作品をただ観客に見せるだけに終わらない，市民一人一人の自己実現を支援する「エデュケーション」活動である。

　1983 年，ACGB は初のエデュケーション・ポリシー」提示した。戦後の公的助成の導入の結果，観客は増加したものの，劇場やコンサートホールを埋めるのは，いまだ「白人の」「教育のある」「中産階級」の「中高年」ばかりではないか。英国の社会構造・人口動態を反映していないことから，これまでの文化政策は失敗だったのだと認め，その変革を芸術団体にも求めたのである。1981 年のイングリッシュ・ノーザン交響楽団を皮切りに，次第に，芸術団体において，エデュケーション活動を専門とするスタッフ──総称「エデュケーション・オフィサー」を置く組織が増え始める。やがて，専門部署と専任スタッフを置かない限り，公的助成の継続は保障されないという要求に芸術団体はさらされるようになっていく。90 年代に入る頃から，ACGB は TIE の代替の役割を，エデュケーション活動に求めるようになった。生き残りを模索していた TIE も，80 年代末の地方公共団体の再編により教育予算が大幅に削減され，壊滅的な打撃を受けたことも背景にあった。96 年，ベルグレード TIE も，市直営から民営化に際し，メイン劇場か TIE かという究極の問いのまえにし，姿を消した。

(7) 児童青少年演劇とイマジネート

　参加型の TIE から見せる演劇へと主流が変化する中で，児童青少年演劇はその質を問われるようになっていく。十分な予算がなく，学校という閉ざ

された環境を巡演するという「学校演劇」は，長くプアな水準と2軍の領域という認識を与えてきた。1990年，エディンバラに児童青少年演劇の国際フェスティバル「イマジネート Imaginate」が活動を始める。イマジネートは学校を取り込みながら，児童青少年演劇を目に見える存在にしていく。また，EU市場統合がイマジネートのみならず，児童青少年演劇全体に国際性を付与していく。一つの市場の誕生が，小回りに動ける児童青少年演劇の国際交流を促し，ヨーロッパのフィジカル・シアター，音楽性，ノンバーバルな演劇の登場がその質を高めた。2005年，ロンドン・ブリッジの近くに新劇場を開場させた児童青少年演劇専用劇場ユニコーン・シアターもその質の向上に多大な貢献を果たしている。同時に，多岐にわたるエデュケーション活動も展開されていることは言うまでもない。

　しかし，学校公演の重要性が減じたわけではない。公立学校での公演でしか，演劇に出会えない子どもたちの存在があるからだ。イマジネートはスコットランド国立劇場や民間企業と提携して，2016年夏より「シアター・イン・スクール・スコットランド」のプログラムを展開している。また，質の高い演劇と出会っておくことは—人は見たこともないものを発展させることはできないために—演劇に参加する上でも大切なことなのだ。

(8) 社会包摂の時代へ—ユース・シアター

　義務として始まったものの，英国の地域劇場や劇団で繰り広げられる多彩で重層的なエデュケーション活動は，いまや世界に模範たる存在に成長した。その顔の一つとなっているのが，ユース・シアター（YT）である。そのプロトタイプは，次の2つを満たす。

　　①　学校の外で行われる演劇活動
　　②　プロによって指導が行われる活動

　大半は週1回10週間（1学期）の活動，または学校の休みの時期の活動となる。大事なのは，まさに学校の外，学校のヒエラルキーや教師から解放され，自らの意思で参加することにある。その目的は，基本的には青少年の健

写真左，右「障がいをもつ青少年のアートマーク・クラス」リーズ・プレイハウス，リーズ

全育成―コミュニケーションや自信の獲得―にあるが，問題児の教育への復帰，居場所づくりを含む社会包摂，難民・避難民救済等，多岐にわたる。ナショナル・ユース・シアターや演劇学校付属のYT等，才能発掘や英才教育をもつYTもあるが，多くは社会経済的に恵まれない児童青少年たちに向けられている。大人気のプログラムで，キャンセル待ちも少なくない。その市場規模は，例えば，人口530万人のスコットランドにおいて，YT団体の数は300を超え，350以上の会場で展開され，週30,000人の児童青少年が活動に参加している。英国全土ではどれだけの活動規模になるのだろうか。

　具体的には，例えば，リーズ・プレイハウス（旧ウェスト・ヨークシャー・プレイハウス）では，3つのYTをもつ。5～10歳，11～21歳を対象とした週1回のワークショップと公演プロジェクト。さらに，16～21歳を対象としたユース・シアター・アンサンブルである。また，もう一つ上の試みとして，ヤング・カンパニーが設置された。2019年2～3月にリーズ・プレイハウス公演として上演された『ハムレット』には，このヤング・カンパニーの清々しい俳優たちが数多く出演していた。ダービー大学の傘下に入り，teaching theatre を自称するダービー・シアターは，8～10歳，11～13歳，14～18歳，聾の児童青少年，16～21歳のプロを目指す青少年の5種類のユース・シアターをもつ。さらに，2つの地域劇場と協働して，リージョナル・ヤング・アクター・アンサンブルのプロジェクトにも着手した（対象18～25歳）。これら事例が示すのは，ほぼ毎日，青少年が地域劇場に集まってくるということだ。劇場にとって，片手間のプロジェクトではない。

　ロンドンの「ポッシュ」な劇場アルメイダも，YTを抱える。5～7歳，8

～10歳，11～14歳を対象とした週1回の「アルメイダ・アカデミー」である。ちなみに，同じ地域には，社会経済的に困難な青少年を対象とするカンパニー・スリー（旧イズリントン・コミュニティ・シアター）や，様々なコミュニティ活動

写真上「貧困地域での青少年プロジェクト」イマジネート
フェスティバル，エディンバラ

の拠点となっているアートセンターも存在する。また，「ヤング・アクターズ・シアター」という YT かつ演劇学校であり，演劇やテレビ・映画業界へ背中を押すエージェントの役割を果たす団体も存在する。エージェントとして機能していても，あくまでも非営利団体である。

　ロンドンのリリック・シアター・ハマスミスは，学校を追い出された青少年を教育に戻す，資格を取得させるための役割を担い続けている[56]。グラスゴーのトゥーンスピーク・ヤング・ピープルズ・シアターはグラスゴー北部の貧困地域の青少年に無償で様々な演劇活動を提供する。多くの YT が，義務教育を修了した青少年（知的障がい者をも含む）が舞台芸術を学び，「アートマーク Art Mark」と呼ばれる資格取得コースを用意している。学校や教育的目的をもつ芸術団体のプログラムに参加することで，自ら設定した目的に従って資格を取得していくナショナル・プログラムである。

　YT 活動を支え，発展させる役割の一端をロンドンのロイヤル・ナショナル・シアターが担い続けていることにも触れておきたい。25以上の劇場（主に地域劇場），300に上る YT とともに「ナショナル・シアター・コネクション」なる一大プロジェクトを展開してきたのだ。1995年以来，毎年著名な劇作家10名程度に青少年自らが演じることを前提とした新作戯曲を委嘱し，戯曲を提供してきた。各 YT は，その中から戯曲を選び，上演をめざして活動を展開する。そして地域劇場等は当該地域の YT のフェスティバルを開催，さらにその中から選ばれた YT がロイヤル・ナショナル・シ

アターの舞台に立つ。戯曲は出版されるため，未加盟の YT にも，学校に
も手の届くという，よく考えられたプログラムである。

終わりに

　ヘレン・ニコルソンによれば，現在，学校での芸術教育はかなり危機的な
状況にあるという[57]。芸術団体の経済状況も決して良好ではないが，芸術団
体とアーティストの担う役割はさらに大きくなっている。劇場・劇団のクリ
エイティブ・ラーニング部は多彩で手厚い活動を学校に，コミュニティに提
供し続けている。障がいをもつアーティストの活躍ももはや珍しくなく，難
民・避難民のサンクチュアリとなることも少なくない。寛容に欠く時代，演
劇が社会の良心と人権の砦の役割を果たしているように思われてならない。
演劇は社会とともにある。

注

1　Peter Brooke（1968）: "The Empty Space", p. 157, Penguin／【邦訳】ピーター・
ブルック著、高橋康也・喜志哲雄訳：「何もない空間」、207頁、晶文選書
2　The Stage, 30th April 2019.
3　Francois Matarasso（1997）: "Use or Ornament- The Social Impact of
Participation in the Arts", Comedia
4　Ken Robinson（2001）: "Out of Our Minds? Learning to be Creative", p. 6,
Capstone
5　シアタープランニングネットワーク（2009）：「青少年の未来とアートマネジメ
ント」、42-43頁、TPN ドラマ教育ライブラリー
6　Christine Redington（1983）: "Can Theatre Teach?", p. 16, Pergamon Press
7　HMSO（1921）: "The Teaching of English in England", pp. 310-315, HMSO,
8　Gavin Bolton（1998）: "Acting in Classroom Drama", pp. 92-93, Trentham Books
9　Christine Redington（1983）, pp. 17-18
10　Roger Wooster（2007）: "Contemporary Theatre in Education, p. 6, Intellect
Books
11　Gavin Bolton（1998）, p. 119
12　Gavin Bolton（1998）, pp. 120-121
13　Peter Slade（1958）: "An Introduction to Child Drama", Hodder and Stoughton,

p. 1

14　Peter Slade（1958）, p. 1

15　David Hornbrook（1989/1998）: "Education and Dramatic Art？2nd Edition", p. 10, Routledge

16　Gavin Bolton（1998）, p. 133

17　Gavin Bolton（1998）, p. 147

18　David Hornbrook（1989）, p. 11

19　David Hornbrook（1989）, p. 11

20　David Hornbrook（1989）, p. 11-12

21　David Hornbrook（1989）, p. 11

22　Brian Way（1967）: "Development Through Drama", pp. 2-3, Prometheus Books ／【邦訳】ブライアン・ウェイ著、岡田陽・高橋美智訳（1977）:「ドラマによる表現教育」、14-15 頁、玉川大学出版部

23　Anthony Jackson（2007）: "Theatre, Education and the Making of Meanings", p. 60, Manchester University Press

24　Anthony Jackson（2007）, pp. 61-2

25　Peter Roberts（1976）: "The Old Vic Story？A Nation's Theatre", pp. 121-2, W. H. Allen

26　Elizabeth Schafer（2006）: "Lilian Baylis？A Biography", p. 135, University of Hertfordshire Press,

27　Winifred Issac（1956）: "Ben Greet and The Old Vic？A Biography of Sir Philip Ben Greet", p. 164, Winifred Issac

28　Anthony Jackson（2007）, p. 63

29　S. K. Ruck（1965）: "Municipal Entertainment and the Arts in Greater London", p. 24, George Allen & Unwin,

30　Stuart Bennett ed.（2005）: "Theatre for Children and Young People？50 Years of Professional Theatre in the UK", p. 76, Aurora Metro Press

31　Christine Redington（1983）, p. 39

32　Sandy Craig, ed.（1980）: "Dreams and Deconstructions？Alternative theatre in Britain,, p. 76, Amber Lane Press

33　Helen Nicholson（2009）: "Theatre & Education", p. 19, Palgrave Macmillan

34　Anthony Jackson（1993）: "Learning Through Theatre 2nd edition, p. 4, Routledge

35　Christine Redington（1983）: p. 1

36　Christine Redington（1983），p. 2

37　Roger Wooster（2007），p. 21

38　Christine Redington（1983），p. 43

39　Christine Redington（1983），p. 43

40　Christine Redington（1983），p. 46 & p. 54

41　Sandy Craig（1980），p. 76

42　Matthew Reason（2010）："The Young Audience", pp. 23-26, IOE Press【邦訳】マシュー・リーズン著、中山夏織訳（2018）：「子どもという観客」48-50 頁、晩成書房

43　Christine Redington（1983），p. 112

44　Gavin Bolton（1998），pp. 174-5

45　Philip Taylor & Christine D Warner ed.，（2006）："Structure and Spontaneity？ The Process Drama of Cecily O'Neill", p. 51, Trentham Books

46　Jacqueline Hamilton（1992）："Drama and Learning A Critical Review", p. 8, Deakin University,

47　Gavin Bolton（2003）："Dorothy Heathcote's Story？ biography of a remarkable drama teacher", p. 34, Trentham Books

48　Betty Jane Wagner（1999），"Dorothy Heathcote？ Drama as a Learning Medium", 2nd edition, pp.ix-x, Calendar Island

49　Betty Jane Wagner（1999），p. x

50　Anthony Jackson ed.（1993），Gavin Bolton，p. 40

51　Anthony Jackson ed.（1993），Gavin Bolton，p. 41

52　Anthony Jackson ed.（1993），Gavin Bolton，p. 42

53　Anthony Jackson（1993），p. 26

54　Anthony Jackson（1993），p. 27

55　Anthony Jackson（1993），p. 27

56　シアタープランニングネットワーク（2009）参照

57　2019 年 3 月の個人的インタビュー。

2. 演劇とコミュニティー——現実に立ち向かう演劇——[1]

キーヴァ・マカヴィンシー

(1) パート1：現在までの道のり

　本日はお招きいただきありがとうございます。皆さんがこれまで進めてこられた研究についていろいろとお話を伺ったり，演劇とコミュニティについて一緒に考える機会をいただくことができて，とても光栄に嬉しく思っています。演劇とコミュニティをどう捉えるか，今後どうなっていくと考えられるか，そして実り多き可能性を実現させるためには，アーティストやパートナー，仲介する組織のためにどう準備を整えていく必要があるのか，といった点について皆さんと一緒に考えていきたいと思います。

　論題について話を始めるに先立ち，この研究分野において，私自身が歩んできた道のりについて少しお話したいと思います。私は 1970 年〜1980 年代の北アイルランドで育ちました。通りには暴力がはびこり，家族が所属する宗教の宗派に基づいてコミュニティが分断しているという，とても不安定な時代でした。カトリックかプロテスタントのどちらかに属し，それ以外の選択肢や所属は認められないというような社会です。（アイルランドには昔から，自分は無神論者だと言うと，カトリックの無神論者かそれともプロテスタントの無神論者かと真面目に訊かれるというジョークがあるくらいです。）これはざっくりとした一般論ですが，簡単に言うと，プロテスタントであればロンドンのウェストミンスターにあるイギリス政府の統治を受け入れたとみなされます。カトリックであればこれを受け入れず，アイルランド統一主義者に傾倒してイギリス権力の排除とアイルランド島の再統一を望んでいるとみなされるのです。植民地化や，戦争，移民，離れ離れになった家族，失意といった何世紀にもおよぶ歴史は，北アイルランドにおける争いの最近の歴史，または「厄介ごと（"The troubles"）」という方がより聞き馴染みのある言葉かもしれませんが，1968 年〜2008 年に起こった北アイルランドの紛争の前触れだったのです。この紛争時代は，投票権や教育，雇用における差別的な行

政にカトリックが反発し，市民権デモで暴力が勃発したことが始まりだった
とされています。この「厄介ごと」は，2008年4月10日の北アイルランド
の和平合意（Good Friday agreement）の調印によって公式かつ政治的な終了
を迎えました。自警団的組織の停戦と，より安定した日常生活への期待が誕
生したのです。こうした時代に育った私は，カトリックの子供達のためのカ
トリックの学校，プロテスタントの子供達のためのプロテスタントの学校以
外のものがあるなどとは夢にも思わなかった少女でした。同じ文化背景を共
有した人たちとしか，知り合いになる機会はありませんでした。町の中の決
まった場所で学校の制服を来た人たちとしか安心してすれ違うことができま
せんでした。他の地域に行けば，悪口を言われたり，逆に悪口を言えばさら
にひどい目にあう危険がありました。この頃，通りでデモ行進がある時に
は，町は動きをピタリと止め，口を固く閉じているように言われました。そ
して聞かれても，本名は明かさないように言われていました。コミュニティ
間の境界線は厳しく決められ，そこを通過することはできず，何世代にもわ
たる恐怖や痛み，不信感によってその境界線はがっちりと強固なものになっ
ていました。

　こんな話が芸術とどう関係があるの？　演劇や公演とどう関係している
の？　と思われるかもしれませんね。私にとって演劇とは，新しい世界を見
せてくれるドアのような存在でした。世界の新しい見方，世界における新た
な存在意義を教えてくれました。父は演劇が大好きな人でした。男子校で英
語とアイルランド語の教師をしていた父は，学校や地域，国内の演劇フェス
ティバルで芝居の演出に関わっていました。子供時代のお気に入りの想い出
は，父と2人で国中の舞台を見て回ったことです。ダブリンにあるアベイ座
（アイルランド国立劇場）にも行きましたし，隣町の地元のアマチュア劇団を
観に行ったりもしました。通っていた学校に演劇部はなく，私はとてもシャ
イな少女だったのですが，舞台を見たり他の生活や世界を見たりしていたお
かげで，街に新しくできた若者たちの演劇グループに参加する決心がつきま
した。とは言え，最初は誰も知っている人がいませんでしたので足がすくむ
思いでした。でも行くしかありません。1988年9月のある水曜日に行われ
た最初のセッションには，私の他に15人の男女の学生たちが集まっていま

した。ほとんどは私よりも年上でした（そのうちの何人かは18歳で，とても魅力的に見えました）。皆が来ている制服を見ればカトリックとプロテスタントが入り混じっていることは一目瞭然でしたが，そんな状況に足を踏み入れたのは初めてのことでした。この青年劇団のリーダーは，隣町の演劇の先生でした。彼はゲームやエクササイズを紹介すると，最初の顔合わせから数分後には皆に短い劇を演じさせました。私たちは笑い，アイデアを声に出し合い，いろいろと試してみたり，もっとはっきり伝えるにはどうしたらいいだろうと何度も話し合ったりしました。体を動かし，体をぶつけ合い，手を取り合いながら，演劇という媒体を使って伝えたい物語をどうやったら一番うまく伝えることができるか模索しました。宗教や，政治，お互いの違いについての話になることは一度もありませんでした。グループの中でためらいや抵抗感が垣間見える瞬間は一度もありませんでした。演劇ワークショップでも，たっぷりのお茶を飲みながらの休憩時間でも，私たちはあらゆることについて話しをしましたが，宗教についての話は出ませんでした。毎週水曜日の2時間，芝居を作り上げた場所は，人との絆を作り上げた場所となりました。誰もがお互いのことを知っているような小さな街で暮らすティーンエイジャーにとって，既に知っていることや当然のこととして受け入れている世界から足を踏み出し，演劇を通して自分たちのコミュニティを新たに作りあげるということは，私たちの小さな抵抗だったのです。

　当時，例えば劇団をだれが立ち上げ，どこから資金が出ているのかというような青年劇団グループの組織的なインフラや，私たちが活動を行っていた場所が街のカトリック地域とプロテスタント地域の境目であったという事実について，私は何も知りませんでした。私たちにとって，それはまるで魔法のように降って現れたチャンスであり，私たちはそのチャンスを享受したにすぎませんでした。後になって振り返ってみると，それは北アイルランドの芸術振興会が，若者を対象として資金援助していたコミュニティ交流プロジェクトという大きな取り組みの一部だったのです。振興会の誰かが先頭に立って地域の人たちと戦い，「このプロジェクトを実現させる必要がある，いろいろなコミュニティから集めた若者たちの居場所を作るために資金援助が必要である，話し合って何かを一緒に作り出す機会を見守っていく必要が

ある」と声をあげてくれたのです。私はその後長い時間をかけ，困難に直面しても立ち直る力を得られるようになったきっかけは，皆で一緒に築き上げた演劇であり，友情であり，仲間意識であり，世界に対するものの見方であり，遊び心であったことを悟りました。世界のもののあり方には違いがあるけれど，演劇や公演を通して，そのギャップを埋めることができるのだと学んだのです。私にとって演劇やコミュニティが重要な理由はここにあります。現実のために演じること，これが本当に非常に大切なことなのです。

　今日のプレゼンテーションは4つのパートに分かれています。今お話したパート1の「現在までの道のり」では，私がディレクターとして，プロデューサーとして，またこの10年間にコミュニティの中で芸術団体との協力関係を調査する研究者や教師として，演劇とコミュニティに関わるようになった経緯についてお話ししてきました。

　そしてプレゼンテーションの残りは3つのパートに分かれており，これからご紹介するプロジェクトについては，写真やビデオもお見せしたいと思います。すべての活動の拠点はロンドンです。この10年間で大きくなった活動もあれば，現在まさに成長している活動もあります。今回こうしたお話をしようと決めた理由のひとつに，さまざまな活動に触れる機会があったということが挙げられます。見学したり，アーティストや参加者との会話や記録を通して，こうした活動に対する見識を深めてきました。

　パート2では「コミュニティにおける，コミュニティとの，コミュニティのための，コミュニティについての演劇」についてお話しします。ここでは，Deirdre Heddon と Jane Milling の作品を用いて，皆さんと考えをまとめながら特に2つのケーススタディ，Magic Me とヤング・ヴィック・シアターの Two Boroughs プログラムについて見ていきたいと思います。このプロジェクトから，コミュニティについてわかることは何か，コミュニティを作りあげたりコミュニティを問題として取り上げたりするにあたって演劇の可能性についてどう考えていったらよいのか，という点を掘り下げてみたいと思います。

　パート3の「知らない人と語り合い，仲間になること」では，移民が作り上げたコミュニティと深く関わりがある2つのプロジェクトに焦点を当てて

いきます。1つ目の Creative English は，Anne Smith がロンドン大学クイーン・メアリー校演劇コースの院生だったときに立ち上げた，全国的な演劇プログラムです。イギリス全土の何千人という主に女性とその若い家族たちを対象に，コミュニケーションスキルの向上を支援してきました。もうひとつの Wild, Wild Women は 10 年にわたる世代を超えた女性専用プロジェクトで，若い，主にイスラム教徒の第二世代のバングラデシュ人の女性たちと，東ロンドンに住む様々な文化遺産出身の女性たちが一緒に参加するプロジェクトです。

　パート 4 の「演じるための準備」では，参加者中心の精神だけでなく，文化の違いについて語り合い，文化経験の共有を生み出し，コミュニケーションスキルの向上を目指すという目的において積極的な野望を持って活動を発展させるとはどういうことなのかを考えてみたいと思います。社会学者の Richard Sennett の作品を引用して，連帯感を生み出す技能としての協力関係について考えてみたいと思います。

(2) パート 2：コミュニティにおける，コミュニティとの，コミュニティのための，コミュニティについての演劇

　コミュニティとは一体何なのかを考えてみると，さまざまな捉え方があります。特定の町や，学校のような施設などの地域コミュニティであったり，政治的な所属や，公平な気候変動対策を訴える活動家が参加する所属など集まってアイデアを共有するコミュニティであったり，芸術個性を擁護するコミュニティなど，さまざまです。イギリスでは，とりわけ 1990 年代後半以降に労働党政府が政権を担い，芸術などの部門交流計画を通して社会的疎外の問題を取り上げるようになってから，コミュニティにおける芸術活動は参加者の性別や年齢，人種，身体障害，特定の経験といったアイデンティティーに基づいた援助を受けることが多くなりました。ここでいう特定の経験というのは，精神的苦痛を受けたり，刑事処罰を受けたり，難民として国外追放を受けたり移住した経験などが挙げられます。特定の「コミュニティ」に所属している人が，こうしたアイデンティティーを持っていることを認識してもらいたいと望んでいる人なのか，それともこうしたアイデンティティー

のためにアート活動への参加に招待された人なのか，というのは心に留めて
おかなければならない点です。

　10年ほど前，私は普通学校に行くことができず児童受入施設（pupil
referral unit）に通う学生たちの元で1年間働いていました。この事業は地元
の評議会による資金援助を受けていたのですが，あるとき資金提供者たちが
このグループのことを「リスクのある若者」と呼んでいた会話に居合わせた
ことが忘れられません。学校に受け入れられないリスク，法に背くリスク，
レールから外れるリスク，社会から「十分だ」とみなされる方法では成功を
収めることができないリスク，というわけです。この皆をひとまとめにし，
レッテルを張る言動は私の奥深くに不愉快な気分を残しました。たまたまこ
の児童受入施設に来ることになった若者たちと，今まさに私は働いているの
に，と思いました。若者たちがこの児童受入施設に通うのは半年にも満たな
い期間です。1年，10年もたてば，彼らは単一化された固まりではありませ
ん。複雑で，矛盾を抱え，経験が層になって個性を作り上げた個人なので
す。彼らには名前があります。「リスクのある若者」とひとまとめにされ，
こうであろうと勝手な決めつけをされるよりも，ずっと大きな可能性を持っ
ている個人なのです。人生という側面から芸術プロジェクトに人々を招待し
たり集まった人たちのカテゴリーを認識することは折に触れて有益である一
方で，目の前にいる人たちのことをグループ全体としてではなく，むしろ一
時的な潜在的な側面を見ているのだということを心に留めておくことが重要
です。

　では，演劇とコミュニティの関係をどのように考えたらよいでしょうか？
次のような関係性が考えられます。
　　　・コミュニティとの演劇
　　　・コミュニティについての演劇
　　　・コミュニティにおける演劇
　　　・コミュニティのための演劇
　では，この4つを同時に検討できるプロジェクトをご紹介しましょう。
　コミュニティにおける，またはコミュニティとの演劇作品の多くはあまり
記録されていないことが多いため，アクセスする手段が非常に限られていま

す。数枚の画像であったり，ウェブサイトに数行書かれている文章であったり，地元のラジオ番組で紹介されたインタビューなどがときどき見つかるくらいです。ではどうしたら，こうした演劇について考えをまとめることができ，例えば「このアーティストや劇団は，このグループと一緒に作業していた」といった情報や，資金申請書に書かれている以上の情報をどうしたら知ることができるのでしょうか。どうしたら作品の政治文化や社会的野心について検討することができるのでしょうか。

　私は，こうした考えを組み立てていくのに非常に貴重な情報を与えてくれそうな Deirdre Heddon と Jane Milling の作品に出会いました。彼らの素晴らしい著書 *"Devising Theatre: A Critical History"*（2006 年）では，ここに挙げるのはほんの数例ですが，政治劇，大衆劇団，フィジカル・シアターなどを調査することで，様々な演劇が作り上げられてきた方法について熟考しています。コミュニティという背景の中で考案された作品を見ると，彼らは 4 つの「劇団の活動が行われた領域」を特定しています。

　1. 演劇の専門家の関与度
　2. コミュニティ・メンバーの参加度
　3. プロセスまたは作品の相対的重要性
　4. 急進的なものから，現状維持まで，作品における政治的な刺激

検討可能な材料としてはこれに限られるわけではありませんが，有効な足掛かりではあります。私なりに応用したバージョンでは，「観客との関係性」や「作品の発展における会話の役割」という項目を追加しました。

　しかしまず始めに，Heddon と Milling が考えたフレームに沿って，「コミュニティにおける，コミュニティとの，コミュニティのための，コミュニティについての演劇」という点について私たちの考えをどうやってまとめていったらよいか考えてみたいと思います。2 つのケーススタディをご紹介します。介護施設で起こった Magic Me プログラムに参加しているアーティストのお話と，ヤング・ヴィック・シアターの Two Boroughs プロジェクトについてのお話です。

　20 年以上にわたって，Magic Me プログラムは芸術実践の革新的なモデルを発展させてきました。ここには，様々な世代の人々が集まり，一緒に何

かを作りあげる機会がありました。世代間のギャップというのは現実であ
り，想像上のものでもあります。21世紀初めのイギリスの社会政治的な背
景は，50年以上前のものとは大きく異なっています。移住，労働形態，家
族構成そして教育の機会が，人々の生活の毎日の経験に影響を及ぼしてきま
した。家族という組織を離れると，異なる世代の人々が一緒に時間を過ごす
機会はほとんどありません。世代の分離という現実が，「自分たちとは同じ」
ではない人に対する認識を形作ります。この年齢だから何ができて何ができ
ないといった思い込みを助長するのです。

　Magic Me は，イギリスで最も貧しい地域のひとつであるタワーハムレッ
ツ区を主な拠点としています。この地区の境界は波止場地域（港）まで伸び
ており，移民の豊かな歴史と，最も人口が混み合いロンドンの多様な地域の
ひとつとしての特徴に満ち溢れています。また，この地域はグローバル企業
の本拠地であり，ロンドンで財政的な成功を収めた人たちの街の眺めが，文
字通り，素晴らしい建築的発展（the Gerkin）を迎えた景色の中に記録され
ているという矛盾した地域でもあります。タワーハムレッツ区における子供
の飢餓率はロンドンで最も高く，年金支給開始年齢で所得補助金を受けてい
る人の数が最も多い地域です。高齢者の40％が一人で暮らしています。孤
立や社会的な排除を経験したという報告が数多く上がっています。こうした
状態は，高齢者が擁護施設で生活をしている場合，さらに悪化することが少
なくありません。

　現在 Magic Me は，アーティストのための住居を相次いで介護施設内に
作っています。アーティストたちはそこで，施設の利用者やその家族，介護
スタッフとともに（3～6ヶ月間の）時間を過ごし，毎日のルーティーンとな
っている「介護と医療の管理」という施設の活動を超えた時間の過ごし方を
開拓しています。

　施設内に住居を構える劇団のひとつに，Upswing というサーカスや空中
曲芸をする劇団がいます。このプロジェクトに欠かせない要素は，サーカス
劇団員の一人が介護施設を利用している家族を訪問したときの経験から生ま
れたものです。彼女が施設を訪れた際，介護スタッフが利用者をぎこちなく
抱き上げていた場面を目撃しました。この「悪いリフト」のせいで，利用者

とスタッフの両者が不快感を感じていました。サーカス団員は，普段訓練をしているので，家族を安全に抱え上げることができると手伝いを申し出ましたが，「健康面と安全面」の観点からお願いすることはできないと断られたといいます。きちんとした訓練を受けていないために介護スタッフの健康が危険にさらされている一方で，安全に人を抱きかかえあげる技術があり訓練も受けているが，手伝

写真1　介護施設でのサーカス劇団のサポートによる高齢者のパフォーマンス

いを許可されないというこの感覚の決裂が，介護倫理を提供し，さらにはサーカスと介護という全く縁のなさそうな状況において，何か提供できるかもしれないという大志を与えたのです。Upswing はこのプロジェクトに対し，「イベントを超えたサーカスを作り上げ，参加者のセルフイメージを広げ，自分自身や他人の信頼感を助長する」という野望を掲げています。そして「このプロジェクトによって，創造性に富んだ境界線を押し広げ，比喩的に言えば世界をひっくり返すような，遊び心に満ちた環境を作り上げる」としています。

　Heddon と Milling の考え方に立ち返ってみると，この例には非常に高いレベルの専門的関与（プロのアーティスト，芸術団体，介護施設の専門家）があることがわかります。利用者，その家族，スタッフといった参加者が大きく関係しています。一般の人に対し，サーカスや空中芸的な行為を行うのは難しく，それを可能にするには本格的な関与と全力を捧げるという意志が必要です。この事例においては，プロセスが作品よりもはるかに重要視されていますが，公の観客ではなく小さな観客のために活動を共有するという最終目標に対する強い思いがあります。また，この活動の政治的な側面は，単に時間を過ごすことでも，普段の芸術活動の一部でもありません。特別なことなのです。

　これは，演劇とコミュニティの可能性を明らかにしてくれた実例でした。施設で暮らしたり働いたりしている人々は（この場合は介護施設ですが），お互いの関係よりも，場所との関係によって「コミュニティ」であるとみなされることがあります。Magic Me や Upswing の居住施設はこの流れを変えました。個人的な関係が生まれ，経験を共有するコミュニティとなったのです。

　この施設には専門技能が共存し，集結しています。介護施設の専門技能は錨としての存在，非営利の居住環境，介護施設の提供ですが，彼らは文化活動の提供，スタッフの訓練，施設での日々の暮らしといった自分たちの仕事上の限界を理解しています。Magic Me の専門技能は個人・組織・アーティスト間の協力関係をうまく取り付けることにあります。施設を支援するアーティストと劇団には，芸術分野に限らず，人と協働するというスキルや能力があります。そして重要なのが資金提供者の Paul Hamlyn 財団で，芸術における実験とみなされたこのアイデアに投資しています。この活動の観客は非常に限られた範囲ではあり，長期的かつ静かな活動ではありますが，人がどこに住んでどこで働くかという意識をもたらすという点では，とても重要な結果を生み出しています。サーカス団が何ヶ月にもわたってみなさんの生活の一部になると，1日の生活リズムが変わります。今日の出来事に対する期待感や，自分自身に対する期待が変わります。ただの「スタッフ」や「利用者」といった存在に，意味が追加されます。介護業務に関わるというだけでなく，サーカス公演のような何かを一緒に作り上げる交渉に関わる人同士の関係を表す新しい言葉を探すようになります。介護施設は，可能性という強い意味合いを持つようになります。人々の生活に違いを生み出したいという組織というだけでなく，それを可能にする模範となるのです。このひそかに徹底的で，破壊的で，驚くような文化的活動が，閉じられたドアの向こうで起こっているのです.。

ヤング・ヴィック・シアターの Two Boroughs プロジェクト（ランベス区とサザーク区の2地区を対象にしたプロジェクト）："*Turning a Little Further*"
　1970 年代以降，ロンドンのウエストエンドの劇場地帯から離れた場所に

あるヤング・ヴィック・シアターは，不可欠な存在となりました。サウスバンク近くのこの辺りは，過去 10 年間でかなりの再開発が行われた地域です。かつては主要な交通中心地であり，公営住宅が立ち並んで人口が密集していた The Cut 通りは，ロンドンの文化的な人気スポットへと様変わりしました。ヤング・ヴィック・シアターは，古典作品を革新的な解釈をした舞台に作り上げ，ハリウッドで大きな成功を収めた有名な俳優たち（ジュード・ローやジュリエット・ステファンソン）をウォータールーの裏道へと惹きつけることで定評があります。また，若いディレクターやデザイナーが，大御所の劇場関係者と一緒に働くことができる，才能のるつぼとしても知られています。ヤング・ヴィック・シアターの「ここには大きな世界がある（"it's a big world in here"）」というスローガンは，演劇に対する理解を広げるという演劇が持つ力において世界と関わり合っていくという，この劇場の政治的な誓約を表しています。

　ヤング・ヴィック・シアターの中でもとりわけ興味深いと思われたことのひとつに，参加型プログラムが挙げられます。これは体験と参加を担当する Taking Part チームが考案したものです。Taking Part チームが開催する Two Boroughs プロジェクトのマネジャーを務める Lily Elinhorn は次のように言っています。

　　「Taking Part は，平均して年間あたり 1 万枚の無料チケットを，ランベス区とサザーク区に住んでいる，あらゆる年代，あらゆる社会経済的背景，あらゆる民族や文化背景を持つ人たちに配っています。ただ上演を見てもらうだけでなく，製作ワークショップに参加してもらうこともあります。本質的に，Taking Part が目指しているのは，観客として，また製作者として，演劇に触れてもらう機会の公平性を広げることなのです。世界やお互いについて学べば学ぶほど，世界はより良い世界へと変わっていくのではないか，というシンプルな考えのもとにこうした活動を行っています」

　とりわけここでご紹介したいのは，昨年の 4 月に上演された *"Turning a Little Further"* という演目のプロジェクトです。Taking Part チームが行うコミュニティ・プロジェクトでは，メインハウスで上演される演目に対応した演目を上演することが多いといいます。*"Turning a Little Further"* とい

写真2 「しあわせな日々」ヤング・ヴィックシアター

う劇は，Samuel Beckett の "*Happy Days*"（「しあわせな日々」）という演目を題材にして作られました。"*Happy Days*" は2幕で構成されている劇です。第1幕が始まると，登場人物の Winnie はゆったりとしたフォーマルドレスのような地面に腰まで埋まった姿で登場します。2幕の始まりでは，その地面が Winnie の首元まで上がっていきます。この作品では，Winnie がギラギラと照りつける太陽の下で，観客に向かって自分の人生についてひたすら話し続けるのです。彼女は現世と来世の間に囚われています。"*Turning a Little Bit Further*" という題名は，"*Happy Days*" のセリフからから引用されています。この参加型演劇プロジェクトは，ランベス区とサザーク区に所属する，2つの女性ボランティア介護グループからインスピレーションを得ています。Lily Einhorn はこのプロジェクトについて次のように語っています。

「首まで埋まっている女性を想像してみてください。Samuel Beckett の "Happy Days" ではまさにそんな女性　が描かれています。では，もしこの女性が動くことができたらどこへ行くと思いますか？　この状態から逃げ出すことができるとしたらどうするでしょうか？　彼女が Winnie でなかったとしたら，一体誰なのでしょうか？　"Happy Days" は，観ている私たちにこれは一人の女性の物語であることを感じさせます。そこで，この物語をスタート地点に，もっとたくさんの女性についての，もっとたくさんの物語を語ってみたいと思ったのです。Winnie のように，自分ではコントロールできない何かによって自分の存在が定義されてしまったと感じる女性についての物語を作りたいと思いました。他の人の介護をする職業を選択したとき，その選択によって自分の周りの世界が縮んでしまった女性たちの物語です。がれきはどんどん高く積み上がり

ました。首元まで，高く」

　4ヶ月間にわたって劇を考案していく中で，プロジェクトに参加したコミュニティの女性たちは，プロの振付師である Coral Messam や朗読詩人の Francesca Beard，ディレクターの Laura Keefe，そしてプロデューサーの Lily Einhorn の助けを借りて，「非凡で，平凡な女性の毎日の現実」を描きながら振り付けとセリフを作り上げていきました。Einhorn がこのプロジェクトに不可欠だと感じたのは，政治的，社会的そして芸術的な側面でした。

> 「介護者である彼女たちにとって，私たちとの練習時間を確保するために仕事を調整しながら毎週リハーサルに来てもらうのは，いつも大変なことでした。社会の中で忘れられがちな介護という仕事に就いているこの素晴らしい女性たちのことを，私たちは徐々に知るようになっていきました。彼女たちの仕事のおかげで，イギリス政府の出費は1年間でおよそ1190億ポンドも削減することができていました。これは国民健康保険の予算総額にほぼ匹敵する額です。一方で，彼女たちのような介護者の手当ては1週間あたり 61.35 ポンドなのです。不安定な総選挙の前夜，政治家たちの影響を毎日受けている女性たちの生活について，私たちは声を上げたいと思いました。四六時中彼女たちを頼りにしている人たちの他には，彼女たちの姿は見えないも同様です。通りですれ違う彼女たちが，どんな素晴らしい働きをしているのか，誰も知らないのです」

　介護施設に活動の拠点がある Magic Me とは異なり，*"Turning a Little Further"* はプロの製作チームの全面的支援の下，全国的な宣伝を行い，一般客を招待して，劇場で上演されました。*The Stage* 誌の舞台専門記者や，私の介護者ネットワーク（Southwark Parent Carer council ——身体障害のある子供たちと家族のための支援団体）も鑑賞しました。

　Heddon と Milling のフレームワークを再び振り返ってみると，この事例ではプロのアーティストや，プロが演劇を作り上げる全体過程の関わり具合が大きいことがわかります。参加者の関与が非常に高く，プロセスと作品の関係性も同様に高くなっています。また，自分たちを頼りにする人たちを世話するという行為を通して，尊厳ある貴重な人生を可能にした女性たちの見えない労働にスポットライトを当てたという点で，この政治的な意味合いは急進的だと言えます。Carers Trust というチャリティー団体によると，イ

ギリスに住む5人のうち3人は，人生のある地点で介護者になるといいます[5]。Einhorn にとって，「この作品は，日々の世界がきちんと回り続けるように見守っているすべての女性たちのために上演した」[6] 作品でした。"*Turning a Little Further*" という作品や Taking Part プログラムからは，劇場の地元コミュニティと意義ある関係性を築き上げるには専門家の知識とコミットメントが不可欠であること，そしてコミュニティへの招待状は，作品を鑑賞すると同時に，作品を一緒に作り上げることによって経験を共有するためのものであることがよくわかります。ヤング・ヴィック・シアターは自身の存在を，コミュニティ形成エージェントであり，社会的交流の中心地であると前向きに位置付けています。この劇場が存続し，Taking Part プログラムに地元コミュニティを招待し続けていくことは，地元の人たちに劇場の中へ一歩足を踏み入れる機会を提供するというだけではありません。人々は何かを見つけたり，何か新しいことに挑戦したり，他の人と何かを作り出したり，新しい視点を持って地元のコミュニティや通りに帰っていくことができるようになるのです。

　今お話した2つの演劇の事例を見ていくと，演劇とコミュニティがいかに野心的に，演劇を作り上げる過程を通してコミュニティを形成し見直していったのか，いかに意欲的に世界のイメージを形作るような豊かで隠喩的な枠組みを作っていったのか，という点について洞察を与えてくれます。

(3) パート3：「知らない人と語り合い，仲間になること」

　プレゼンテーションのパート3では，演劇と，移住によって人生が形作られたコミュニティに所属する個人グループとの演劇練習に焦点を当てたいと思います。こうしたコミュニティには，国外追放によってやむなく移住した人たち，職を求めて移住した人たち，故郷から遠く離れた地に到着した第一世代たち，イギリスのある地域で生まれ故郷（home）を持つ第二世代でありながら，その地が「本当の出身地（home home）」ではない人たちなどが属しています。「本当の出身地」というのは，故郷から離れて暮らすアイルランド人の間でよく使われているフレーズです。出身（home）はどこですか？ロンドンです。いえ，そうではなくて，本当の出身地（home home）は

どこですか？　というように（つまり，あなたの家族は元々アイルランドのどこの出身か，という意味です）。

ここでも，2つのプロジェクトに焦点を当ててみたいと思います。2つは全く異なる方法で作品を作っており，目標も観客もそれぞれ異なるプロジェクトです。

　　・ケーススタディ1：Creative English プロジェクト ─ Faith Action
　　　　（Anne Smith）
　　・ケーススタディ2：Women's Library における Magic Me プロジェクト

　私たちは，国を「軌道に戻す」ための倹約という名目の下，イギリスの芸術や教育，社会介護に対する支援が，急激に削減された時代を生きています。しかしこうした削減は，単に現実的な方策というだけではありません。政府が人々をどのように大切にしているのか，人々の人生経験や可能性をどう大切にしているのかというイデオロギー（思想）を表しています。私たちは，大きい作品や，外に向かって公開できる作品，世界中の観客に発信できる作品の方が「価値」を認められやすいという世界を生きています。そして，マルチメディア・プラットフォームによって発信する方がより好まれる傾向があります。

　ご覧いただいた Lesley Pinder の映像からわかるように，Women's Library プロジェクトはこうした世間の潮流とは全く異なるものを提供しています。それは野心的な抵抗という行為であり，活動を実践することで，多数派とは異なる価値に対する責任を果たすと宣言しています。このプロジェクトは，次のような特徴があります。

　　・10 年以上継続している
　　・非常に様々な人生経験を持つ女性の少数グループ（10〜16 名）が作品に関与している
　　・女性の貢献を理解する場所・集合である Women's Library で働いている，または Women's Library と協働している。Women's Library は，私たちの社会的，文化的，政治的，経済的生活における女性の貢献を認識する場であり，またこうした貢献の証を収集している場所です。こうした功績を上げた女性の中には有名な女性もいますが，その

写真3　クリエィティブ・イングリッシュプロジェクト

　　多くは名もない普通の女性でした。
　・対話や芸術を通して，功績を残してきた女性についての資料や人生を
　　調査し，応答する方法を見つけることに専心している
　・観客を招待して，活動を見たり参加してもらう
また，次のような点を重視しています。
　・Women's Library プロジェクトの重要性
　・お互い異なる人たちが出会い，共同で作業する場を作り上げることの
　　重要性
　・共同作業や芸術を通して，学ぶゆとりを作る重要性。ここでは物理的
　　なゆとりと時間的なゆとりの両方を意味します（学校のスケジュール
　　に忙しく追われたり，芸術団体の忙しい日々の活動であったり，1週間の
　　決まったスケジュールの中で確保するゆとりを意味しています）。
　・男女間の賃金の不平等という性別間の不公平が続く時代において，ま
　　た，社会に対し女性の社会的役割を伝える女性蔑視の文化的表現にお
　　いては，様々な世代の，様々な社会的・文化的背景を持つ女性がゆと
　　りを持って，お互いや自分自身をよりよく知る時間を確保することが
　　重要なのです。
　女性限定の世代間グループと活動する上で，特筆すべき点とはなんでしょ
うか？

写真4　ウーマンズ・ライブラリーでの少女と高齢者の共同活動

　プロジェクトが行われてきたこの 10 年間にわたり，Women's Library は
女性の歴史，女性解放主義，社会主義フェミニスト活動に従事するあらゆる
参加者に定期的な集会の場を提供し，資料を所蔵してきました。こうした中
で，参加者は現在の，そして過去の世界において女性であることの意味を考
えるよう促されてきました。厳格なバングラデシュの社会的・文化的フレー
ムワークの中で暮らす 15 歳の少女だったとしたら，または，生まれてから
ずっとイーストエンドで暮らしてきた 80 歳のユダヤ人女性だったとしたら，
女性であることの意味はなんでしょうか。参加者たちは一緒に活動すること
によって，自分自身やお互いについての新しい発見や違いに気づくようにな
りました。21 世紀の多文化に富んだロンドンで生きる方法を知るようにな
りました。これまでの人生経験を超越した世界を知るきっかけとなりまし
た。

　Women's Library プロジェクトのアーティストや，参加者，そしてスタ
ッフと話をしていると，きまって「図書館の中の女性たち」について話して
くれます。図書館の中の女性たちとは，図書館に所蔵されている本や手紙，
写真や収集物に記された女性の生活や声のことです。プロジェクトのひとつ
ひとつは，図書館から情報を得るだけでなく，図書館の所蔵品に記された女
性たち，性別による不平等や不当な行為が続いた男性社会において，静か
に，粘り強く，コツコツと，自分たちや他の人の人生のために戦った女性た

ちがそばにいるという感覚を強く感じています。この女性限定の世代間グル
ープが，Women's Library で，またはここの所蔵品の力を借りながら，社
会的公正や個人責任について膨大な話し合いをいかに助長してきたのかとい
う事実に，私は非常に感銘を受けました。

　最後に取り上げるプロジェクトのテーマは "Wild, Wild Women" です。
先ほどの映像に出てきた Mulberry School の1人の若い女性 Kinza は，ワ
イルドという概念を振り返りながらこう言っていました。「以前はワイルド
と聞くと，まるで頭がおかしい人を思い浮かべていましたが，それは間違い
でした。一般的な社会規範には当てはまらないけれど，自分で正しいことだ
と判断し，それゆえに実行にうつすこと，それがワイルドなのだと思いま
す。」社会規範と「正しい」こととの隔たりを理解するというのは，このプ
ロジェクトに参加した女性との会話によく出てきたテーマでした。突き詰め
ていくと，物事のあり方と，こうしたら良いのではないかというやり方との
ギャップを認識することが，倫理を自覚する一つの方法なのです。

　Mulberry School の Vanessa Ogden 校長は，Magic Me 活動の世代間・女
性限定という性質が世界における若い女性の自意識にもたらす重要性につい
て，じっくりと検討しました。

　　・経験という財産を共有してくれる女性たちと対話したことで，女生徒
　　たちは自分の人生を全体の人生として捉えることができるようにな
　　る。生徒たちは，人生にはこんなことが起こり得るのだということを
　　知り，自分の人生にもこんなことが起こるのではないかと考えられる
　　ようになる。自分の人生がどのようにして他の人に影響を及ぼし，ど
　　ういった経験に出会う可能性があるのか，どう前向きに向き合ってい
　　かなければならないのかということを知ることができる。

　Vanessa の考えは，Women's Library の所蔵品の中で出会った女性たちの
人生に関わってきた若い女性に，また歳を重ねた女性たちにとっても，当て
はまるものです。15歳であっても，74歳であっても，（女優のエマ・トンプ
ソンであれ，ヴィクトリア朝の暮らしを描いたビートン夫人であれ，19世紀の奴
隷廃止運動家であり人道主義者であったハリエット・タブマンであれ）所蔵品の

中で出会った女性を自分たちの人生に反映させ，どういった人生になるのか，自分の人生はどうなるのか，自分の人生が他の人にどういった影響を及ぼすのかを考えるのです。

　あなたがどういう人なのか，どうなりたいのかを考えるための招待状は，若い女性にも，歳を重ねた女性にも，平等に有効です。このプロジェクトは一つの原則を具現化しています。それは，15歳であれ，45歳であれ，75歳であれ，あなたの人生は終了したり決められたりしているものではないということです。新しい人に出会い，新しいことを始め，物事に対する理解の仕方を変え，違う考え方をすることは，いつだって可能なのです。すべての女性が自分たちの人生について考えることは素晴らしいことですが，「じゃあ，もしも……だったら？」と考えたことを皆で共有することができたら，それはもっと素晴らしい結果が生まれます。

(4) パート4：演じるための準備

　ポイントを説明するのに役立つプロジェクトの例はないかと考えながら今回のプレゼンテーションを準備していたとき，幸運なことに，たくさんの候補の中から選ぶことができました。これは，イギリスにおいて過去30年にわたり，この分野の活動にかなりの投資がなされてきたことを意味しています。また，コミュニティという背景の中で活動してきたアーティストたちに，訓練や発展といった機会が与えられていたことを意味します。それは正式な教育機会やプロとしての練習の場であったかもしれませんし，文化的なメインステージからは離れたコミュニティの中で展開していた豊かな文化的機会だったかもしれません。

　それぞれのプロジェクト，各プロジェクトにある何層にも重なる厳しい複雑性を理解してくれるプロデューサーや組織の存在のおかげで，コミュニティ内のアーティストたちの素晴らしい活動が可能となっています。イギリスでは，1990年代と2000年代前半に労働党政府による潤沢な資金援助が行われました。こうした資金援助は社会活動に積極的な芸術活動の成長には欠かせないもので，コミュニティにおける，コミュニティとの，コミュニティのための，コミュニティについての作品が数多く促進されることにつながりま

した。しかし，保守政権が芸術や教育，公的介護といった分野全体の公共部門支援を削減し始めると，その影響は直ちに現れました。以前，組織は 1 年，3 年，さらには 5 年先の計画を安心して立てることができました。今では皆が，とても不安定に感じています。とはいえ，アーティストや組織，学校，刑務所，病院，そしてこうした組織を支援してきたコミュニティセンターには，何が可能かという記憶がまだ残っています。

"*Together: The Rituals, Pleasures and Politics of Cooperation*"という著書の中で社会学者の Richard Sennett は，人々が新自由主義，世界的な景気後退，IT 革命によってお互いに孤立感を増す時代や，人々の違いが歩み寄らないように思われ，社会がもはや機能しないような時代において，協力することの重要性を説得力を持って説明しています。彼は次のように書いています。

　　　協力は，何かを成し遂げる際の潤滑油であり，他の人と共有することで，個人では足りないものを補い合うことができる。協力関係を発展させ，深めていくことが必要である。これは，自分とは異なる人たちと付き合っていくときにはとりわけ当てはまることだが，そうした人たちとは，協力関係を構築するのに努力が必要なことがある。

　Sennett は，協力というスキルには時間と深い関与が必要であり，世界中で学ぶべき，そして応用すべき技能であると説いています。参加型の芸術活動は，協力が成功のかぎであり，同時に協力するスキルや技能を発展させるものでもあります。参加型の活動は，協力関係，共同作業，連帯感の上に成り立ちます。今回のプレゼンテーションで取り上げたプロジェクトを振り返ってみても，どのプロジェクトも演劇やコミュニティ，そして連帯感を追求する協力関係という技能に深く関与しているという点で共通しています。

　　ここでみなさんに，ちょっとした疑問を提起してプレゼンテーションを終わりたいと思います。アーティストたちがここで必要とする準備や支援とは何でしょうか？　活動を可能にするためには，どういった組織的な動きが必要になるでしょうか？　高等教育の役割とは何でしょうか？　パフォーマンスとコミュニティの可能性を実現させるためには，どういった様式のパート

ナーシップや，共同研究，活動の共有が必要でしょうか？　私たちは一緒
に，何ができるのでしょうか？

注

1　本稿は，2015年10月18日に朝日大学で開催された国際シンポジウムにおけ
るキーヴァ・マカヴィンシー氏の講演の書き起こしである。講演では，動画のほ
か複数のスライド写真の提示があったが，本稿ではそのうち数枚のみを編者が選
択して使用した

参考文献

Lily Einhorn, Turning a Little Further, https://youngviclondon.wordpress.
com/2015/05/12/turning-a-little-further-two-boroughs-at-the-young-vic/
[accessed 4th October 2015].

Lily Einhorn, Interview with Sue Emmas, Performance and Community: *Case
Studies and Commentary* (London: Bloomsbury, 2014), pp. X-X, p. TBC

Deirdre Heddon and Jane Milling, 'Devising and Communities' in *Devising
Performance: A Critical History* (Basingstoke: Palgrave, 2006), pp. 130-156.

Magic Me, Press Release, http://magicme.co.uk/wp-content/uploads/2015/06/
Artist-Residencies-Press-release.pdf

Richard Sennet, *Together: The Rituals, Pleasures and Politics of Cooperation*
(London: Penguin, 2012),

3. U.K. 社会の入り口を創る
——移民，難民の若者を対象にしたワークショップ 報告——[1]

シャロン・カノリック

　皆さんにお会いできてとてもうれしく思います。私が今までイギリスでやってきた若い人たち，いろいろな国から来ている困難な状況にある若い人との活動についてお話ししたいと思います。

(1) UK の移民の数と民族共存の現状

　この写真の人たちについては，最後にお話をしたいと思います。一緒に活動をしたグループです。日本とイギリスとは少し状況が違うと思うのですけれども，イギリスには 6,500 万人の人口がいます。1993 年から 2015 年の間に，外国生まれで市民権を持っている人の数は 2 倍になりました。380 万人から 870 万人以上になりました。同じ時期，1993 年から 2015 年の間に，イギリスに住む移民の数も 2 倍以上に増えています。およそ 200 万人から 500 万人に増えています。私はロンドンに住んで仕事もしているのですけれども，ロンドンが一番，国内最大の移民数を持っています。320 万人ほどが，

写真 1. ヤング・ヴィックでのパフォーマンス

外国生まれの移民ということになります。移民の中で一番数が多いのは，ポーランドから来ている人たちです。そのほかに数が多い国は，インド，パキスタン，アイルランド，ドイツ，ナイジェリア，バングラデシュといった国々です。私にとっては，社会にこういうふうに多文化が共存しているというのはとてもエキサイティングなことです。でも，これは時には難しい場面を生み出します。普段接することのない人たち，違う文化を持った人たちが集まっているからです。

(2) トライシクル劇場の取り組み

　次のスライドは，ロンドンのある部分の写真なのですけれども，いろいろな国民の人が混ざっているのが分かると思います。次にお見せしている写真が，ブレントというロンドンの北西部にあるトライシクルという劇場です。ブレントという地区ですけれども，国内で 2 番目に多くの異なる文化圏から来ている人たちが住んでいるエリアになります。人口は，31 万人ほどです。そのうちの 64 パーセントが白人以外の方たちです。アフロカリビアン，アフリカン，またアジア系，そのほかの少数民族ということになります。そのほかにも，アラブ系の住民，インド系の住民，南アジア，例えばパキスタンやバングラデシュから来ている人が多く住んでいます。でも，ブレントの人口というのはとても増減が激しくて，出たり入ったりという移民が移動しているところです。そこのブレントの地区にある学校では，およそ 130 の言語

写真 2. ロンドン・ブレント地区の街

が生徒によって話されていると言われています。ですので，多分おわかりいただけると思いますが，学校にとっても，これらの生徒を迎え入れること，イギリスに迎え入れて，そのあと教育を続けるために必要な英語力を習得してもらうことは，とても難しいチャレンジだということです。ブレントはまたロンドン内で唯一 12 学級というのを提供している地区だと言われています。それは亡命者や難民，それから移民の人たちが通常の学校に入る前に，準備をするために入る学級のことです。移住してくる移民の人たちは，経済的な理由で来る人が多いのですけれども，そのほかにも亡命者であったり，難民であったりを受け入れてもいます。10 年ぐらい前にトライシクル劇場が地域の地方自治体から基金を得て，"Minding the Gap"，「すき間を気にしよう」，「すき間に気を付ける」という意味のプロジェクトを行いました。このプログラムは，トライシクルでブレント地区に住んでいるイギリスに来たばかりの若い人たちが英語を学べるプロジェクトをする，演技とダンスを通してするというプロジェクトでした。10 個のグループがあって，半日トライシクルで時間を過ごします。2 時間演劇をして，2 時間ダンスのレッスンをします。

　これはフレビア，可児市国際交流協会のような施設だと思うのですが，通常の学級に入る前の準備をするために，新しくロンドンに来た人たちが通うための場所です。演劇やゲームで遊ぶということは，若い人たちが学ぶためにとても有効な方法です。ダンスというのは言葉と動きをつなげて覚えることができるので，何度も同じ動きを繰り返す，言葉を繰り返すということを通じて学ぶことができます。演劇のほうは，人前でしゃべるということを後押ししてくれます。このあとに行うワークショップでも，どういうふうに活動に言葉を持ってくるか，シナリオ，台本を取り入れるかということをお見せしたいなと思っています。この活動の大事なところは，そんなに勉強していると考えずに学んでいけることです。創造性を使って，楽しみながら学ぶということです。これは教室で行う全てのことにいい影響があるといいなと思っています。そして，彼らを助ける，自信がつくような経験になればいいなと思っています。こういう繊細な年齢で新しい国に来る，イギリスに来るということは，とても大きなインパクトを持っているということだと思うか

らです。演劇やダンスを通じることで，自分も早く見たいな，読んでみたいなという気分になるといいなと思います。新しい言葉を学ぶというのは，時にはとても，難しいことになるからです。このクラブがあるのが大体 1 学期間なので，12 週間ぐらいかけてワークショップを行うのですけれども，その学期の最後にはパフォーマンスをしています。家族や友達に見てもらうためのパフォーマンスです。2012 年に私はそのプログラムに参加しました。そして，そこに参加したことをとてもうれしく思っています。どうしたらこの若い人たちが楽しみながら自分を表現できるのだろうと考えました。ですので，私は今までやったことがなかったのですけれども，道化のピエロになるということや，デジタルシアター，身体を使った演劇ということを学びました。コメディーを使って自分を表現するということを後押ししたのです。例えば，私は，若い人たちにロンドンで迷子になったという経験を表現してもらったりしました。もしも真面目に，実際に迷子になる経験がどういうことだったかということを話したり，ロンドンは天気悪いですけれども，天気について話し合うということをしていたら，あまり面白くなかったかもしれません。つらい経験になったかもしれませんが，コメディーの要素を取り入れることで楽しくそれを話し合うことができました。私がその経験を通じて学んだ一番のことは，指示を与えるときに，すごくはっきりしていなければいけないということです。そして，グループが本当に理解してくれているというのを確かめることも大事でした。例えばうなずいてくれていたり，笑顔だったりするのですけれども，本当は分かっていないということもよくあるからです。なので，私はどういうふうに説明したら伝わるかということをクリエイティブに考えています。パントマイムも上手になったし，迷子で伝わらないということがあったら，何かすぐ絵を描いたりできるように，ボード（黒板）を横に持って来て使ったりもしています。自分がやっているアクティビティにあまり固執しないという姿勢も学びました。例えば何かエクササイズをやっていて，何かの理由であまりうまくいかないということもあります。例えば，そういう状況にあったときにもユーモアを持って，「あっ，何かうまくいってないね」ということを認めるのも大事だと思います。そして，次のことに移るということが大事です。

写真 3. 移民の子ども達のためのプロジェクト

　私が難しいなと感じたのが，毎回同じ参加者グループがいないこともあるということです。前の週にいた子がいると思って行ったのに，3人がもう通常の学校に移ってしまったというようなこともありました。例えば，大体通常25人ぐらいがこのグループにいるのですけれども，ある日，突然10人ぐらい，インドの近くの島から子どもたちが移って来たということがありました。そのインドのその近くの島から来た人たちというのは，通常の教育環境に慣れていなかったので，集中力を保つということを難しく感じる子どもたちでした。ですので，この状況でつかんだことは，アクティビティをするときに，それを細かく分散的に分けて行うということと，いろいろな種類のアクティビティを行うということでした。そして，また彼らの国の文化というのが，男の子と女の子が一緒に何をするということがあまりなかったので，そういう場面では少し恥ずかしがったりということが見受けられました。例えば，男の子と女の子がペアになって踊るということは，とても彼らにとっては難しいことだったのです。私たちはそのことを気にかけ，どういうふうにそれを提案したらいいかと考えなければいけませんでした。最終的にはみんなその抵抗感はなくなったのですが，私たちは参加者が文化的に異なるという点に気を付けることが大事だと思います。今お見せしている写真は，お話ししたプロジェクトの絵ですね。この絵を使って，その台本をつくるということをします。こちらもまた新しい別のグループです。

(3) 大英博物館でのプロジェクト：子どもや若者たちとのプロジェクト

　この写真は，大英博物館です。これはとても美しく，ロンドンにある中でも一番古い美術館の 1 つで，世界中から美術品や工芸品を集めて展示しています。2016 年に私は大英博物館のために若い難民の子どもたちと一緒にショーをつくるという活動をしました。このスライドに映っている人たちと一緒に活動しました。男の子のほうが多いグループでした。この人たちは家族と一緒というわけではなく，1 人でロンドンにやって来た人たちです。それなので，大体男の子が多いです。"Refugees week"（「難民週間」）と呼ばれている 1 週間があるのですが，そこでパフォーマンスをしました。それは毎年 6 月に行われる 1 週間でイギリスに来ている難民に対して彼らの貢献をほめたたえるということ，そして難民に対する国民の意識を上げるというための 1 週間です。彼らの年齢層は 14 歳から 21 歳で，ロンドンの東部から来ているユースクラブに所属している子どもたちです。彼らの出身国は，エリトリア，シリア，アフガニスタン，エジプト，エチオピアといった国々です。このプロジェクトに取り組んだとき，私は劇場に勤めていたので，最初に彼らと行ったことは，彼らを劇場に招くということでした。劇を一緒に見て，無料のピザを振る舞って一緒に食べました。食べ物を提供して，一緒に食べましょうということはとてもいい歓迎の態度であって，特に若い人たちには，やってほしいと思っていることが後で実現しやすくなります。

写真 4.　大英博物館を訪れた難民の子ども達

　最初に，彼らの所属しているこのユースクラブのほうに行って，演劇の基本的なゲームをしたり，音楽家を招いて一緒に音楽をつくったり歌をつくったりということをしました。興味を持った子もいれば，興味を持たなかった子もいるので，興味を持った子に，「じゃあ，一緒に演劇をつくりましょう。演じてください」と言いました。まず，演劇の基本的なスキルというものを教えて，それから若い人たちに，自分は何が好きなのかということを話してもらいました。難民とか移民に関する劇がつくられるときには，ロンドンではよく難民，移民でいるということの難しさを描くこともあるのですが，私たちは困難な部分を見せるのではなくて，彼らの強いところを見せてあげたい，また彼らは私たちと同じ人間なのだということを見せたいと思いました。

　これは，彼らをその博物館に連れて行ったときの写真です。ここでパフォーマンスをするのだよということを見せてあげました。それから，彼らの母国の音楽も私たちは積極的に取り入れて，それを観客にパフォーマンスで使いました。このプロジェクトでは，彼らが活動を始めるのによいタイミングがいつであるかということに気をつけなければいけなかったのですが，その

写真 5．プロジェクト参加者たち

写真 6. 難民の子ども達のパフォーマンス

　ほかにも，活動にどのくらい時間がかかるのかということにも気を配らなければなりませんでした。毎週同じ人が来るわけではなかったので，いったん基本的な活動の枠組みをつくって，参加者が来たときに円滑に参加できるというようにしていました。また彼らの居場所に私たちが行くほうが簡単なので，そうしていたこともありました。活動の時間について言うと，例えばイスラム教のラマダンで断食の時間にリハーサルをしようとしたこともありましたが，若い人たちは夜遅くに断食が解けてごはんを食べるので，朝，昼はとても活動するのが難しい時間帯でした。ですので，リハーサルは夜にするというような工夫をしました。それから，もう 1 つ気を付けなければならなかったのは，彼らにとってすごく傷つくような質問をしないということです。例えば，「なぜアフガニスタンを出たの？」というような質問はしないということです。

　これは，少し暗いですけれども，博物館内でのパフォーマンスの写真です。すごくたくさんのお客さんが来てくれて，この参加した人たちも，若い人たちも，自分のしたことに誇りを持てるような経験だったと思います。

(4) ドイツでのプロジェクト：地域の人たちと関係をつくる

　こちらは，ドイツで行われたプロジェクトなのですけれども，ご紹介したいなと思います。地域の人たちと難民や移民の人たちの距離を近くする活動のよい例だと思います。これはドレスデンのシュターツシャウシュピールというところの劇場で行われた活動です。ドレスデンに行ったわけですけれども，ドレスデンというのは，最近になって難民がすごく入ってきた都市です。ドイツでは，ドイツ政府が難民受け入れを進める方針でいますので，80万人の難民が来ていると言われています。ただ，みんながそれをいいアイデアだと思っていたわけではないので，例えば右翼の人で移民に対して嫌悪を示すというような動きも出てきています。月曜日の夜に，その反対をする人たちが，「難民受け入れ反対」のデモを始めました。難民に向け暴力が使われるというようなことも起きてしまっています。そこで，このドレスデン州立劇場というのは，「モンタズカフェ」，「月曜のカフェ」を始めました。「モンタズカフェ」「月曜のカフェ」というのはワークショップなのですけれども，地域住民が誰でも参加でき無料で行われていて，一緒にドラマをしたり演劇をしたりという活動を通して，自分たちのこと，お互いのことを学ぶ時間になっています。すごく異なったバックグラウンドを持っている地域の住民が一緒に集まるというよい方法でした。

　ドレスデンにある別の劇場では，「キッチントーク」，「台所のおしゃべり」

写真7. シュターツシャウシュピール劇場

写真 8. キッチントークプロジェクト

というプロジェクトを行いました。これは，毎週日曜日の夜に行われます。
この日曜の夜に難民や地域住民の人が誰でも集まって，一緒に料理を作り，
お互いのことを知り合う機会を持ちます。いろいろな料理を持ち込むことも
できますし，一緒に料理をすることもできます。例えば，この写真ではパレ
スチナの女性が伝統的な食事を作っています。また，ドイツ人の人もドイツ
の伝統的な料理を作ったりします。

(5) UK 全土でのプロジェクト：Great Get Together

　次に私たちが来ているイギリスからの一例をご紹介します。2016 年にジ
ョー・コックスという下院議員が，同じ地区の住民に殺されるというとても
悲しい出来事がありました。彼女は特に難民や移民の権利擁護に取り組んだ
人だったのですけれども，彼女を殺した人は，移民政策に反対をしていた人
だと言われています。彼女を追悼するイベントが去年初めて難民週間の最後
に行われました。そして，このイベントは "Great Get Together"，「素晴ら
しい集会」という名前が付けられているのですけれども，人々が集って，一
緒に食べたり，ゲームをしたり，何かを楽しむということが行われました。
1,000 以上のこうした同じ "Great Get Together" と呼ばれるイベントが，
国内のいろいろな場所で実施されました。これは大学であったり，アートセ
ンターであったり，公園であったり，学校であったり，いろいろな場所で行

写真左9．右10とも　"Great Get Together" 屋外パーティー

われました。とてもシンプルですが効果的な方法で，人々が一緒に時間を過ごすというものでした。場所があって，食べ物があって，もしかしたら音楽があったら人々は一緒に過ごせるのだということです。

(6) 異文化の人たちを迎え入れるときに大切なこと

　私もまだ学んでいる途中なのですが，これから今までの経験をふまえ，ほかの国から来た人たちをどのように地域に迎え入れるかということに関して，私が学んだことを皆さんにお話ししたいと思います。

　まず，オープンでいること，気持ちを開いて迎えること。それから，歓迎すること。そして，彼らの持っている文化というものの素晴らしさを見つけてあげるということです。そして，彼らとの共通点を見つけるということも大切だと思います。私たちがしているのは，彼らと何かを交換したり，交わったりすることだと思います。違う側面を持っている人から何を学べるかということです。その彼らが持っている文化がどういうものなのかということに気を配らないといけません。私は，すごく美しい話を同僚から聞いたことがあります。アラスカの原住民の女の人のお話です。アラスカで同僚がその女の人に会ったとき，「いくつなんですか」と年齢を尋ねました。「何年何カ月生きています」という数え方をするのではなくて，彼女は「私は今までに何回冬を経験しました」と答えてくれました。また他のエピソードで，若い女の人に劇場への行き方，道順を教えるというお話しがあります。そのお話には，ソマリアのすごく田舎の地域から来ている女性が出てくるのですが，彼女はロンドンのような都市に住んだことのない人で，よく迷子になってい

ました。ですので，「ワークショップにぜひ参加して」と彼女を招待したと
きには，ある男の人に会うようにして，彼に劇場までの道順を一緒に見ても
らうということをしました。大都市で長い距離を移動する，いろいろな交通
機関を使うというのは，時にはすごく難しいことだと思います。自分の行動
であったり，行動規範というものがどういうものかということを，参加者の
持っている規範とともに考えなければいけません。例えば，あまり女性と一
緒にプロジェクトに取り組んだ経験のないグループと一緒に活動するとき
は，何をするかにも気を配ります。例えば，肌が見えすぎないようにすると
いう気配りも必要です。そして，学習スタイルも，いろいろなものがあるこ
とに気を付けなければいけません。そして，そのスタイルに合った活動方法
を考えるということが大事です。いろいろな方法でその活動に刺激を持ち込
むことが大事だと思います。そして何より参加者が興味を持っていることが
何かということを，最初に見つけ出すということが大事だと思います。例え
ば，アートであったり，音楽であったり，映画であったり，小説であった
り，いつもしていることとは違うことを持ちこんでみるのも刺激になります
ね。食べ物もとても助けになると思います。まず，歓迎するということと，
仲間になってもらうというときに，食べ物はとても有効です。国を移るとい
うことでいろいろな不安もあるので，話しづらい話題があるということに気
を付けるのも大事です。

　こちらが最後の写真です。これは，ロンドンで私が以前働いていたヤン
グ・ヴィックという劇場の写真なのですけれども，劇場でやっていたお芝居
を見るようになった子ども達です。この子たちは，アートで何かをするとい
うことの経験がない子がほとんどでした。その子ども達は，例えば戦争を逃
れてきたり，いろいろなトラウマを経験してロンドンに1人でやって来た子
ども達です。ですので，彼らが初めて劇場で過ごす時間をすごく特別なもの
にしてあげたいと思いました。まず，彼らが劇場に着いたときはピザで歓迎
をして，それからバックステージ・ツアーを行いました。彼らをまず座席に
案内をして，劇がどれぐらい長い劇なのだよとか，何がどこにあるよという
ことを教えてあげました。ショーが終わった後には，彼らに舞台の上を見せ
てあげました。写真の中央にいる金髪の女性はとても有名な女優さんなので

写真 11. ヤング・ヴィックの参観に訪れた難民の子ども達

すが，彼女に会ってサインをもらったり，一緒に写真を撮ったりという機会がありました。若い人たちは，「VIP になった気分だわ」と言ってくれました。彼らはこの劇を見たあとに，またほかの劇を見に来てくれたり，このグループのリーダーだった子に，「こういう劇の上映があるんだけど」と声をかけると，みんなに声をかけてくれる，そんな関係性が出来上がりました。このピザをあげたり，劇場で劇を見たりということは，私にとって難しいことではなかったのですが，彼らが些細なことで VIP になったというように感じてもらえたということで，この例をお見せいたしました。

　これでレクチャーは終わりです。このあとに，これを実際に体験してみるという時間を持ちたいと思っています。ゲームですとか，いろいろ伝えるテクニックがあるので，それを体験していただけたらと思います。

注

1　本稿は，2018 年 2 月 23 日に朝日大学で開催した，多文化こどもエデュ niho ☆ nico 主催，DIET プロジェクト（Drama In Education for Teachers and all students）におけるシャロン・カノリック氏のレクチャーを書き起こしたものである。レクチャーでは，動画や複数のスライド写真の提示があったが，本稿は，編者がその

中から写真の選択を行い使用した

4. すべての先生と子ども達のための
教育場面におけるドラマ利用¹

スチュワート・メルトン

　皆さん，お越しいただいてありがとうございます。イギリスでの活動を今日ご紹介するのですけれども，学校で先生や生徒とともに参加型で進めるプログラムを紹介したいと思っています。ある人たちは，子ども達と一緒にパフォーマンスを創るという活動に焦点をあてています。また評価に合わせて，ドラマの演劇のスキルを用いてプログラムを創っている方たちもいます。ほかの方々は，もっと新しい方法，それは生徒たちが自分たちの住んでいる世界のことを新たな方法で体験をしたり評価をしたりということができるような活動を探求している人たちもいます。

　これからいろいろ例をお見せするのですが，包括的で全てをカバーしているというわけではありません。今回紹介しているのは，ロンドンで活動をされている方の活動が多くなります。ロンドンの活動が一番いいと思っているわけではなくて，自分が一番慣れている，親しんでいるものがロンドンの活動だからです。特に今日ご紹介したいと思っているのが生徒や学生さんですけれども，学校をもっと開かれた場所にしたい，排除される人がいないような場所にしたいと思って活動をしているファシリテーターの方をご紹介します。特にコミュニケーションに問題を抱いているような若い人たちのための活動です。例えば，特別支援教育を受けているような子ども達，もしくは，最近になってイギリスに到着をした移民の人たちです。

(1) London Bubble Theatre：“*Speech Bubbles*”
　最初にご紹介するのが，「ロンドン・バブル」（“*London Bubbles*”）というカンパニーで，そうした活動をしているのですが，デイビッドと私も一緒に活動をしたことがあるカンパニーです。「スピーチ・バブル」（“*Speech Bubbles*”）というプログラムがあるのですが，これは子ども達，特にコミュ

写真 1.「スピーチ・バブル」

ニケーションにサポートが必要とされている子ども達が話をしたり，それから自己表現をすることに自信が持てるようにと考えられたプログラムです。対象となる子ども達は，特定の場面では話すことが難しく感じる子ども達，もしくは英語が母語でない子ども達です。「スピーチ・バブル」というこのプログラムで

すが，とても成功したので，イギリスの全土で活動が広がり，例えば，ハーフムーン・シアターといったカンパニーが取り入れています。この写真は，「ハーフムーン」というカンパニーのものです。ご覧のようにすごく体を動かすプログラムです。机もないですし，立ち上がっているわけでもない。カーペットの上に転がっている状態です。

(2) Pakama：*"Talking Books"*, Make Believe Arts: *"Helicopter"*

　次にご紹介するのが，「パカマ」(*"Phakama"*) というカンパニーです。「トーキング・ブックス」(*"Talking Books"*) というプログラムですが，これは年齢的には3歳から5歳，幼稚園や日本のプライマリーという小学校のようなシステムの1年目に，在籍している子ども達向けのプロジェクトです。このプロジェクトで大事なことは，両親も関わるということです。またこの活動も英語が母語でない子ども達，もしくは，読み書きの能力に何か援助が必要な子ども達を対象にしています。そして，プロジェクトの中で遊びや，それから何かモノをつくるといった活動を取り入れたプロジェクトをロンドン市内の幼稚園で行っています。ここで大事にされているのが，子どもが家でも学習を続けるということを両親がサポートできるような内容になっているということです。これはワークショップの場だけで行うのではなく，自宅に帰ってからも続くようなイメージです。

また「メイク・ビリーブ・アーツ」(*"Make Believe Arts"*) というカンパニーですが, ここは「ヘリコプター」(*"Helicopter"*) と呼ばれるテクニックが有名です。子ども達がまず自分の創った物語を話し, それが子ども達がしゃべったとおりに紙に書き起こされます。そしてその言葉を使って, 彼らの通っている学

写真2.「ストーリー・テリングプログラム」

校でパフォーマンスが行われるというものです。とてもシンプルで, 子どもが中心に置かれたプログラムです。そして, 子ども達のクリエイティビティや繊細さ, 知性, 価値を認め支持をするアプローチです。

(3) Rewrite：*"Creative ESOL"*

「リライト」(*"Rewrite"*) は, ロンドンに来ている難民の子ども達に向けたプロジェクトをしています。彼らのやっているプログラムは,「クリエイティブ・イーソォル」というふうに呼ばれて, ESOL と書くのですが, これは英語を母語としない人のための英語という意味です。長期間にわたって行われるプロジェクトで, 演劇やライティングのゲームを取り入れています。ずっと参加している高校の学生たちは, 自分たちで演劇を書いたり, 短編の小説や詩を書き, それらがプロの俳優によってパフォーマンスが行われます。

(4) Chickenshed：大人のファシリテーターの参加

「チキン・シェッド」(*"Chickenshed"*) というのはカンパニーの名前ですが, これは鶏小屋という意味です。なぜこういうふうに呼ばれているかというと, 実際に養鶏場の建物を使用しているからです。彼らはなるべく人を排除しないで, 様々な人に参加してもらおうと思って演劇活動をしています。

写真 3.「グラフィティ」

色々な学習の支援を必要としていたり，何か障害を持っていたり，そういう人たちも参加できるような活動をしています。とても人気のあるカンパニーになったので，参加をしたいという人がいっぱいいて，ウエイティングリストができるほどでした。あまりに待っている人が多くなってしまったので，2000 年代初頭にフランチャイズモデルを創りました。サテライトの小屋，衛星小屋を創って，例えば，「ハリングリィシェッド」（"Haringryshed"）という小屋があります。彼らのアプローチでユニークなところ，大事にしているところは，どういうスタッフが関わるかということです。例えば，大人のファシリテーターがその子ども達のグループに入って一緒に活動をします。5 人の子どもに対して，1 人の大人のファシリテーターが入るような割合です。もし，子どもがもっとサポートが必要という状況だったら，もっと多くの大人が入ります。今，写真が出ているのは「ハリングリィシェッド」のパフォーマンス，「グラフィティ」（"Graffiti"）に関するパフォーマンスです。今，この中で演じているのは，みんなサルバドール・ダリになったつもりで演じています。もしかしたら，皆さん気づかないかもしれませんが，この写真の中にも 3 人大人が混ざっています。ファシリテーターたちは，自分たちの存在を目立たせず馴染んで，もうほとんど見えない存在になっています。

(5) Young Vic Theater：*"Taking Part"*

　次は，「ヤング・ヴィック・シアター」（"Young Vic Theater"）です。ロンドンの中でも，とても影響力があると言われています。実際に，イギリス全

土から見てもとても影響力の
ある劇場です。すごく人気の
ある作品だったり，課題を投
げかけるような作品を一般に
公開してやっているんですけ
れども，それとは別に参加型
のプロジェクトを活動の中心
に据えている劇場です。その
「中心」というのは，今意図
的に使った言葉です。パーテ

写真4. ヤング・ヴィック劇場

ィシペーション部門と呼ばれ，実際に建物の真ん中に据えられています。そ
してこの黄色いレンガの建物の中にオフィスが据えられています。建築的に
も，この学生や生徒が来る場所というのが劇場の中心になっています。観客
が入ってくる入り口が，この一番真ん中の1階のところです。制作部門は左
側に入っていて，劇場空間が，右側になっています。左側に劇を創っている
人たち，プロで劇を創っている人たち，それからお客さんが見に来る公共の
場である劇場が右側にありますが，参加部門というのはそれを繋ぐような，
その入り口になるような場所なのです。ヤング・ヴィックの，「テイキン
グ・パート」（*"Taking Part"*），「参加をする」という名前が付いているので
すけれども，学校や，それから老人ホームにいる方たち，精神的に問題を抱
えた人たちに向けてもプロジェクトを行っています。そして，一番重要視し
ているプロジェクトが，彼らのオリジナルの作品を創るということ，そして
それを演じてその地域のメンバーも参加をするということです。今，写真を
ご覧になっているのが，「永遠の2分間」というタイトルの演劇です。これ
は中学生の創った作品で，内容は，英語の試験の前の日の夜に世界が終わる
と信じ切っている子ども達のお話です。この台本を私が書いたのですが，13
歳のロンドンの南部の学校に通っている生徒たち80人以上にインタビュー
をして内容を集めました。最終的な公演はこのヤング・ヴィックの劇場で行
われて，若い人たちが舞台に上がりました。そしてデザインや照明，音響
は，プロのデザイナーが関わりました。

写真 5. 中学生創作作品「永遠の2分間」

　「テイキング・パート」というプロジクトですが，プロが関わるということが大事な要素になっています。演劇スキルを教科に当てはめて使おうということが目的ではないので，ファシリテイトする側は教育者ではなくてアーティストなのです。彼らはこの活動を通じて，参加している学生，先生たちにまでも，どのようにプロフッショナルの演劇が創られているかということを見せるきっかけを与えています。こうした活動を通じて彼らが望んでいることは，普通に劇場で公開している作品を参加している若い人たちにとってもっと近づきやすい，興味を持てるというものにしたいということです。

(5‐1)　Parallel Production 1 : "*Umtolo*"

　その目的でヤング・ヴィックではパラレル・プロダクション，並行するプロダクションというものが行われています。これは，右側の先ほど見たビルディングの，劇場空間でパブリックの公演があるんですが，プロの俳優やプロのスタッフが創るものです。それと並行して，若い人たちが関わってパフォーマンスやオリジナルの作品を創っていくという試みです。一番最近のヤング・ヴィックのこういった作品が「アントロ」("*Umtolo*")という，今，写真が出ているものです。南ジンバブエの「ンデベ」という言語で「木」を意味する言葉です。ダニラ・アントレラという方の書いた「コンバート」と

いう作品にヒントを得て創ら
れた全く新しい作品です。帝
国主義のもたらした影響や，
植民地時代以前の南アフリカ
での暮らし方にキリスト教が
もたらした影響を描いていま
す。この作品，実際演出をし
たのはディヴィットなのです
が，イギリスから6人，若者
が参加をしていて，またジン

写真6. 英・ジンバブエ共作「アントロ（木）」

バブエから5人，地域の方が参加をして一緒に創った作品です。テイキン
グ・パートがどれぐらい野心的な作品を創っているかということが感じられ
ると思います。この作品は，今言ったように，ロンドンとジンバブエという
すごく距離のあるところで一緒に行われたものなのですが，決してこれがど
のような状況でも再現できるプロジェクトでないということはわかっていま
す。そして，イギリスでも日本でもそれは難しいことだと思います。しかし
私はこの作品を紹介したいなというふうに思いました。なぜなら，様々な社
会的，民族的，そして言語のバックグラウンドを持つ参加者を引き込む方法
として，クリエイティブ活動をしていると思ったからです。様々なバックグ
ラウンドを持つ人が参加するというときに，そういう場面で教育をされてい
る方にとても役に立つ情報だと思います。

(5-2) Parallel Production 2：*"Parallel Macbeth"*

　今，写真が出ているのがヤング・ヴィックでのパラレル・プロダクション
のもので，「パラレル・マクベス」（*"Parallel Macbeth"*），シェイクスピアの
「マクベス」です。とても身体的な体を使う作品になっていました。本作の
方では，原作，シェークスピアの台本をそのまま，ほとんど言葉を破棄せず
に使っていたんですけれども，パラレルのプロダクションの方では，言葉を
使わないという選択をしました。言葉を使う代わりに，演出家のキャロライ
ン・バーンは，動き，音楽，そして印象的な照明を使って物語を伝えること

写真 7.「パラレル・マクベス」

を選びました。結果的に，すごく直感的に迫ってくるような，心を乱すイメージがどんどんどんどん滝のように流れてくる作品に仕上がりました。これを見てとても新鮮で，そして，同時に原作に忠実であると感じました。「マクベス」というのは，シェークスピアの作品の中でもとても人気の高いものですし，最も引用されることの多いものだと思います。なので，この作品の言語はレガシーとも言える精度の高さを持っているのですけれども，ではなぜ参加部門，パーティシペーション部門は言葉を使わないという表現をしたのでしょうか。

　この作品を通じて演出家とテイキング・パートのチームがやりたかったことというのは，原作でも探索されている国境や領土，亡命，国籍を失うというテーマを切り開こうとしたのです。そして，彼らが特に大事だと思ったことは，主に英語が母語でない 14 歳から 21 歳という若い参加者にとって，この 400 年以上前に書かれた作品が何か意味があるものだというふうに感じられる経験を創り上げることでした。実際に 16 人参加者がいたのですが，彼らの中で話されていた言語は 16 言語あります。その参加者の数人は，難民としてロンドンに到着したばかりという人も数名含まれていました。紛争地域のコンゴやパキスタンといったところから訪れている難民です。私を含めてですが，英語を生まれたときから話している人たちというのは，シェイクスピアのこの濃厚な言葉，そして，後に古文で書かれているような言葉というのが，社会に入り込みづらいというふうに感じていることがあります。参加者の英語を話すことに対する自信であったり，実際に話せるレベルがものすごく異なっていたので，総括チーム・制作チームは，何かほかの方法で若

い人たちがマクベスにアプローチできるような方法を探さなければいけませんでした。

　そこで，彼らは別のアート形式を使ったのです。漫画ですね。4コマ漫画を使いました。すごくシンプルな言葉を使って，原作が描いている重要な筋立てや登場人物について，また何が起こったかということを伝えたのです。

　次に，芝居の中で起こる様々な出来事を演技を通してストーリー・ラインにすることができました。そのあとに自分たちの体を使って，シーンの静止画を創っていきました。言葉はほとんど使わずに，劇の中の重要な出来事についてイメージを創ることができたのです。登場人物の様々な上下関係や政治的力学，そして感情というものを自分たちの中に取り入れて理解することができました。たくさんの絵や体を使った静止画が集まり，それらを動かしたのです。絵や静止画を素材にして，演出家が振り付けすることができたのです。この外側から中に入っていくというアプローチはとても効果的だったと思いました。プロだけで創った公演とその若い人たちが創ったマクベス，両方見たのですけれども，そのパラレル・プロダクション，若い人たちが創った作品の方が，よりその作品自体を理解している，また舞台にしているスコットランドの悲劇を鋭く繊細なニュアンスまで描いているというふうに感じました。

(6) Projects with Learning Disabled Participants：*"Art Attack"*

　私自身もヴィジュアル・アーツの力を使うことがよくあります。特に言葉の壁があるときなどに使います。長年にわたってロンドン南部にある「サザークプレイハウス」という劇場と共同で活動していたのですが，学校に行ってワークショップをファシリテートするという活動をしていました。ここで私とディヴィットが出会いました。このプロジェクトのおかげで，もしくは，このプロジェクトのせいでと言ったほうがいいかもしれません（笑）。今日，私たちは一緒にここにいます。

　ここでの活動で，とても印象に残っているものの1つに，中学校で行ったプロジェクトがあります。環境保全についてのプロジェクトでした。参加していた生徒たちは，重度の学習障害を抱えていました。ですので，言葉を使

ってコミュニケーションを取るということができませんでした。学校側からの希望として，「何かしらの発表やパフォーマンスがあってほしい」ということがあったのですけれども，台本を創って演劇を上演するということは，とても難しいということが初めから分かっていました。そして，これは参加者にとっても満足感を得られないものになるだろうと思いました。実際に手を使って，体を使って何かをやるとか，触覚を使って行うような課題にはとても秀でていたのです。けれども，演劇的なアクティビティというのが苦手だったのです。でも，私たちも生徒が仲間たちに自分たちで創ったものを見せる機会を創ってあげたいなと思っていました。何よりも大事にしたかったのは，参加している若い人たちが楽しいなと思って何か意味があると感じられる内容にすることでした。そこでこのアイデアが浮かんできたのです。子ども時代に見ていた「アート・アタック」（"*Art Attack*"）というテレビ番組です。動物のイメージを創るのですけれども，学校の演劇でよくあるように動物の真似をするというのではなくて，観客の前で動物の絵を創りあげるということを考えたのです。ライブ・アートやパフォーマンス・アートと呼ばれるようなものと似ていると思います。私たちは，動物の写真を印刷して持っていきました。そして，生徒にどの動物を使いたいかということを選んでもらいました。皇帝ペンギンが選ばれました。まず，マスキングテープを使って床に皇帝ペンギンのアウトラインを描いていきました。それから選んでもらった写真になるべく近づけて，アウトラインを描くようにしました。その次にしたことは，なるべく色々な素材やオブジェを集めました。これらを使って絵を描けるようにしたのです。例えば，紙皿やごみ袋，布やリボン，ヨーグルトの空き瓶というか，空きケース

写真 8.「アート・アタック」

ですね。プラスチックのボール，それからもっともっと色々なものを使いました。今，写真の中でも１つ何かを足している生徒の腕が見えると思うのですが，順番に１つずつ要素を足していくというプロセスを取りました。かつ，彼らはその色々ある紙皿ですとか，色々ある素材の中から自由に好きなものを選んで使いました。この皇帝ペンギンの中で自分の好きなところ，デザインでいいなと思ったところに置くことができました。

　完成した作品は，細かいところまでよく見ているということに気づけるような作品になりました。例えば，胸の色が明るい部分は，透明に近いような白い布が使われました。そしてもっと濃い毛の部分は，紙皿などの厚い素材が使われていました。ペンギンの丸みを帯びた形ですとか，ボリューム感というものがすごくよく表されていました。若い人たち，若いアーティストと呼びたいですが，彼らは驚くほどすごく良いチョイスをしていました。例えば，青いプラスチックが見えると思うのですが，これは南極の光がペンギンの首に当たって反射をしているところを表現したものです。これを創ったのは全て生徒です。先生やファシリテーターは，まるっきり手を入れていません。この子ども達に，「皇帝ペンギン，どういうふうに見る？」「どんな姿になってる？」というふうに聞いたら，言葉ではきっと説明できなかったと思います。でも，一緒に絵を創るということで，彼らがどれだけ細かいところまで皇帝ペンギンを理解しているかということが分かりました。

(7) Always making：*"Creative Critics"*

　演劇を使ったプロジェクトというのは，公演，パフォーマンスにつながらなくてはいけないというわけではありません。演劇に使われるスキルというものは，あまり明確でないかもしれないですが，とても大事なインパクトを持っています。例えば，ディスカッションですとか，振り返りをするときに，よい刺激を与えてくれます。

　「クリエイティブ・クリティックス」（*"Creative critics"*）というプログラムがあるのですが，これはクリスティーナ・バードという人が創り，彼女のカンパニー（*"Always making"*）で行われています。彼らはアートフェスティバルと共同でプロジェクトを行うのですが，例えば，ヨークシャー・フェステ

写真9, 10, 11　「クリエィティブ・クリティクス」演劇の鑑賞に出かけ，劇評を書く活動

ィバルやウィリーセンテントモニー・フェスティバル，そして今年はマンチェスター・インターナショナル・フェスティバルで活動を行う予定です。ざっくり言うととてもシンプルなプロジェクトです。小学校の生徒たちは，このフェスティバルで行われている演劇，パフォーマンスや展示を3回見に行きます。彼らは自分が見に行ったものに対して批評を書きます。そして，こうして書かれた批評というのは，地元の小さな新聞で掲載をされたり，特設されたWebサイトに掲載されます。ある意味では，この10歳の子ども達がアートのレビュアー，批評家になるということです。そしてそれを通じて，彼らはコミュニケーション・スキルに自信を持っていくのです。このクリエイティブ・クリティックスは，大変シンプルに見えると言いましたが，実はやろうとしていることというのはそんなに小さなことではないです。このプログラムが対象にしている学校というのは，社会の産業化以降，あまり顧みられることのなかったような田舎の都市だったりします。歴史的に見ても，こういった地域というのは，テレビなどの初歩的芸術以外との関わりが少ないコミュニティです。例えばラジオや，テレビやインターネットといったメディア以外のアートと触れ合う機会が少ないのです。もう1つの対象ですが，英語が第2外国語，もしくは第3外国語であるような移住者が多く住んでいる地域を対象にしています。このプロジェクトが始まる前に調査をしたのですが，参加をしている子ども達のほとんどは，家族とそれまでに何か展示を見に行ったり，パフォーマンスを見に行ったりした経験がないと答えました。アートにあまり関心もないし，そして自分の考えをほかの人に表現するということに自信がないと答えていました。子ども達のコメントの特に

最後の部分はとても重要なポイントだと思います。このプロジェクトで嬉しかったことは，参加した人たちが新しい成果，新しい好きなものと出会えたということがあります。例えば，オペラや面白いと思ったサルサ・ミュージックであったり，クラッシックの「ゴールドベルク変奏曲」であったり，インスタレーションだったり，色々なものに興味を持ってくれました。しかし，大事にしたかったのは，子ども達が自分の考えに対して自信を持つ，信じるということ，それから，ほかの人がどんな考えを持っているのかということに興味を持つということです。もし自分自身の意見や考えを信じることができて，ほかの人の意見にも価値があるんだということを感じることができたなら，何かこれから意見が噛み合わないことがあっても，それはいいことだと思えるかもしれません。

(8) Stimulus for writing & Stimulus for thinking：*"Plasticine Sculptures"*

　ここまで私たちは，自分を表現する特に言葉や書く行為を追求して自分を表現することに自信のない子ども達がディスカッションをすることにどうしたら積極的になれるか，ということをサポートしようとしてきました。ただ，私はもっと一歩踏み込みたかったのです。好き嫌いを越えて，アートに対してもっと深いつながりを持ってほしいなというふうに思っていました。

　そして，もう１つ別のことですが，子ども達は学校で正しいことを言わなくてはいけないというプレッシャーと戦っていると思います。そうしたことから離れた何かがしたかったんです。そして，子ども達が，「僕が何を聞きたいと思っているかということを答える」ことがないようにしたいと思っていました。そのアプローチのひとつとして，言葉を使わない，自己表現をことば以外の方法でしてもらいました。そこから会話が広がったり，新たな疑問が生まれたり，考えが浮かんだり，レビュー記事を批評をする，書く行為につながりました。

　そのフェスティバルの中で３回，違う公演や，展示，コンサートホールに行くということをするのですが，その前に，アートについて少し時間を使って，ディスカッションをしました。その中の１つのワークショップでは，クラシックの音楽を一緒に聴くということをしました。音楽を一緒に聴いた後

写真 12. 聴いた曲のイメージを粘土で作る

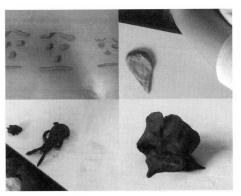

写真 13. 児童の作品

に，子ども達に「自分の好きなクラシックの曲を粘土を使って形を創ってみて。自分がその音楽を聴いてどう感じたかっていうことを形にしてみよう」と言いました。皆さんが今，見ていただいているのが，その創られた作品です。ご覧いただいているように，絵文字のような顔の表情を創った子もいますし，小さい自分の彫刻を創った子もいました。ほかの人は象徴的な形というものを選んで創りました。例えば，涙形のものですとか，右下の黒いものは心臓を創っています。そして，それは，会話を始める，ディスカッションを始めるとてもよいスターティングポイントになりました。例えば，粘土は，自分の好きな色を選びました。そして，指のあとをつけるかどうか，そういうことも自由に決めました。そして形も自分の好きなものを創ったんです。音楽に記憶に頼ってどう感じたかということを言葉で表現するのではなくて，自分の創った作品や，誰かが創ったほかの作品を見ながら，話ができたんです。この粘土を使って自分で形を創っていたので，そうした環境を自分の中でも昇華し始めていたんです。抽象的な作品を創った子たちもいました。絵文字ですとか，自分の体の形のような彫刻というのは分かりやすいかもしれませんが，もっと象徴的なものもありました。質問や意見がとても多く出てきたことに，驚きました。

　アートについてディスカッションをしているとき，アートについて話をしているときに何か1つだけ答えがあるのではないということを示すのにとても有効な例だったと思います。そして，これはアートに限らずほかの物事についても同様なことが言えると思います。この経験を通じて異なった意見を言うことに対する自信がついたと思います。自分の中の正解を言わなきゃいけないですとか，そういうプレッシャーから離れて，自分の中に湧き起こってきた変化というものに価値があるというふうに感じられるようになりました。

(9) *"Magic hand"* & *"Human Sculptures"*

　次の年にも同じプロジェクトをしたんですが，もう一歩前に進みたいなと思いました。

　「マジック・ハンド」(*"Magic hand"*) という，「魔法の手」と呼ばれている体を使ったエクササイズがあるのですが，これで，子ども達自身が粘土になるというエクササイズをしました。ディヴィッドがサポートします（ディヴィットが講演者の前に立って実演を始める）。子ども達はペアになって，AとBになります。Aのスチュワートがマジシャンで，Bのディヴィッドがその見習いです。このように見習いの顔の前に手を置きます。手が動くと，それについて動きます。すると，目の表情をずーっと同じに保っている状態です。もし，手が下にいったら，見習いも下に下がります。予告を与えないでうまく動きを促したり，「ストップ」と言ったりします。マジシャンに，「1歩下がって」というふうに言います。見習いはストップがかかったときのポーズをキープします。この状態で人間の彫刻になっています。もちろん，これは人間の体でできている形なのですけれども，絵文字ほど分かりやすいものではないです。もっと抽象的です。このデイヴィットで創られた彫刻を眺めることができます。そしてグループに，「今，何が起こってると思う？」というふうに聞くことができます。「彼は何を感じているんだろう。今，何時ぐらいだろうか。次に起こるのはどんなことだろう。これ，彫刻としてどうかね。いいかな？　その彫刻をちょっと動かして，もっとよくすることってできるだろうか」。こうしたエクササイズを通じて，すごく豊かな会話が

持たれました。そしてそれは，後々に批評を書くときにもとても役に立ちました。

(10) Epilogue

とても短かったですけれども，今回ご紹介した事例が皆さんの役に立つことを願っています。ドラマエデュケーション，ドラマ教育というのは演劇でなくてもいいのです。こういった演劇プロジェクトというのは，舞台も必要ないですし照明や音響機器も必要ありません。小道具も必要ないですし，もし言うならば，粘土がなくてもできるのです。もしあったら素晴らしいですが。生徒自身と，それからファシリテーターがいればできることです。ドラマを創るためのスキルというのは，ほかの場面に応用することができます。今，お見せした例で，そういうことを感じていただけたらと思います。イギリスでは最近起こっている動きとして，演劇，劇場というものがどういうものになれるんだろうということを考え直している時期だと思います。そして，教師やファシリテーションをしている人たちの間でも，こうした演劇を用いたプロジェクトはどういうものになれるんだろう，これからどう変化できるだろうというふうに考えている人が多くいると思います。

今，ちょっと見ていただきたい写真があります。これは，クリエイティブ・クリティックスの写真です。この写真は，アーツカウンシル，国内の学校の理事が集まるカンファレンスがあるんですけれども，そこでの様子です。理事なので学校をコントロールしている人たちなんですが，彼らがコントロールされていたりしますね。マジックハンドのゲームをしています。このプロジェクトの担当者がファシリテーターになっています。生徒が先生役をしているんで

写真 14. 学校の理事たちと子ども達が一緒に行った「マジック・ハンド」

す。この写真でこのドラマ教育が，子ども達の自信をどうやって育てられる
か，そういうことを感じていただけたらと思います。ありがとうございまし
た。

注

1　本稿は，2019 年 2 月 9 日，朝日大学にて，多文化こどもエデュ niho ☆ nico が
　主催した「DIET プロジェクト 2（Drama In Education for Teachers and all
　students)」におけるスチュワート・メルトン氏のレクチャーを書き起こしたも
　のである。レクチャーでは，複数のスライド写真の提示があったが，本稿の写真
　はその中から編者が選択し使用した

第 2 章　海外にルーツがある子ども達の
　　　　教育の課題と演劇ワークショップ

1.　演劇ワークショップと子ども達の成長
——海外にルーツがある子ども達の高校進学を
支援する「さつき教室」の運営者として——

各務眞弓

はじめに：海外にルーツがある子ども達の抱える困難

　ある年の高校合格発表の日，高校進学支援教室「さつき教室」の生徒から衝撃のカミングアウトがありました。受験した高校が不合格になり，次の2次試験に再挑戦するか，定時制を選択するかという進学相談中，ある男子生徒が「彼女が妊娠したので，高校にはいきません。」と教室を辞めてしまったのです。彼は母国でも問題を抱えていたのか，15歳の冬，日本で単身働いていた親に突然日本に呼び寄せられました。来日しても，彼の親は働くことが生活の中心でしたから，人知れず彼が抱えていた悩みや問題に気を向けることのないまま，事態は深刻になってしまったのかもしれません。彼に何が起こっていたのかという過程を教室のスタッフや私が知ることなく彼は退室していきました。

　このように義務教育年齢を超えた子どもたちの高校進学支援教室「さつき教室」（以下さつき）に入室しても多くの子が，なかなか継続できないという課題がありました。それぞれ問題は少しずつ違うかもしれませんが，日本語の難しさ，親子間のコミュニケーション不足や親の理解不足，経済的な問題などがあると思います。必死の思いで高校に合格した子が，高校入学後は勉強の難しさからか，退学してしまうことも問題でした。どうしたら辞めずに勉強が続けられるだろうかと考えた時，高校進学は通過点であり，もっと将来について夢を持ったり，自分が何をしたいか，何になりたいかを考えさせないといけない，「ライフプラン」を自ら考えさせるようなとりくみが必要だと考えました。そこで，性教育の専門家や金融の専門家を招いて，生徒たちに異性との付き合い方や将来のファイナンシャルプランを考える機会を設けました。さらに，導入したのが演劇ワークショップです。

(1) 生きづらさを抱える日本人不登校体験生徒との交流

　それは，ほとんどの生徒が不登校を経験しているという昼間定時制の高校の「演劇表現」という授業を受け持つ先生との出会いから始まりました。その先生が顧問を務める演劇部有志の生徒たちとさつきの生徒が合同で演劇ワークショップを実施することになったのです。事前にさつき教室で日本人高校生と一緒にワークショップを何回か行い，発表会と座談会を迎えました。多くの観客の前で，絵やダンスなどを取り入れ，セルフストーリーも語るというのは子ども達にとって初めての体験でした。それは私たち教室スタッフも同じで，子ども達の語るセルフストーリーによって，初めてさつきの子たちの抱える悩みや生きづらさを知ることになったのです。いつもにこにこして礼儀正しい子が，にこにこしているのは，実は困っている時にこにこしてしまうという事や，親と暮らすことを楽しみにして日本に来たのに，一緒に暮らしている親は，他人のようだと，親子の関係がうまく作れていない悩みを吐露してくれたのです。日本語が話せない彼らが自分の気持ちを表現することはこれまでにないことでした。特に思春期の彼らが，息苦しくやりきれない思いを周囲の誰にもぶつけることもできず，悶々としているという本音が我々の胸に突き刺さりました。ただし，彼らには，共演してくれた昼間定時制高校の日本人生徒たちの生きづらさまでは理解できないようでした。自分たちに立ちはだかる高校進学の高い壁に比べたら，不登校の日本人たちはすでに高校入学を果たし，学ぶ場所があるのに学校へ行けないというのは身勝手だと感じてしまうようでした。

　学校に行きたくても行けない苦しさがあるという同世代の気持ちまでは理解できなかった彼らでしたが，表現者としてはすばらしいと感じました。人前で自分を表現し，それが認められ評価されるという体験は，自己肯定感につながり，今後彼らが生きていく上で大切なものになるだろうということが容易に想像できました。できる限り，今後もこうした機会を作っていこうと思いました。さつきでは，この演劇ワークショップを実施する前は，国籍や母語が同じ生徒同士であっても親密な関係になることが少なかったのですが，このとりくみにより，教室全体の連帯感が生まれ，休む子が少なくなった，という効果をはっきりと感じるようになりました。

(2) 演劇ワークショップ，PIE プロジェクトでの子ども達の変化

　翌年は，イギリスの劇団で，移民の青少年のための育成プログラムに取り組んでいるファシリテーターに岐阜へ来ていただくことになりました。2日間さつき教室を運営するフレビア（注：可児市国際交流協会）でワークショップを行い，みんなの持ち寄った「（人生という）旅のアイテム」を使ってストーリーを作るワークショップでした。朝日大学でも大学生や留学生を対象にワークショップが行われ，彼らはさつき教室の生徒たちをサポートするという役割もありました。最終日，朝日大学の大学祭の一環でさつきの生徒たちと大学生，留学生が一緒に行う発表会とシンポジュウムが開催されました。

　私たちさつきのスタッフが心配したのは，最終日の発表会に果たして生徒たちが全員そろって参加することができるだろうかということでした。フレビアでのワークショップに教室コーディネーターは，事情により不在であり，通常のさつき教室が始まる時間より早い集合時間を設定しても，その電車に乗り遅れたらワークショップのリハーサルに遅れ，発表に間に合わないことになってしまいます。短時間で，台本もなく，即興的につくっている作品でしたから，もし遅刻する生徒たちが出ると成立しなくなってしまう恐れもありました。なんとしても朝全員そろって会場に行きたいという思いを，通訳を兼ねたサポーターのヴァネッサさんに相談し，生徒たちにリマインドの電話，メールをし続けました。「行かないかも」という姉弟へは，「みんなで作ってきたからあなたたちが来なかったら，みんなが活動できないよ」を繰り返し，待ってることを伝え続けました。集合した朝は，本当にみんなが来るか不安しかありませんでしたが，可児駅，美濃太田駅と，何とかみんなそろって出発することができました。

　会場の確認と時間までリハーサルを繰り返し，本番を迎えました。誰が演者で，誰が見学者がわからない状態から演技が始まり，見学者も巻き込みながらラストを迎え，拍手，拍手で終わりました。そして，振り返りには，見学者も入り，それぞれが感想を述べ合いました。ほとんどの人が話した頃，おずおずといった感じで，「行かないかも」と言った弟のほうが手を挙げました。なかなか日本語もおぼつかないやる気があるかないかわからない子が，「やってよかった！機会をつくってくれてありがとう」と発言した時は，

感動で泣きそうになりました。すると，姉のほうも「あの子は私の弟です。これまでは学校行きたくない，行きたくないとばかり言っていた。このプロジェクトも昨日まで行きたくないと言っていたのに，とても楽しそうだった。このプロジェクトをやってくれてありがとう。」と言ってくれました。やっぱりあきらめないでよかったと思いました。日本語がうまく話せなくて，自信が持てなかったこの姉弟も伝えようという気持ちがあれば何か伝えることができることを体感したのでしょう。それは，ファシリテーターと英語でのやりとりを経験したことで，自分が活動に参加し，貢献できたという高い高揚感が得られたからかもしれません。発表会終了後，ファシリテーターや大学生たちと写真を取り合う生徒たちの中に私たちは入っていけませんでした。それくらい，この体験は生徒たちに強い連帯感を与えました。ドラマワークショップ後もそれは続き，さつきの教室で学ぶ姿勢も積極的になりました。

(3) 合宿で行うワークショップ

　その次の年は，イギリスから別の劇団のファシリテーターを迎えることになりました。限りある時間を有効に使おうと，合宿し寝食を共にして行うという試みをしました。ファシリテーターたちにとっては，昼間生徒たちと演劇ワークショップに取組み，夕食後も市の宿泊施設でワークショップを行うというハードなスケジュールとなりましたし，2 日目には教室スタッフやごく少数の関係者を観客にして発表会を行いましたから，かなり大変だったと思います。初めて会う日本に暮らす外国人の子どもたちや大学生たちとのワークショップですからなおさらです。

　発表する演劇は，将来なりたい職業を考えるワークショップと毎日のタイムスケジュールを演じる，グループで思い出を表現するというストーリーでした。このワークショップにより，生徒それぞれの日常も垣間見え，なりたい職業も知ることができました。演者である生徒たちも達成感を感じていました。反面，公共施設での合宿であったので，自炊や掃除などの役割分担や，施設利用のルールも求められ，これは子ども達にとって慣れない体験のようでした。勝手な行動をする生徒はしっかりと注意を受けました。集団生

活の中で自分の役割を果たすとともに他の生徒たちへの思いやりも感じてほ
しかったので，いい体験になったと思います。

(4) 合宿で行うワークショップの発展

　このワークショップは翌年も合宿形式で開催されました。しかし，その年
のさつき教室の生徒たちは，来日した時期が様々で，日本語習熟度や日本で
の生活体験に個人差が大きく，ワークショップの初回も，自然と国別のグル
ープに分かれて固まっているという状態でした。教室全体のまとまりが，1
年間を締めくくる2月時点になっても築かれていないことに我々も気が付い
ていました。ですので，決して演劇活動ができるような集団とは思えず，こ
の生徒たちの様子が最終日にどうなるのかを不安と期待を込めて見守りまし
た。

　この年もテーマは「将来を考える」です。朝日大学の大学生，留学生とワ
ークショップにとりくみ，掃除や食事当番の仕事も大学生と生徒が一緒にな
って行いました。合宿生活では，みんなで一緒にお風呂に入るなど，初めて
の体験をしたという子も多くいました。合宿の最後に私たち教室スタッフ，
指導者に向けて発表会を行いました。さつきの生徒たちは，同世代の日本人
の生徒に比べ圧倒的に表現力が豊かだと感じました。生徒たちのなかには，
他の人が見ている前で表現するのは苦手な子もいましたが，最終的に国籍を
超え大きな一つの輪になることができました。これについては，ファシリテ
ーターお2人のお力と，東京芸術劇場の研修生の皆さんのサポートがとても
素晴らしかったと思います。ワークショップの時間だけではなく，休憩など
の合間に声をかけてくださったり，さりげなく活動に誘導したりという寄り
添い方が本当に素晴らしかったです。岐阜に移動する前にお2人のファシリ
テーター研修を受けられていることが，実践として活かされていると感じま
した。さりげなく，可児市の担当者も一参加者として参加してくれたことも
活動の様子を報告書で知る以上に活動を理解できたのではないかと思いまし
た。

　そして，この合宿演劇ワークショップでは，サプライズが2つありまし
た。1つは，引率した私の誕生日のお祝いと，もう一つは，ファシリテータ

ーのお2人，シャロンさん，スチュワートさんの婚約をお祝いする生徒たちからのサプライズでした。これは，生徒たちだけではなく，教室コーディネーターの思いややさしさも反映されていると感じました。

(5) 最後に：日本の学校文化への適応とドラマワークショップ

全体のこの演劇ワークショップの取り組みに対し，多くの人たちの協力や支えがあり，実施するまでにもいろいろな問題やそれに対する決断がありました。何より彼らが入試を間近に控えた時期に合宿を決行するという決断が必要でした。最終的には，生徒たちが体調を崩すことなく終えられたことで安堵いたしました。さらにその後の生徒たちの変化や成長など合宿でのドラマワークショップから得られたものは多くありました。特に，日本の学校を経験していない生徒にとって，日本の学校文化に慣れることは，一つの高いハードルです。日本の学校では小学校からグループ活動を重んじ，集団の中での協力のし合い方や友達づくりの方法を学ばせます。しかし，海外にルーツがある生徒たちは，そのような教育を受けていない子が多く，学校では個人単位で活動をすることが当然だと考える子も多いのです。実際，集団行動での協調を重んじる日本の学校文化になじめず，それが原因の一つとなって高校を退学した子も見てきました。高校受験という壁を大変な努力でのり越えても，十分ではない日本語力でグループで意見を出し合うことはなかなか難しいことのようです。日本語や，教科の勉強だけでなく，日本の学校生活の下敷きになっている暗黙の文化や習慣に慣れていくためのとりくみとしても，ドラマワークショップの合宿は有効な手立てです。Sin Titulo の田室寿見子さん，朝日大学の松井かおり先生のご協力にも感謝いたします。

2. 海外にルーツをもつ子ども達との 演劇ワークショップと人材育成

田室寿見子

はじめに

2008 年に岐阜県の可児市文化創造センター（ala）から外国人住民と日本人住民の演劇による交流企画「多文化共生プロジェクト」の製作を依頼されて以来，海外ルーツ[1]の子ども達は日本で成長する過程において，アイデンティティの形成に支障を来たしやすいという現実を目の当たりにしてきた。彼らは日本語習得に困難を抱えるだけでなく，ダブルリミテッドにより家庭内での共通言語も喪失し，ありのままの思いを語る場を見出しにくくなる。日本人と異なる外見や習慣によっていじめられることが日常化していて，学校からドロップアウトする子どもは後を絶たず，心身のバランスを崩す事例はインタビューを重ねる中で何度も見聞きした。

そのような子ども達にとって「演劇」という総合芸術をツールとしたワークショップは，演技や朗読のほかにダンスやマイム（ジェスチャー），歌，楽器演奏，絵など，あらゆる表現スタイルから選択することが可能であり，言語・非言語を駆使して他者とのコミュニケーションを滑らかにし，想像力を刺激する。ホスト国の言語や慣習から解放され，むしろ他者と異なる表現や文化ゆえに敬意や賞賛が生じることで，失われつつあったアイデンティティを取り戻す契機になることもある。

このように，演劇が持つ多文化共生への有用性を実感する中で様々なワークショップに取り組んできたが，子ども達の抱える喫緊の課題をテーマに依頼されるようになった時，ホスト国での"正解"を提示しながら，同時に子ども達のそれぞれの文化を貶めることがないようにと焦る中で，身動きが取れなくなってしまった。

その際，「多文化」と「演劇」の両分野において教育的な観点，特にアクティブ・ラーニング的アプローチから助言を得ようとしたものの，両分野と

もに専門人材の不足に突き当たった。「多文化」については，そもそも "移民" の存在を認めていない日本では，外国人受け入れのための教育体制が整っていない。日本語教育もこれまでは法的な根拠を持たず，各自治体に丸投げされていたため指導者の待遇も不十分であり，ボランティアに依存する指導に専門性が期待しにくい。

　「演劇」については学校の正規科目ではなく，未だ国公立大学の学部すら存在しないものの，文部科学省は 2010 年度から芸術を用いてコミュニケーション能力の育成を図ることを目的として，全国の小中高校に演劇を中心としたワークショップ・ファシリテーターを派遣している。しかし専門人材の育成の場がない中で，演劇ワークショップについては筆者の知る限りにおいては小劇場の俳優や演出家達が自己流でカリキュラムを編み出しているのが現状と思われる。

　このように，「多文化」も「演劇」も "スタンダード" と呼ばれる教育的基盤がない中で，「ワークショップ」という多岐に渡る分野を横断する活動に両者を掛け合わせたのだから，混乱を極めたのは無理からぬことであった。

　演劇ワークショップを 1980 年代から展開した演出家の佐藤信氏は 1996 年に「専門家のいないことの不幸[2]」と記しているが，その後急速にワークショップの需要が増加する中で，その活動は一層多義的になっていく。一方，専門家の育成は佐藤氏の懸念から 20 年以上経った今も基盤整備が追いついておらず，参加する子どもたちが答えのないワークショップの "練習台" になっているのではないか，そしてそれは成長過程においてネガティブな経験として残らないかと危惧している。

　本稿でこれまでのワークショップ企画をふりかえり，課題を明らかにすることは，筆者にとっても共に取り組んだ人々にとっても苦痛を伴う作業になるかもしれない。しかし「多文化共生」という果てなき旅路で翻弄される海外ルーツの子どもの成長過程において，より善きツールを確立するために，さらには彼らの多様性ゆえの創造力が認識されていくために，演劇ワークショップの改善・発展につながることを願い，これまでの取組みを省察してみたい。

（1） 多文化共生プロジェクトでの海外にルーツを持つ子どもとの出会い

　1990年の改正出入国管理及び難民認定法施行により外国人労働者が可児市にも流入し，家族の呼び寄せによって定住者が増加の一途を辿っていた2008年，ala は差別や軋轢が生じる日本人住民と外国人住民に出会いの場として劇場を開こうと，「多文化共生プロジェクト」の実施を決定した。筆者は立ち上げから企画・製作・演出全般を担うこととなり，2012年までの5年間，多様な文化を持つ人々とともに演劇創作に奔走した。

　導入のワークショップでは参加者に日本語がわからなくても楽しめるシアター・ゲームや音楽，ダンスなどのプログラムを用意し，彼らがより生き生きとする表現方法を模索した。そして少し慣れてきた頃からインタビューの時間を設け，一人ひとりの思いを聞き取り，それら全ての過程から生まれたものをピックアップして公演に組み込んでいった。そのスタイルは，やがて「ドキュメンタリー演劇」と呼ばれるようになったのだが，最初から「ドキュメンタリー演劇」を目指してインタビューを始めたわけではなく，ワークショップで楽しそうに踊ったり演じたりする外国人参加者達に，本当は日本での暮らしをどう思っているのかを聞いてみたくなったことがきっかけであった。というのも，予想外に熱心に通ってくる外国人に対し，初年度はいくら誘っても日本人が参加してこなかったことで，潜在する地域の課題に直面したからである。東京から通う筆者に地域の多文化共生の実態は見えづらかったが，ワークショップの参加状況により，隔絶された外国人コミュニティと日本人住民の住み分けを確認することになった。

　インタビューでは，大人は歯に衣着せることなく率直に来日した経緯や現在の思い，将来の夢を語るのに対して，子どもは重い口を開こうとしなかった。特に学校生活について聞き取るのが難しく，冗談めかしてはぐらかしたり，おもむろに不快な表情を浮かべる子もいた。海外にルーツを持つ子ども達のほとんどが学校でいじめにあっていることは耳にしていたが，ワークショップの参加者達も例外ではなかった。

　プロジェクト2年目には，ワークショップに初めて遊びに来た中学生が公演にドキュメンタリーの部分があると知っただけでそそくさと帰っていくのを見て，思春期の参加者にインタビューする時は差し障りのない話しに終始

して話しやすい雰囲気を作るにとどめ，3 年目にはプロジェクトの参加申込み書にドキュメンタリー部分への出演を「希望する」「希望しない」という欄を設け，成人も含めて事前に選択してもらうことにした。そして「ドキュメンタリー演劇」は大人を中心に構成し，子どもは基本的にフィクションの部分に出演するか，ドキュメンタリーの中で語られる内容を身体や音楽で表現する役割を担うことに絞っていった。

　しかし，プロジェクト 5 年目にはその流れに変化が生じた。2012 年の多文化共生プロジェクトに出演した青少年は，海外にルーツを持つ子も日本の子も積極的に話し始め，出演した小中高生 12 名のうち 7 名が舞台上でセルフストーリーを語った。この年の公演は『顔／ペルソナ』と題し，見た目の「顔」と，人が状況や相手によって使い分ける「社会的・表面的人格」の変化を見ていくものだったが，ワークショップやインタビューの中で大人は例年ほど語りたがらず，かえってもっとも難しい時期にある中学 2 年生の少女達が饒舌に語った。彼女達は洋服を着替えるように，まるで遊びのように，相手によって「キャラを切り替える」と言う。しかし，その背景にあったのはやはりいじめで，いじめから身を守るために "キャラ" を変えたり，存在感を消したりしていたのだった。

　彼女達は思春期特有の過剰な自意識と自信の欠落に悩むものの，そんな自分をどこか風刺的に捉えて笑い飛ばす強さも持ち合わせていて，時に深層心理に踏み込んだ洞察も垣間見られて興味深かった。しかし夏休み前にインタビューを行い，台本を作成して夏休み後に稽古を再開した時にはすっかり真逆のことを言い出し，将来の夢や設計が根本から変わったりしていて構想を一から練り直さなければならなかったり，時に恋愛騒ぎを引き起こして稽古を妨げるなど，これまでの大人のドキュメンタリー公演には見られない，思春期ならではのハプニングに翻弄される一幕もあった。

　創作は紆余曲折を経ながらも，参加者は舞台で語ることに対してモチベーションを失わなかったが，ちょうど全国的にいじめ報道が過熱していた時期だったこともあり，子ども達の保護者や劇場主催者から「待った」がかかった。台本の修正や教育委員会の介入を求められ，参加者との信頼関係から抽出したストーリーの核を壊される恐れがあったが，中高生達が自分の体験を

客観視する強さを持ち，話すことで自信を回復していることが認められたため，セルフストーリーを語ることを望んだ者は最終的に全員出演させることが出来た。そして，公演が終了した後の青少年達のポジティブな変化は大人よりもはるかに大きく，成長期にありのままの自分を表現出来ること，またそれが敬意を持って受け止められる経験を持つことが，いかに人格形成の過程で重要な役割を果たすのかを実感するのだった。

　多文化共生プロジェクトの立ち上げから4年間は，子ども達の心情に真正面から向き合うことを避け，5年目にしてようやく向き合った後，演出家として，またドキュメンタリーの作り手としての限界を感じ，多文化共生プロジェクトを辞する決意をした。成長過程でもがく子ども達の生き様に触れた後だけに，何かやり残したような気がするものの，それに向き合う方法は何も見つけられなかった。

(2)　多国籍ファシリテーター育成とワークショップ作り

　多文化共生プロジェクトでは主に製造業で働く外国人労働者が中心になって参加していたが，稽古場に子どもや孫を連れて来る姿は微笑ましい光景だった。親に連れられて仕方なく来ていた子どもがやがて参加するようになり，公演では大きな役割を担うようになっていった。

　その中の数名はその後日本で大学に進学したのだが，当時としてはまだ珍しいケースであった。海外ルーツの子どもの中には不就学や，学校に行ってもドロップアウトするケースが少なくない。その原因の一つとしては，親が製造現場の肉体労働で疲れている姿に自分の将来を重ね，日本の学校で努力しても無駄と思ってしまうことによると聞いた。

　実際，プロジェクトに参加する外国人労働者の中には製造業以外への転職を希望するものの，日本語が出来ないためなかなか実現出来ない人が大半だった。彼らは聡明で優秀な人材であり，リーダーシップを持ち合わせる人もいるのに，その強みを生かせる労働環境が無いのは実にもったいないと思った。もし彼らに製造業以外の仕事を提供出来たら，彼らの子ども達に希望をもたらすことになるかもしれないと思い，可児市国際交流協会（KIEA）と相談し，外国人労働者を演劇ワークショップ・ファシリテーターとして育成

すべく奔走した。

　多国籍ファシリテーターによる外国人のための演劇ワークショップは，外国人住民の把握と情報発信に苦心している行政にもメリットをもたらすと考えた。外国人の居住状況は流動的で顔が見えにくい存在であり，福祉や防災など必要な情報はなかなか届けられない。しかし，外国人ファシリテーターが自らのコミュニティに持つネットワークも駆使して参加者を募り，母語と日本語を使用し，得意な表現力を生かせば情報が届く可能性が高まる。そして，この橋渡し役を仕事として請け負うことが出来れば，外国人の尊厳ある自立にもつながり，行政からも歓迎されると予想した。そうして 2011 年に手掛けた「防災ワークショップ」は東日本大震災の影響もあり，全国の外国人集住都市から仕事の依頼が舞い込んだ。

　ファシリテーターとしての活動を親の世代だけでなく，ワークショップに関心を持つ青少年は学生のうちから一緒に研修に参加させ，プロを目指す人材として育てることで，芸術分野などにも就職の選択肢が開かれていくことを期待した。しかし参加した若者は始めは高い関心を示すものの，長期的に通ってくる者は一人もいなかった。

　やがて大人のファシリテーター同士が意見の食い違いで衝突することが増え，立ち上げから 2 年も経たないうちに中核メンバーが次々に去っていった。プログラム作りもワークショップ進行も彼らの異文化の視点に寄るところが大きかったため，そのダメージは深刻だった。その後もいろんなテーマで外国人のためのワークショップを作ろうとしたが，日本的な発想に偏ったり，多角的な視点が欠落するなど，活動は停滞することになった。

(3) さつき教室での演劇ワークショップ

　多文化に精通する人材の不足に悩みながらも，「防災ワークショップ」の後は KIEA の要望を聞きながら「ビジネスマナー・ワークショップ」や「からだで覚える漢字ワークショップ」など，外国人の日常生活で支障となりやすい課題をテーマに取り組んでいった。そしてそのテーマは徐々に海外ルーツの青少年が抱える課題に焦点を当てていくことになり，ワークショップの練習や実践の場も，KIEA が運営する高校進学支援教室「さつき教室」

が中心になっていった。

　さつき教室は対象年齢が 15〜19 歳の，義務教育の年齢を過ぎてから来日した海外にルーツを持つ青少年達に向けて，日本語教育や教科学習の指導を行っている。中には本国で大学に通っていた生徒もいたが，親の都合で呼び寄せられ，共に暮らした親類や親しかった友人，恋人から離れ，まったく馴染みのない日本の言語や文化・慣習の中で一様にとまどっていた。教室内では似たような境遇を抱えていながら，同国出身の生徒にさえ言葉を交わさず，心を開かない子もいた。

　親がデカセギ労働者の場合，親も子どもも日本で住むことを長期的に見据えていないことが少なくない。高校や大学進学の際には自国に戻ると予想していると，結局ずっと日本にいることになったりするなど，将来設計が描けないから学習意欲の維持が難しい。そのため目先の楽しみや金銭に心を奪われ，中学生年齢の子が工場で働いていたり，小学校を卒業するかしないかの年齢で妊娠する・させるというケースも珍しくないという。

　KIEA 事務局長の各務眞弓氏から，子ども達が日本において建設的な人生を考えるためのワークショップを考えほしいと依頼され，「ライフプランニング」や「性教育」をテーマにしたプログラムにも着手したが，専門人材が不足したまま，難易度だけがどんどん上がっていった。

　「ライフプランニング」や「性教育」の難しさは，防災やビジネスマナー・ワークショップのそれとは大きく異なる。防災やビジネスマナーのプログラム作成では，ホスト国側がある意味での"正解"を提示する立場で，向かうべきゴールを一つに集約出来た。

　翻って「ライフプランニング」や「性教育」では，出自にまつわる文化や宗教が複雑に絡み合い，日本の"良識"が通用するとは限らない。例えば若すぎる妊娠については，多くの日本人はリスクしか予見出来ないが，海外ルーツの人々は「子どもはみんなで育てるもの。家族が育てるから問題ない」という意見もあるように，個人・家族・社会の有り様は様々であり，"幸福"の基準は定められない。

　しかし KIEA で青少年に実際に起こった事例を聞くと，父親になった少年が逃げ出したり，カップルが育児放棄したり，進学も出来ず，貧困に苦し

むなど，残念ながら大方の日本人の予想通りになっていたようである。

　"正解"がないプログラムでは，個々人がより善き答えを導き出せるように考えるための材料やアプローチを提供し，それらを基に参加者が思考を巡らす場とするのが限界であり，ワークショップとは本来そうしたものだと思う。しかし，考えるための材料を提供する際に専門家から得るアドバイスは日本人の観点に基づくもので，多角的な視点を組み込むのは困難だった。

　いよいよ自身の限られたネットワークの中で新たなアプローチを見出すことが出来なくなり，海外にも視野を広げて移民・難民の受け入れを先駆的に行っている芸術団体の存在を探し求めた。そして同時に，国内では社会的マイノリティとの活動に芸術を活用している事例を探し，行き詰った状況からの脱却を目指した。

(4) 昼間定時制高校との協働

　「社会的マイノリティ」と「演劇」の二つのキーワードの接点を探している時，不登校の経験を持つ生徒が 6 割を占める昼間定時制高校（以下，定時制高校）が，「演劇表現」という授業を導入し，演劇ワークショップによって生徒のコミュニケーション能力の向上を促進していることを知った。その指導教員は演劇部の顧問も務め，元引きこもりだった生徒を率いて高校演劇全国大会の出場という快挙を成し遂げているという。

　さつき教室の生徒と定時制高校の生徒は全く異なる環境で成長しているが，日本社会で居場所を見出せない，という点においては共通した思いを抱えている。そんな彼らが出会い，交流し，異なる環境や苦悩の存在を知ることで，双方にとって新たな気づきと視野の広がりをもたらす可能性があるかもしれないと考え，合同ワークショップと発表会を企画し，指導と演出は定時制高校の演劇指導教員に依頼した。教員は，自己肯定感が低く何事も継続しにくい生徒達の弱点に向き合い，工夫を凝らして稽古に継続的に参加させて，高校演劇大会に導いたと聞いていたので，さつき教室の生徒についても彼らの持つ異なる文化や個性に向き合い，それらを生かした表現が創出されるのを期待した。

　最初に実施されたワークショップは二人一組になって割りばしの両端を人

差し指だけで支え，落とさないように床にしゃがみ，立ち上がって回転するというものであった。また，ペアの二人が背中をつけて床に座った状態から立ち上がるなど，他者との物理的な距離が否応なく狭められる中で，パートナーと呼吸を合わせなければ達成出来ないワークばかりだった。なかなか完成しないペアにはワークが終わったチームから声援を送るように促され，クラス全体が一体となって最後の一組までコミュニケーションによってワークを完成させた。全員がやり終えた時にはその達成感で心理的距離も近くなるので，導入として効果的なプログラムだった。

　さつき教室で実施した2回のワークショップには定時制高校の生徒も3名参加し，その中の1名は海外にルーツを持つ生徒だったこともあり，互いの関心が高まったようであった。3回目のワークショップはさつき教室の生徒が定時制高校に赴き，双方の学校生活を知りながら交流を重ねる計画であったが，途中で演劇指導教員から訪問の却下が伝えられ，さらには定時制高校の生徒は発表会まで可児に来ることも出来なくなったと聞かされた。そのため，別々に練習して発表会当日に合わせるしかなく，共同創作による交流は断念せざるを得なくなった。

　その後，さつき教室の生徒に発表会用プログラムとして演劇指導教員が提案したのは，彼らが授業で書いた作文を読み上げることと，ダンスや歌を得意とする生徒にそれを披露させることであったが，筆者や主催者は困惑した。なぜならば，さつき教室の生徒はまだ日本語の習得中で，授業で書いた作文は稚拙であったり表層的なものになりがちであり，彼らの内面を十分に言い表せているとは言い難かったからである。またダンスや歌も，ただ順番に並べて見せるだけでは生徒達がその表現にどのような思いを込めているのかが伝わらず，相互理解や交流にもつながらないことを危惧した。

　練習を進める中で生徒のモチベーションが上がっていかないのを見かねて，発表会は来場者にさつき教室を一日体験してもらうというコンセプトで二部構成とし，第一部は演劇指導教員による演劇ワークショップ体験，第二部は生徒の作文をもとに筆者がインタビューを行い，一人ひとりの思いを語ったり表現したりする「セルフストーリー」を盛り込んだパフォーマンスにすることに急遽変更した。

　セルフストーリーでは自身の夢を語る生徒もいれば，日本の生活に希望を見出せない現状を語る生徒もいて，教師や支援者達が知らなかった青少年達の生の声が表出した。仕上げには「多文化共生プロジェクト」で一緒に創作した振付家のじゅんじゅん氏に依頼し，セルフストーリーに別の生徒が身体表現で加わって協働と交流が一気に加速し，生徒達の興味と熱意が上昇していくことが直に感じられた。定時制高校の生徒は当日のぶっつけ本番ではあったが，「さつき教室の生徒達の思いに触発された」と言って，不登校だった自身の過去をさらけ出した。

(5)　多義性を伴う「ワークショップ」の定義
(5‑1)　コミュニケーション・ワークショップと演劇ワークショップ

　定時制高校との協働企画では，ワークショップによって発表会まで進行することを想定し，アイスブレイクから徐々にコミュニケーションと他者理解を深め，創作への過程を辿るために下記のようなスケジュール案を出し，演劇指導教員の合意を得ていた。

　しかし，教員と筆者の間で“ワークショップ”のイメージがそもそも共有出来ていなかったのだと後で気づくのだが，おそらく教員にとって“演劇ワークショップ”とは導入のコミュニケーション・ワークショップのみを指していて，ワークショップを創作につなげることを想定していなかったのだと思われる。これは演劇指導教員に限らず，「演劇ワークショップ・ファシリテーター」と呼ばれる人の多くが「コミュニケーション・ワークショップ」と「演劇ワークショップ」を同義語として扱っており，ワークショップから作品を立ち上げることをしない，または出来ないファシリテーターに出会う

時期	プログラム	対象	会場	内容
7月	演劇ワークショップ	さつき教室生徒	さつき教室	自分を知る，他者を知る
	演劇ワークショップ	合同	さつき教室	言葉を越えて他者と交流する
8月	演劇ワークショップ	合同	定時制高校	自分を語る，他者を語る
	発表に向けて練習	合同	さつき教室	作品づくり
9月	演劇ワークショップ発表会	合同	可児市内の公共施設	一般公開での発表会

度に混乱に陥いることになる。

　このような現象が常態化する背景になったのは，文部科学省が2010年度から開始した「児童生徒のコミュニケーション能力の育成に資する芸術表現体験[3]」の影響が大きいと考える。この事業は「コミュニケーション能力の育成を目的として，芸術家等による表現手法を用いた計画的・継続的なワークショップ等の指導を実施する[4]」と紹介されているように，最終目的はコミュニケーション能力の育成であって，表現活動はそのツールとして位置づけられている。

　本事業の開始によって全国の小中高等学校等でワークショップが展開されることになったため，職能として成立していなかった「ワークショップ・ファシリテーター」が急ピッチで養成された。教育現場でコミュニケーション能力の育成を目的としてワークショップを運営する際，総合芸術である演劇の一側面を切り取り，主に俳優養成に用いられるシアター・ゲームが活用されることが多いため，演劇経験が無くてもゲーム進行のみを習得したファシリテーターが輩出され，活躍している。「演劇」が正規教科として学校教育に取り入れられなかった日本において，演劇手法を用いたワークショップが教育現場で積極的に導入されるという大きな転換点を迎えながら，演劇がツールとしてのみ重宝され，創造的アプローチを習得していない指導者を量産してしまうという皮肉な結果が生じている。

　そしてこの状況は，日本語の出来ない海外ルーツの児童・生徒に対しては必ずしも朗報とは言えない。ワークショップは受け身の座学よりも親しみやすいが，ファシリテーターは日本語のわかる参加者に向けて日本語を用いてコミュニケーションに導き，ディカッションを奨励するため，日本語が流暢でない参加者は疎外感を抱いたり，わかっているふりをしてその時間をやり過ごす傾向が見られる。コミュニケーションに参加出来ていない苦痛を声に出して訴える子どもは少ないため，ファシリテーター側もワークショップ内で取りこぼしている参加者の存在に気がつきにくい。そのことによって非言語または特定の言語に寄りすぎない手法を用いてコミュニケーション能力を育成し，表現へと導くことが出来る創造性を持った人材の必要性が認識されず，多様性を生かすべきワークショップで多様性が受け入れられない状況が

生まれている。

(5‒2) ワークショップにおける「創造と学び」

　「コミュニケーション・ワークショップ」と「演劇ワークショップ」に対するイメージのずれを考察するにあたり，中野民夫氏の『ワークショップ』で整理された「ワークショップの分類」を参照したい。

　中野氏はワークショップについて「様々な世界でそれぞれの歴史や定義があり，一つの定義ではカバーできない。（中略）人によってずいぶん異なる意味で理解しているのが現状[5]」としつつも，ワークショップの多義性に二つの軸を設定した。一つは「個人と社会」，すなわち個人の内的な変容や成長に向かう「内向き」の方向と，現実の社会や世界を変革していこうという「外向き」の方向の軸。もう一つの軸は「創造と学び」で，何かを創り出していき成果を重視する「能動的」な方向と，感じたり理解したり学んだりするプロセスそのものを大切にする「受容的」な方向の軸とした。

　この軸を基に，中野は「1. アート系」，「2. まちづくり系」，「3. 社会変革系」，「4. 自然・環境系」，「5. 教育・学習系」，「6. 精神世界系」，「7. 統合系」の7つに分類している。

　本書の発行よりすでに20年近い歳月が流れ，「ワークショップ」という言葉が社会の様々な場面で用いられるようになり，前述の7つの分類には収まらない新たな分野が次々に生まれ，また横断しているが，ここでは中野氏の分類に沿って筆者が関わってきたワークショップの整理を進めてみたい。

　まず，KIEA で初期に作成した「防災ワークショップ」，「ビジネスマナー・ワークショップ」，「からだで学ぶ漢字ワークショップ」，また定時制高校のコミュニケーション・ワークショップなどは，企画者側がある種の"正解"へと導こうとするものであり，学びを中心とした「教育・学習系」に位置付けられるだろう。

　次に，「ライフプランニング・ワークショップ」や「性教育ワークショップ」については，日本人参加者だけを想定するならば「教育・学習系」に位置付けられたかもしれない。しかし，海外ルーツを持つ参加者の多様な出身国や文化的背景を考慮し，ファシリテーター側が誘導すべき方向性を決めら

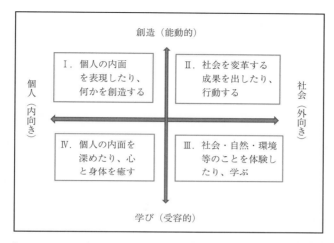

「ワークショップの分類の試み1」　中野民夫（2001）より筆者作成

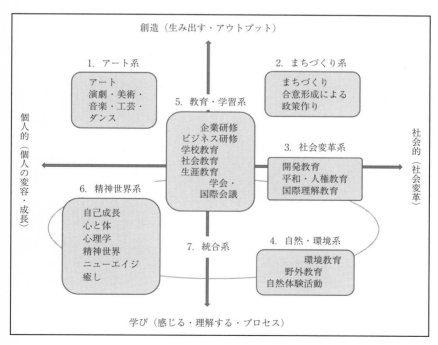

「ワークショップの分類の試み2」　中野民夫（2001）より筆者作成

れない場合，「教育・学習系」と「自己成長・自己変容・こころとからだ・人間関係」などをテーマとする「精神世界系」の間に位置すると考える。

　そして発表会については，個人の内的な変容や成長に向かう「内向き」の方向と，何かを創りだしていき成果を重視する「能動的」な方向が求められるので，「アート系」に属する。言語や文化の違いで周縁に追いやられやすい海外ルーツの青少年にとって，発表会に至るプロセスでは他者と立ち位置が対等になることで他者との「違い」を肯定的に捉え，自己の内なる思いを表現へと昇華させることで，自己肯定とアイデンティティの回復につながっていく最も大切な作業だと考える。

　「学習」と「創造」は同一線上に書かれているように，「学習＝教育・福祉」と「創造＝芸術」は緊密な関係であるものの，ワークショップ上の狙いや導き出される成果は全く異なり，それを意識した上でゴールを定めなければ意図した効果は得られない。同調圧力の強い日本社会にあって，社会的マイノリティがマジョリティとの違いを"変"とラベリングされ，不利益を被っている時，教育や福祉は"標準"になるよう，または近づくように支援をする。一方，芸術ではその違いこそが豊かさであると考え，ますます違いを生かそうとすることで独創性が育まれ，優れた表現者の出現を歓迎する。演劇指導教員は"標準"に近づこうとする子ども達の努力を見せようとし，筆者は独創性を持った表現者を発表会で見せようとした。

　定時制高校との企画は「文化的多様性と生きづらさを抱える子ども達の演劇ワークショップ発表会」と名付けられたが，文化的多様性を持つ者が生きづらさを抱えて生まれたのではなく，多様性が尊重されず，多様性を生かす環境が整わない社会だからこそ生きづらいのだということを，訪れた観客に考えてもらう場として機能させる必要があり，多文化理解がポジティブな感情を持って受け止められることが必要だった。その時に必要なのは「学習」の過程ではなく，本来の資質が伸びやかに発揮された「創造」の場だったのである。

(6) 英国の演劇ワークショップ

　多様な文化的背景を生かすためのワークショップをなかなか発展させられ

ないまま，2014 年から東京芸術劇場で人材育成・教育普及事業を担当することになり，可児に赴く機会が減少していった。東京では多文化共生に関わる事業にはほとんど携われなかったが，参考になりそうな芸術活動やアーティストを探すことは止めなかった。

　そんな時，英国の芸術団体パカマ（Phakama）の芸術監督に就任したばかりのコリン・ミカレフ（Corinne Micallef）氏が，日本での共同制作のパートナーを探していると聞いた。パカマはロンドン大学クイーン・メアリーに拠点を置き，国内外の地域コミュニティに入ってサイトスペシフィック・パフォーマンスを創作しているという。そのモットーは「ギブ&ゲイン」，すなわち誰もがプロジェクトに何かを与え，何かを得る。そしてスキルや知識，情報，アイデアの交換を通じて，誰もが生徒と教師の両方になるのだという[6]。まさに多文化共生に向けた演劇プロジェクトの見本とすべき事例と思われたのだが，資料を見るだけでは具体的な活動内容が把握出来なかったため，2015 年 3 月に文化庁の新進芸術家海外研修制度を活用してロンドンに赴き，多文化演劇ワークショップのパートナーである松井かおり氏と共にリサーチした。

(6‑1) パカマ「テン・イン・ア・ベッド」

　2015 年 3 月にミカレフ氏が取り組んでいたのは「テン・イン・ア・ベッド」（Ten in a Bed）という幼児向けプロジェクトで，ロンドン東部の低所得者向けの公営住宅が立ち並ぶ地域のコミュニティ・センターで移民の子どもに毎週ワークショップを行い，最後にパフォーマンスを実施するというものであった。

　このプロジェクトの狙いは，英語を母語としない子ども達と英語によって物語を紡ぎ，創造性を養い，コミュニケーション能力を培うことで将来的に就職の可能性を拡大することまで見据えるという。さらに，保護者の参加を促すことで親子ともども英語力を高めることを目的にしている。

　「テン・イン・ア・ベッド」は英国の子どもに馴染み深い「テン・イン・ザ・ベッド」（Ten in the Bed）という数え歌をモチーフにしており，親が就寝前の子どもに歌って聞かせることをイメージしてワークショップを構成し

ている。子ども達は思い思いにお菓子を食べたり，絵を描いたり，工作をしながら物語を考え，浮かんだ言葉をファシリテーターが構成し，「テン・イン・ザ・ベッド」を歌って眠りにつくところでワークショップが終わる。

　最終日の発表会では，コミュニティ・センター全体を使って庭にも部屋にも様々な飾り付けを施し，巨大なベッドを作って一つの部屋をすべて埋め尽くした。ベッドの周りに親子が一緒に座り，最後に子ども達がベッドで眠るところでパフォーマンスを終えた。

　移民の子ども達が英語や英国文化に親しむには優れた企画だったが，ワークショップ中に別室で時間をつぶす父兄は少なくなく，親の世代の異文化理解がどのように進むのか疑問に残った。

(6-2) ロンドンのエデュケーション・プログラム

　ロンドン滞在中にパカマはエデュケーション・プログラムに力を入れている劇場や芸術団体，研究者を次々に紹介してくれたが，特に印象に残ったのはヤングヴィック・シアター（Young Vic Theatre）とトライシクル・シアター（Tricycle Theatre）（現クリン・シアター Kiln Theatre），そしてシーン＆ハード（SCENE & HEARD）という芸術団体の取り組みだった。

① 　ヤングヴィック・シアター　「テイキング・パート」
　ヤングヴィック・シアターには「テイキング・パート（Taking Part）」という参加型プロジェクトを行うエデュケーション部門があり，その時にプロジェクト・マネージャーを務めていたのが，後に日本に招聘することになるシャロン・カノリック（Sharon Kanolik）氏だった。カノリック氏によって「スクール・プロダクション」という中高生達の演劇公演のオープン・リハーサルを観劇する機会を得たが，そのクオリティの高さに驚かされた。12〜18歳の約60名の生徒が出演し，2010年に中国で実際に起こった社会問題を示唆する内容を緊迫感のある表現で演じていたのだが，その脚本から演出，照明，音響など，プロの劇場スタッフ20名以上がこのプロジェクトを支えているとのことだった。学校と連携した活動によって次世代の演劇人を育て，草の根レベルで劇場から世界の変化をより良く理

解するというヤングヴィック・シアターのエデュケーション部門の精神がよく体現されていたプロジェクトだった。

② トライシクル・シアター 「テイク・オーバー」

　トライシクル・シアターは「テイク・オーバー（Take Over)」というフェスティバルを開催中で，最終日に移民・難民の青少年によるパフォーマンスが行われた。トライシクル・シアターはロンドン北西部の比較的地価が安い地域に位置し，当時クリエイティブラーニング・ディレクターだったマーク・ロンデスバラ（Mark Londesborough）氏によると，住民の半数以上が英国以外の出身者だという。

　様々な理由で英国の学校に行けない移民・難民の若者は英語習得のために移民支援センターに通うが，そのセンターの教育プログラムに劇場でのワークショップが組み込まれていて，週に一度通ってくるという。劇場の周辺には4つの支援センターがあるため，トライシクル・シアターは毎日のように移民・難民ためのワークショップを実施することになり，毎回20～30名ずつ受け入れている。

　移民・難民の若者の中には女性蔑視の環境で育ち，女子が教育の場に来ること自体を良く思わない男子が多いと聞いた。男女一緒に作業をした経験もなく，目も合わせない若者達にワークショップの中で時間をかけて交流させ，それぞれの文化や宗教を尊重しながら進行していくことで，英語の習得や英国の文化に馴染む速度が速くなるとロンデスバラ氏は言う[7]。

　成人向けのプログラムの有無を尋ねると，「大人は身に備わった文化や慣習，宗教観と異なるものを受け入れることが困難なので，企画していない」とのことだった。ワークショップが青少年の西洋社会への順応の手助けとなる一方で，家庭内での慣習や価値観に隔たりをもたらすことを懸念した。

③ シーン＆ハード

　シーン＆ハードはロンドンのサマーズタウンを拠点とし，貧困地域にある学校の生徒とアーティストが1対1で向き合い，3か月かけて脚本を作

り，それをプロの俳優が演じるという取り組みを行っている。その集大成であるシーン＆ハード フェスティバルに参加したところ，子どもの作った突拍子もないストーリーをプロの俳優が真剣に演じ，場内は爆笑の渦に巻き込まれていた。

　10作品が上演され，1作品が終わる度に"劇作家"である生徒が舞台中央に現れ，演じた俳優が「劇作家」の両脇に立ってカーテンコールで挨拶をする。はにかんで客席をまっすぐ見られない子どもが少なくなかったものの，自分が創り出した小さな世界が立体的に立ち上げられ，プロの俳優の演技を通して一般の人から称賛されるという体験は，きっと一生彼らの心に誇らしく残り，試練の時にも支えになるのではないかと思うほどだった。

　シーン＆ハードの目標とミッションには，以下のような項目が掲げられている[8]。

・個人的な成功体験を通して，子ども達の自尊心と志しを高める。
・子ども達一人ひとりに，質の高い指導を個別に与える。
・子ども達に日常の経験を超える，ポジティブな大人のロールモデルを提供する。
・サマーズタウンの子ども達に役立つように，劇作やドラマ・スキルを用いたコースを実施する。
・それぞれの子どもの発達のニーズに合わせたコースを調整する。
・それぞれの子どもが，自分の提案したものが価値あると感じられる環境を提供する。
・子ども達とその家族の生活にとって，重要な存在であり続ける。
・子ども達と一緒にクオリティの高い演劇を作ることに専念する，才能ある芸術の専門家の大規模なボランティア基盤を維持し，発展させる

　シーン＆ハードや他の二つの劇場は，いずれもプロフェッショナルとの作業によって本物に触れる機会を重視し，クオリティの高い創作に子どもが携わることで向上心や自尊心を高めたり，人生のロールモデルを見つけ

る機会の提供にもなっている。

　たとえ貧困地域で成長しても，これらの取り組みによって情操を養われる子ども達は，優れた人的資源として地域社会に還元されることが期待される。そのような社会的役割を担うロンドンの劇場や芸術団体の取り組みに感銘を受けつつ，帰国の途についた。

（7）パカマとの協働

　ロンドン滞在中に松井氏・ミカレフ氏と協議を重ね，移民・難民のコミュニティに入って創作するパカマの実践を日本でもやってみようということになった。2015年秋にさつき教室で実践することを目指したが，筆者も松井氏も組織の後ろ盾がなく個人でのコーディネートとなるため，資金の獲得が課題となった。パカマ側と助成金について検討したが，発表会まで実施するには不十分と予測されたため，さつき教室と朝日大学以外の場所でもワークショップを開催することで不足を補おうと考えた。

　奔走した結果，東京芸術劇場でレクチャーやエデュケーター向けのワークショップを4日間にわたって行い，英国の事例紹介は好評を博した。受講者はファシリテーターとしてすでに学校などで活動している人が少なくなかったものの，独学のため自信がないという声が多く，学びの場が不足していることをあらためて実感した。

　その後，愛知県の穂の国とよはし芸術劇場でもレクチャーとワークショップを開催したが，そこでパカマのもう一人のファシリテーターであるチャーリー・ホロロンショ（Charlie Folorunsho）氏を迎え，二人揃ったところで岐阜県の朝日大学，そしてさつき教室へと向かった。

（7-1）PIE プロジェクト

　海外にルーツを持つ青少年のためのワークショップ企画は，松井氏によって「PIE プロジェクト（Phakama in Education for Youth in Japan Project）」と名付けられ，さつき教室の生徒だけでなく，大学生の学びの場としても生かされることとなった。最初の3日間は朝日大学の授業でワークショップを行ない，さらに学生有志をサポーターとして育成すべく，放課後に事前研修と

日程		内容	会場
10月10日	土	パフォーマンス会場の下見，打ち合わせ， 学生有志と顔合わせ	朝日大学
10月12日	月	朝日大学の授業での演劇ワークショップ 放課後，学生有志のためのサポーター養成ワークショップ	
10月13日	火		
10月14日	水		
10月15日	木	朝日大学生有志とともに，さつき教室で演劇ワークショップ	KIEA
10月16日	金		
10月17日	土	朝日大学で演劇ワークショップ発表会のリハーサル	朝日大学
10月18日	日	学園祭で演劇ワークショップ発表会&国際シンポジウム	

してのワークショップも実施した。4・5日目は可児に移動し，さつき教室
でのワークショップに大学生サポーターも加わって作品を作り始め，6日目
には全員で朝日大学に移動して発表会の準備とリハーサルを行い，7日目は
大学の学園祭でパフォーマンスを披露した。

　日頃はマイノリティとして位置づけられるさつき教室の生徒にとって，英
国のファシリテーターは日本人ともクラスメイトとも異なる文化的背景を持
つ存在であり，誰にとっても等しく"よそ者"となって，参加者を対等に位
置付けた。日本語が出来ないことで"弱者"に追い込まれやすい生徒が，英
語を話すフィリピン出身の生徒を中心にワークショップでは優位に立つな
ど，立ち位置や価値観の転換が随所で起こった。

　さつき教室の生徒にとって，異なる他者との出会いはファシリテーターに
とどまらず，大学生との交流にも大きな意義が見られた。松井氏がサポータ
ーとして参加を募った学生有志は留学生3名を含む6名だったが，高校入試
や中卒認定試験のための勉強で挫折感を味わうことの多い生徒にとって，大
学生は憧れの対象であった。特に留学生はさつき教室の生徒と同じように日
本語の習得に苦労しているが，それでも大学生活を謳歌し，ワークショップ
では対等に遊びながらも自分達を支えてくれるので，身近な目標とすべき存

在となった。

　松井氏が声掛けした学生サポーター達は，自身も大学生活で悩みを抱えている者が多かった。そんな教え子達がワークショップを通して社会的マイノリティを支える体験をし，芸術を通して社会の課題に気づくことで，問題に向き合う力を養ってほしいとの思いがあったようである。

　学生サポーターたちの1週間の変化は，目を見張るものがあった。事前研修の3日間はあまり主体性もモチベーションも感じられなかったが，4日目のさつき教室の生徒との出会いからは能動的に行動するようになり，時に松井氏に発破をかけられながら通訳を務めたり，チームのリーダー的役割を果たしているうちに，自分で出来ることを見つけて黙々とサポートに当たるようになっていった。

　この共同作業によるパフォーマンスは「まだ見ぬ風景（Landscapes of the Unknown）」と名付けられ，「旅」をテーマにワークショップを重ねた。床一面に縁取られた世界地図の上で参加者一人ひとりが生まれた場所，現在暮らしている場所，これから訪れるであろう場所を歩み，その思い出や大切にしているもの，将来の夢などのライフストーリーを次々と語った。

　生徒達から提案されたアイデアを盛り込み，それらをつなぎ合わせて立ち上げた発表会は朝日大学内のいくつもの教室とパブリックスペースを横断しながら展開し，それを目撃する観客は言葉が伝わっても伝わらなくても若者の未知なる旅路に招かれ，道連れとなることを余儀なくされた。

　発表会では一人も欠席することなくパフォーマンスに臨んだが，さつき教室の全員参加について各務氏は「奇跡だ」と言う。様々な問題を抱えた海外ルーツの青少年が全員同じ行動を取るのは困難で，心理的な問題のほかに，家庭の事情などで日々の通学が自分の意思通りにならない生徒もいる。その中にはずっと欠席しがちで，教室をやめることが懸念されていたフィリピン人の少年もいたが，前日のリハーサルに突然やってきた。

　パフォーマンス終了後，出演者と観客によるふりかえりを終えようとした時，その少年が突然立ち上がり「いい思い出になりました」と照れくさそうに，聞きとれないくらいの早口で言った。皆が彼の発言を聞き返そうとしていた時に別のフィリピン人の少女が立ち上がり，やや拙い日本語で「あの子

は私の弟です。『学校ヤダヤダ』って言って休む。でも昨日ここに来て良かったです。だって学びたい気持ち戻った。だから，このプロジェクトやってありがとうございます」と話した。その場にいた人の多くが不意を衝かれて沈黙し，涙ぐむ人もいた。さらに別の中国人の少女が立ち上がり，クラスで長らく中国人生徒が一人で孤立していたと母語で語り出し，「誰とも遊びたくない，誰とも話したくない気持ちでいた。でもこのワークショップで急に皆が長くつきあってた友だちのように遊んで，食事をした。この数日間，皆に感謝している」と通訳を介して語った。

　PIE プロジェクトの発表会は喜びと感動に包まれて終わり，生徒達の興奮はいつまでも止まなかった。そんな興奮に包まれた生徒は一過性の祭りのように盛り上がり，終わると虚無感だけが残るのではないかと心配したが，各務氏や支援者によるとワークショップ後の日常において，生徒達は以前よりも明るくなり，コミュニケーションが活性化している様子が継続的に見られるとの報告を受けた。

(7-2) PIE プロジェクトにおける課題

　PIE プロジェクトにおいて，パカマは短期間でクオリティを伴う優れたパフォーマンスを作り上げただけでなく，海外ルーツを持つ生徒と大学生サポーターとの交流を深めるという，見事な成果を上げている。発表会の意義や方向性を共有することさえ難しかった昼間定時制高校の事例と比較すると，飛躍的な進歩だと思われた。

　しかし，海外の団体との初めての協働はコーディネーターとしては容易ではなく，準備段階から交渉がしばしば難航した。本プロジェクトは日本での共同制作のパートナーを探していたパカマと，移民・難民との演劇によるアプローチの事例を求めていた筆者と松井氏の三者が対等で，地域コミュニティのニーズに寄り添いながら進めるものと想定していたが，実際にはパカマ側は「ゲスト講師」という立ち位置から交渉に臨んだ。それは契約に関する条件面のこともあれば，ワークショップ・プログラムの内容のこともあったが，日本側との協議を持つ前に英国側の要求や指示が伝えられることがしばしば起こった。例えば松井氏が提案した朝日大学の学生有志によるサポータ

ーの育成については，協議を持つ前にパカマ側によって却下され，松井氏は粘り強く説得に当たらねばならなかった。ほかにも，発表会に向けてパカマ側からの要望で準備したものや人がいつの間にか不要とされ，放置および排除されていたことにコーディネーター側は戸惑いを隠せなかった。

　初めての試みゆえに一つひとつの段階で丁寧なコミュニケーションが不可欠であり，特にサイトスペシフィック・パフォーマンスの創作に当たっては，受け入れ先の状況や希望を把握し，反映させる必要があったのだが，日英両者の意思疎通は捗らなかった。それは言語の壁に加えて，コーディネーター側の“日本人的”な気質も影響を及ぼした。交渉の際にはっきりと要求が伝えられなかったり，「察する文化」を相手にも期待することで，異文化間のコミュニケーション不全が拡大していった。そして順調に仕上がっていくパフォーマンスを尻目に，コーディネーターとして費やす労力が空回りしているように感じられ，共同制作者の一員という思いが少しずつ失われていった。

(7－3)　ギブ＆ゲイン[9]

　日英間の話し合いと相互理解が圧倒的に不足した PIE プロジェクトは，果たして本当に成功だったのかと自問自答し続けて4年の歳月が過ぎたが，キーヴァ・マカヴィンシー氏より寄稿された「パカマ：実践における相互関係の本質」(2020) で創設の背景や理念をあらためて知り，PIE プロジェクトでパカマに抱いた認識を見直す契機となった。

　パカマの最も重要な理念である「ギブ＆ゲイン」は，2014年の来日時にファシリテーターからほとんど語られることはなかったが，プロジェクトに関わるすべての人において「階層的ではない共同作業の精神[10]」が体現されるものであり，多文化共生を目指すのにふさわしいツールであったことが今になってわかる。

　　ギブ＆ゲインのアプローチの中心では，明確な権力の再配置，つまり教師と生徒，アーティストと参加者とを区分する境界線は，全員が共同制作者となるまでにゆっくりと不鮮明になっていく。各人には語るべき物語があり，各人にはそれを伝える他者が必要である。ギブ＆ゲインは立案の過程や演劇に仕組みを

　　与え，パカマのすべての演習を支えている。ギブ＆ゲインは個人とコミュニ
　　ティを，文化的平等性と責任の共有を大切にしている。ギブ＆ゲインは団結と信
　　頼に依存するが，同時に団結と信頼を築き上げるものでもある。[11]

　「ギブ＆ゲイン」の理念に基づいて PIE プロジェクトを進めたのであれ
ば，ファシリテーターとコーディネーターはワークショップに至る準備段階
から地域コミュニティとともに考え，「ゲスト」と「ホスト」の境界を無く
しながら共同制作をすることが可能だったのではないだろうか。

　しかし「ギブ＆ゲイン」のワークは，東京でも岐阜でも行われなかった。
初めて訪れる日本でなぜパカマの核となるワークを紹介しないのかと不思議
に思い，東京でのワークショップの際に「どの部分が『ギブ＆ゲイン』だっ
たのか」と尋ねたところ，「ワークショップのすべてがそうだ」という答え
がファシリテーターから返ってきた。そのため筆者は「ギブ＆ゲイン」につ
いて，ワークショップの中でどの参加者にも役割を与え，活躍の場を作ると
いう，一般的なワークショップの概念と同程度のものとして理解してしまっ
た。

　アパルトヘイト体制の負の歴史を背景に生まれ，「パカマが絶対に作らな
ければならなかった，すべての参加者の声が聞き届けられるための仕組
み[12]」としての「ギブ＆ゲイン」はなぜ言及されなかったのか――答えは想
像でしかないが，短期間の滞在においてやるべき作業は山積みであり，「ギ
ブ＆ゲイン」にかける時間的余裕はないと判断したのかもしれない。

　パカマとの協議を始めてまだ日も浅い頃，PIE プロジェクトについてミカ
レフ氏から「発表会にクオリティを求めるか」と尋ねられたことがあり，筆
者は即座に「求める」と答えた。昼間定時制高校との協働で感じたように，
クオリティの伴う表現が尊厳の回復に結びつくのだと信じて疑わなかったか
らである。しかしクオリティを優先させることで，ファシリテーターが「ギ
ブ＆ゲイン」の導入をあきらめたのだとしたら，この選択は失敗だったのか
もしれない。

　コーディネーターとして苦い記憶が刻まれた PIE プロジェクトにおいて，
その成否を問い続けた後，「ギブ＆ゲイン」の再認識によってパカマに出会

い直す機会を得たことを幸いに思う。いつの日か海外ルーツの青少年とともに再び共同制作の機会を得て、「ギブ＆ゲイン」の体験とクオリティの伴う創作の両立が実現出来ればと願う。

(8) 長期的視点を伴うワークショップ・プログラムを目指して
(8-1) コーディネーターという職能

　これまでのワークショップの実践において、筆者は「コーディネーター」と名乗っていたものの、その時々に求められるテーマをワークショップとして企画立案する「企画者」であり、適材と適所を探し求め、時には予算を獲得する「プロデューサー」であり、ファシリテーターとコミュニティをつなぐ「コーディネーター」でありながら、創作に必要とあらば「アーティスト」としても介入してきた。最善のワークショップに近づけるために必要に応じて役割を変えるというスタンスは、「コーディネーター」として逸脱しているものの、多文化ワークショップの人材不足を補うためにやむを得ないと考えてきた。

　しかしそれによって「コーディネーター」としての本来業務がおろそかになったことも事実であり、主催者とファシリテーター、そして地域コミュニティとを緊密に結びつけるために、もっと出来ることがあったのではないかと感じている。

　可児では 2011 年の「防災ワークショップ」を皮切りに、多国籍の人々と毎年様々なテーマで演劇ワークショップを作成してきたが、担当者以外のKIEA スタッフにはあまり馴染んでいないように思われた。5-2.で分類したとおり、防災やビジネスマナーのように具体的な学習テーマについて、ゲームを用いて習得することもあれば、性教育やライフプランニングのように思考を巡らすためのワークショップもあり、さらには昼間定時制高校やパカマとの協働のように、創作して発表会に至るものにもチャレンジしてきたが、これらすべてを「演劇ワークショップ」と一括りにして語っても、どのような内容なのか、何を目指すのか、どのような効果が見込まれるのか等々、具体的なイメージの共有に努めなければ理解が生まれないのは当然のことだったのだろう。

　しかしそれ以前に，「演劇」という言葉に抵抗感を持つ人が少なくなかったのではないかと想像している。学校の正規科目ではないため，最も身近な「演劇」のイメージは"学芸会"であろうし，"お芝居"に対する気恥ずかしさや苦手意識が働き，ワークショップから足が遠のいたのかもしれない。

　ワークショップに直接参加しない支援教室の指導者・支援者など，子ども達と身近にいる人々に丁寧に説明し，何らかの形での参加を促して当事者意識を持ってもらえれば，ファシリテーター達が去った後も，地域にいる人々によってワークショップの効果を生かす仕掛けが維持出来るのではないだろうか。これまでの KIEA におけるワークショップ事業は各務氏がほぼ一人で担当しており，筆者が可児に長く滞在していた頃はお互いに主催者の目線で状況を共有し，意見を出し合うことが出来たので問題はなかった。しかし可児に赴く機会が減少するにつれて，東京から可児の主催者と，ロンドンや地方都市に点在するファシリテーターをつなぐことには限界が見えてきていた。メールのやり取りだけでは相手の真意が見えにくく，対応の時差や温度差に焦りや苛立ちを感じながら，「コーディネーター」としての試行が続いていった。

(8‑2) ワークショップ合宿における迷走

　2015 年に PIE プロジェクトを終えた後，翌年には KIEA が主催となって，英国ファシリテーターによるワークショップを開催することとなった。筆者は引き続きコーディネーターとして，まず東京芸術劇場でワークショップ・ファシリテーター養成講座を開催して人材育成を行い，その後，英国ファシリテーターを可児へ派遣する，という流れを組んだ。

　2016 年はオールドヴィック・シアター（Old Vick Theatre）のエデュケーション＆コミュニティ部門代表のシャロン・カノリック氏（元ヤングヴィック・シアター）と，劇作家・ドラマトゥルクのステュワート・メルトン（Stewart Melton）氏を迎えた。この時もさつき教室の生徒とともに，松井氏のコーディネートで朝日大学の学生が引き続き参加することになった。

　KIEA の受け入れ日程は 2 日しかなかったが，各務氏の提案で 1 泊 2 日の合宿形式にしたところ，寝食を共にした効果も相まって，たった 2 日であっ

ても参加者達の交流は急速に深まった感があった。また，朝日大学の学生はこの年も目覚ましい活躍を見せたが，特に PIE プロジェクトから継続して参加した学生は，さつき教室のサポートだけでなく運営面でも松井氏を支え，その成長ぶりは頼もしかった。

　合宿形式でワークショップを実施するのは筆者には初めての経験であったが，ワークショップ以外の時間の過ごし方については KIEA がコーディネートするものと考えていた。しかし蓋を開けてみると KIEA スタッフは多忙で，合宿には部分的にしか関われないということになり，自炊の段取りや食料品の買い出し，送迎など合宿全般を一緒に考えることになった。さらに合宿当日は KIEA スタッフが誰も宿泊出来ないと聞き，さすがに慌てた。慢性的なスタッフ不足に加え，フルタイムの職員が子育てや介護などの責務を負っていることによるのだが，主催者が合宿を見届けないのであれば一体誰が生徒達への責任を負い，合宿の成果を検証するのかと暗澹たる思いにかられた。

　結局，各務氏が時間をやり繰りしてすべてに立ち会い，また，元多文化共生プロジェクトの参加者であり，多文化演劇ユニットの代表を務める山田久子氏が KIEA 側のコーディネーターとなって全体の切り盛りをすることになった。

　各務氏の後進の育成は以前からの課題ではあったが，地域コーディネーターが育つための土壌を積極的に作ってこなかったことが悔やまれた。しかし合宿終了後のふりかえりの際に，新入職員だった菰田さよ氏がさつき教室の生徒の変化に驚き，「業務の都合で，合宿の一部にしか立ち会えなかったことが悔しい」と涙を流した。カノリック氏達の優れたワークショップから参加者が得るものは小さくなく，それは部分的にしか見ていない指導者にも伝わったのかと思うと，菰田氏の涙に救われる思いがした。子ども達に物理的に近い人の中がワークショップの意義や目指すべき方向性を考え，生徒の変化を見守り続けることが出来れば，長期的視点を伴った青少年の教育ログラムとしてワークショップの可能性が拡大出来ると思うからである。

　ワークショップのコーディネーターは，多文化であろうとなかろうと，おそらくファシリテーター以上に職能として成立しておらず，その人材育成は

端緒にすらついていないと思われる。しかし，実際に現場にいる人達によって海外ルーツの青少年の多様な文化や視点を考慮し，彼らに不足していると思われるプログラムを検討し，アーティストなど異分野の人の手を借りながら形にしていくことでその役割が確立され，現場から人材が育っていくのではないかと想像している。

(8-3) 次世代の担い手達

　KIEA は 2017 度にもカノリック氏やメルトン氏を招いてワークショップ合宿を行ったが，筆者は東京からロンドンと可児をつなぐにとどめ，合宿会場には赴いていない。前述の山田氏や菰田氏のように，地域コーディネーターになる資質を持つ人々に託していくことが最善だと考えたのである。

　また，この年は東京芸術劇場で学んでいるアートマネジメント研修生を可児に派遣し，ファシリテーターのアシスタント役を担わせることにした。研修生は東京芸術劇場で開催したカノリック氏らによる「ファシリテーター養成講座」でワークショップを事前に経験しているので，主催者とファシリテーターの双方の助けになることが期待された。彼らは劇場研修において，芸術が社会に何を成し得るかを机上で考えることが多かったのだが，実際に社会的マイノリティに寄り添い，ワークショップのサポートをする中で，子ども達の芸術による交流と成長を目の当たりにし，「最上の学びとなった」と後日報告を受けている。

　こうした実地研修は，PIE プロジェクトの際の朝日大学の学生サポーターの育成を参考にしている。彼らは松井氏によってワークショップの前にプログラムの意味や目的を学び，問題意識を持って参加したことで，ワークショップ中は何をすべきかと常に自覚的に考えて臨んだ。さらにワークショップ終了後も松井氏が学生の変化を追い続け，必要に応じたケアを行っていたことで成長につながったのだと思われる。

　そうであるならば，さつき教室の生徒も今は「支えられる側」であっても，身近な指導者やサポーター達によってプログラムの意義や意味を考えるように導かれ，長期的には「支える側」として活躍する循環が生まれるかもしれない。そうなった時は，多文化共生プロジェクトから生まれた外国人フ

ァシリテーターのように，マイノリティの目線に立って寄り添うことの出来る，多様な表現者がさつき教室から排出されるのかもしれない。

　日頃は日本社会から隔絶された状況に置かれている海外ルーツの子ども達にとって，ワークショップは他者とのコミュニケーションを学ぶ機会となり，また自己の創造性や適性を発見する場として機能し，さらには日本社会への窓口になるなど，多様な可能性を持った成長のためのツールになり得る。そのため，ワークショップの活用の仕方を掘り下げて検討する価値は十分にあると思われる。

　海外の優れたワークショップ事例から学んで体験するにとどまらず，学んだ人たちによって異なる文化に配慮したプログラムを企画し，地域に根差した課題を考慮しながら多角的な視点で運営していくために，地域コミュニティのコーディネーターが中心に活躍することが望まれる。その際，関わるすべての人たちが「文化的平等性と責任の共有を大切にして」いくことでワークショップが発展するとともに，人材も育っていくのではないだろうか。

終わりに

　これまで多文化の環境において外国人とともに演劇作品を手掛ける中で，多様なバックグラウンドを持つ人々の豊かな創造性や表現力に魅了され，創作意欲を掻き立てられてきた。教育現場では日本語が出来ず，日本の慣習に馴染めないゆえに"弱者"として存在する若者達に，どうやったらペルソナを取り外した素の持ち味を引き出し，独創性を備えた魅力的な存在として認識され，自尊心を回復させられるのかと葛藤してきた。

　ワークショップにおいても同じ課題に向き合いながらプログラムを考え，その牽引役となるファシリテーターの発掘に苦心し，長期的視点を持った支援者との連携を求めて足掻いてきたが，これからもこの未開拓の分野での放浪が続くのだと思う。

　しかしそんな中にあっても，英国ワークショップでサポーターを務めた朝日大学の大学生，アシスタントを務めた東京芸術劇場の研修生，可児でもがきながら成長し続ける若いスタッフ達には大きな希望を感じている。

　日本社会において，海外にルーツを持つ子ども達は待った無しに増加し，

教育現場での問題が噴出する中で，サードプレイスに求められる役割は大きい。東京都内のある放課後支援教室では，家庭や学校で課題を抱える青少年の中で海外ルーツの子どもの自殺率が上がっているという。

　画一化された日本社会に疑問を抱き，自身の出自や属性に問いを投げかける若者達に，演劇ワークショップが「救い」になるなどと言うつもりはない。しかし人と異なる自分を肯定し，表現し，違いこそが個々人の魅力の源泉なのだと歓迎される場所があれば，死の淵に追い詰められることは減少するのではないだろうか。

　多文化と演劇ワークショップは，それぞれに「専門家のいないことの不幸」から抜け出す気配は未だないものの，多文化の演劇ワークショップを体験したり，サポートした若者達は，多様性を持つ子ども達の資質の輝きを知り，それらが伸びやかに生かされるにはワークショップが良いツールであることを知っている。そんな彼らは「違い」が生かされる社会こそが豊かであると考え，共生のための「仕掛け」を作っていくことが出来るのではないだろうか。創造的な演劇ワークショップを行える人材も，そんな若者の中から輩出され，牽引されることを期待したい。

注

1　本稿では，外国籍の人および海外にルーツを持つ人々全般を指して，「外国人」と記している。しかし，未成年者は親の再婚などで日本国籍を有していることがあるため，青少年に限定した記述の際には「海外ルーツ」と記した。

2　佐藤信「佐藤信が語る演劇ワークショップ整理学」『地域創造』創刊号　1996年　p. 16

3　芸術表現を通じたコミュニケーション教育の推進
　（http://www.mext.go.jp/a_menu/shotou/commu/1289958.htm）

4　同上

5　中野（2001）p. 11

6　Phakama（http://projectphakama.org/）

7　Londesborough 氏への筆者のインタビュー（2015 年 3 月 29 日）

8　SCENE & HEARD web（https://www.sceneandheard.org/what-we-do/mission-aims/）（2019 年 12 月 31 日閲覧）

9　本項はキーヴァ・マカヴィンシー「パカマ：実践における相互関係の本質」

（2020）を参照にしている。

10　マカヴィンシー（2020）p. 149
11　同上　pp. 154-155
12　同上　p. 151

参考文献

苅宿俊文（2012）『ワークショップと学び1 まなびを学ぶ』東京大学出版会

佐藤信（1996）「佐藤信が語る演劇ワークショップ整理学」『地域創造』創刊号

中野民夫（2001）『ワークショップ—新しい学びと創造の場—』岩波書店

マカヴィンシー，キーヴァ（2020）「パカマ：実践における相互関係の本質」『演劇
　ワークショップでつながる子ども達—多文化・多言語社会に生きる』成文堂

文部科学省ホームページ　芸術表現を通じたコミュニケーション教育の推進
http://www.mext.go.jp/a_menu/shotou/commu/1289958.htm（2019 年 12 月 22 日
　閲覧）

Phakama ホームページ（http://projectphakama.org/）（2019 年 12 月 20 日閲覧）

SCENE & HEARD ホームページ（https://www.sceneandheard.org/what-we-do/
　mission-aims/）（2019 年 12 月 31 日閲覧）

第3章　文化的多様性と生きづらさを抱える
　　　子ども達の演劇ワークショップの記録

1. インタビューを通して見える子ども達

田室寿見子

　海外にルーツを持つ青少年が同世代の生きづらさを抱える日本人と出会い，異なる視点と新たな価値観を相互発見する機会になることを期待して，2014 年にさつき教室の生徒と，愛知県内の昼間定時制高校の生徒との合同ワークショップを実施し，最終回には「文化的多様性と生きづらさを抱える子どもたちとのワークショップ＆座談会」という発表の場を持った。

　さつき教室の生徒の多くは，デカセギ労働者として日本で働く親から高校生相当年齢で呼び寄せられ，それまでアイデンティティを培ってきた母国での暮らしを打ち切られて来日する。親族や友だちと別れ，文化も言葉も異なる日本で居場所を見出せず，心身に変調を来たす生徒がいることは第 2 章で触れたとおりである。

　一方，昼間定時制高校の生徒の 6 割は不登校経験者であり，高校生活は 4 年かけてゆっくりと学ぶことで社会への適応力を養おうとする。中でも本ワークショップに参加した生徒はいずれも演劇部に所属し，自己表現に取り組みながら，他者とのコミュニケーションを取ろうと試みていた。

　生きづらさを抱える両者が出会い，これまで知らなかった異文化の世界や苦悩を垣間見た時に，良い意味での化学変化が起きないかと期待して企画したワークショップに，さつき教室から 15 名（うち，発表会出演者は 11 名），昼間定時制高校からは 3 名（うち，発表会出演者は 2 名）が参加し，数回のワークショップを経た後に発表会を実施した。

　発表会は来場者にさつき教室を「一日体験」してもらうという設定で，第一部は昼間定時制高校の「演劇表現」という授業で実施されているワークショップ体験，第二部はセルフストーリーを含む生徒たちのパフォーマンス発表，第三部は登壇者と出演した生徒，そして観客との意見交換会という構成とした。

　セルフストーリーでは生徒たちにインタビューし，日本語での作文では書

き切れない声を拾い，希望者には生徒が得意とする言語に寄らない表現ツールを取り入れるなどして，一人ひとりの持ち味を生かすためのアプローチを探った。すると，ある生徒は絵を描き，ある生徒は歌やダンスを披露し，言葉で足りない部分を思い思いに補うことで，授業では見えてこなかった彼らの素顔が垣間見えてきた。その中から，パフォーマンス製作の過程で特に印象に残ったユミコとレイナン，そして昼間定時制高校の少女のエピソードを紹介したい。

(1)　ユミコ

　さつき教室を初めて訪問して授業を見学した時，ユミコが教室の前に立って教科書を朗読していた。どこかの国のおとぎ話だったように記憶しているが，二人の登場人物の会話を彼女は大きな声で表情豊かに演じ分けていた。教室内は生徒たちの雑談でざわめき，誰も彼女の朗読を真剣に聞いていなかったが，ユミコはそんなことは気にもせず，自分の世界を楽しんでいるように見えた。授業の後，「とても上手に物語を読んでいたね」と声を掛けるとユミコは恥ずかしそうに微笑み，「今度ワークショップをやるから，よかったら来てね」と誘うと，嬉しそうにうなずいた。彼女は本国にいた時は大学に通っていて，そのせいか，まわりの生徒よりも少し大人びて見えた。

　ところがその後にさつき教室を訪問してもユミコを見かけることがなく，KIEA のスタッフに尋ねると，彼女は精神的に不安定になっていて，不眠症のために休むことが多いという。たまに会うといつも明るく見えたのだが，インタビューで聞き取っていくと，彼女の中には相反した二つの気持ちが強く存在していることが見えてきた。

　日本での生活に大きな可能性を感じ，夢を抱くユミコと，フィリピンでの生活や友だちを恋しがり，自分の能力では日本で何も出来ないと打ちひしがれるユミコ。そんな「二人のユミコ」が内側でせめぎ合っているために精神的に不安定になり，不眠症に陥るのだと感じた。

　そこで，自分の状況に自覚的になることで具体的な行動につなげてもらえればと考え，彼女のセリフに「自分の中に，二人のユミコがいるような気がします」と付け加えた。発表会ではクラスメイトがユミコの両側に立ち「ポ

ジティブなユミコ」と「ネガティブなユミコ」をそれぞれ演じたことで，ユミコは少し距離を置いて自分が置かれている状況を観察することが出来たかもしれない。

　稽古を進める中で，ある日，ユミコは絵を描いてきて，それを使って話したいと言った。真っ暗な宇宙の中に照らし出された地球があり，その中に小さな点が一つあり，それが自分だと言う。けれど自身を否定的に見ているような様子は無く，むしろ自分が表現した絵とともに一歩踏み出そうとしているようにも感じられた。

(2) レイナン

　ワークショップの参加者でインタビューさせてくれる生徒を探していた時に，さつき教室担任の湯浅美礼氏からレイナンを紹介された。日本語能力の高い"優等生"と担任が推薦するだけのことはあって，レイナンは来日してまだ1年に満たないにも関わらず，流暢な日本語で次々と質問に答えた。童顔で愛くるしい笑みを浮かべるレイナンは，その表情とは裏腹に，返ってくる答えは人に対する不信感に満ちた内容が多くて困惑させられた。

　「友だちはいない」「親は知らない人みたい」という彼の言葉は，自分の意思とは無関係に日本に呼び寄せられた多くの海外ルーツの子どもの孤独を言い表していると感じた。そしてそういう子どもたちの代弁者として，ぜひとも発表会で話してもらいたいと伝えたところ，本人が快諾したのに対し，湯浅氏は心配でたまらないようだった。

　台本の内容について，湯浅氏はレイナンに「さつき教室の子たちは友だちじゃないの？」と問うと「友だちではない」と言い，「もし発表会にご両親が見に来たら，そのセリフは言えるの？」と尋ねると「言える」と答えた。それでも，発表会当日に親が見に来たら「親は知らない人みたい」というセリフは言わないようにと湯浅氏はレイナンに指示したが，発表会当日に彼の親の姿はなかった。

　日本に友だちも無く，親との関係性もうまく構築出来ておらず，スーパーのレジのおばさんと話すのを楽しみにしているレイナンの話しは聞いているだけで胸が痛むのだが，彼はずっとおだやかにニコニコしている。その笑顔

の理由を考えると，レイナンが日本に呼び寄せられたことも，長年離れて住んでいた親に馴染めないことも，さつき教室に通い，日本の高校を受験しなければいけないことも，すべて彼の力ではどうしようもなく，怒ることも泣くことも出来ず，ただ笑うしかないのではないかと思った。

　そこで，「ぼくの顔は笑ってると言われるけど，本当は困ってます。すごく困ってます。泣きたくて，怒りたくて，でもどうしていいかわからなくて，だから笑ってます」というセリフを加えることにした。レイナンの心中を言い当てているものかどうかは本人に確認しなかったが，彼は何も言わずにそのセリフを引き受けた。

　発表会終了直後に，さつき教室の指導者の一人が「今まで『何をいつもヘラヘラ笑ってるの』と叱ったりしてゴメンね。だって，全然気がつかなかったから」と，涙ぐみそうになりながら彼に謝ったが，レイナンは何も答えなかった。

　発表会が終わって数日経ってみると，レイナンはさつき教室のクラスメイトと以前より言葉を交わすようになり，自転車で一緒に帰るようになったと聞いた。湯浅氏が「友だちが出来たね」と声を掛けると，レイナンは「友だちじゃない」と笑って帰って行ったそうだ。

　可児市文化創造センターで創作していた多文化共生プロジェクトでは，インタビューから作品を立ち上げる作業を何度もやってきたが，ユミコやレイナンのように本人が言っていない言葉を，こちらの想像力で付け加えたのはこれが初めてであった。このことが良かったのかどうか今も躊躇いが残るし，今後も同じことをやるべきだとは考えていない。しかし思春期にあって，自分の気持ちを掴み切れない青少年たちが母国を離れて意思疎通をしようとする時，言語的にも心理的にも伝えきれない気持ちを，立場の異なる第三者だから拾えることもあるような気がしている。

　さつき教室の指導者のように，子どもたちの近くでその変化を注意深く見ている教育者の重要性は言わずもがなであるが，教育者とともに，価値観や距離感の異なるアーティストなど“よそ者”と連携し，教科学習だけでは見えてこない個々人の資質を生かす体験の提供も欠かすべきではないと思う。そうした活動を創造性につなげていくことで，ワークショップは青少年の成

長に生かされ，彼らは自己肯定感を取り戻すのかもしれないと感じている。

(3) 市川さん

　座談会では登壇者と出演した生徒，そして観客との意見交換会を行ったが，さつき教室の生徒はその場で咄嗟に日本語を理解することが難しいかもしれないので，昼間定時制高校の生徒への質問があれば，母語でもいいから事前に提出するようにと伝えておいた。するとレイナンから，不登校の経験について話した女生徒に宛てて次のような質問が届いた。

　　「なんでリストカットするのですか？なんでお父さんにナイフを向けたんですか？　市川さん（仮名）に初めて会った時，お話して，元気そうだったから，話しを聞いてびっくりしました。フィリピンの子どもは，学校に行けなくても，道で友だちと遊んでいます。学校に行かない理由は，お金がないか，勉強が嫌いかのどれかです。アニメで見ましたが，日本の学校は楽しそうです。放課後に友だちとカラオケに行ったり，喫茶店に行ったりしてました。だからぼくも日本の学校に行ってみたいと思っています。でも，日本で不登校はなんでそんなに多いのでしょうか。」

　レイナンの質問に対して私の記憶は定かではないが，発表会当日に市川さんは答えなかったように思う。座談会の後半は会場内から市川さんへの質問やコメントが相次ぎ，不登校について評論家的な見解を述べる観客もいて，昼間定時制高校から応援にかけつけていた卒業生らが市川さんに代わって反論し，終盤は怒りをむき出しのまま終えることになった。

　市川さんはパフォーマンスの中で，「さつき教室の生徒に対してだけは，自分の過去を認めることが出来た」と言った。画一化された学校教育で「不登校」の生徒ははみ出した存在であり，規格からはずれると"落ちこぼれ"のレッテルが貼られるけれど，さつき教室の生徒はそもそも全員が"規格外"であり，誰も彼女に貼るレッテルを持たないことで，市川さんは心を開くことが出来たのだと思う。

　そんな市川さんの言葉をレイナンは真摯に受け止めて質問を提出し，さらに，ユミコは座談会の場で"Interesting"と言葉を発した。「親に包丁を向けるなんて想像出来ないけれど，なぜそのような気持ちになったのかに興味が

あり，話しを聞いて理解したい」と言った。それは，自分の苦しみで閉ざし
ていたユミコの心が，市川さんの痛みを知ったことで開いたと感じた。ヒリ
ヒリした，たどたどしい交流あったが，多様性が認められる環境だからこそ
生まれた心の通い合いだったと思う。

2.「文化的多様性と生きづらさをかかえる子どもたちとの演劇ワークショップ＆座談会」台本

田室寿見子

発表会用　台本

日時：2014 年 9 月 21 日（日）　14-17 時
会場：可児市総合会館　分室 2F　大会議室

出演者

第一部：演劇ワークショップ体験
　　　　司会：ピカシオン・フェブ
　　　　ファシリテーター：中山浩二（仮名）

第二部：子どもたちのセルフストーリー
　　　　〔さつき教室〕
　　　　アン・セイシン
　　　　ウ・ゾンエイ
　　　　オレン・ミゼル
　　　　斉藤タクヤ
　　　　斉藤ユミコ
　　　　シトル・レイナン
　　　　タバレス・ダヴ
　　　　オレン・リゼル
　　　　カンバヤ・ジェト
　　　　セノト・アラン
　　　　ピカシオン・フェブ

　　　　〔昼間定時制高校　演劇部〕
　　　　市川淳子（仮名）
　　　　三谷信太（仮名）

スタッフ

　　　　第一部　ワークショップ構成：中山浩二
　　　　第二部　脚本・演出：田室寿見子
　　　　　　　　振付・演出：じゅんじゅん
　　　　　　　　演出補：山田久子（多文化演劇ユニット MICHI）
　　　　　　　　　　　　松井かおり（朝日大学）
　　　　　　　　　　　　片岡まみ（多文化演劇ユニット MICHI）
　　　　　　　　脚本・演出協力：湯浅美礼

　第三部：座談会
　　　　登壇者：
　　　　中山浩二（昼間定時制高校　演劇部顧問）
　　　　松井かおり（朝日大学　准教授）
　　　　湯浅美礼（さつき教室担当及び進学コーディネーター）
　　　　各務眞弓（NPO 法人可児市国際交流協会　事務局長）
　　　　昼間定時制高校　演劇部生徒，さつき教室生徒

　　　　進行：田室寿見子（Sin Titulo）

　　　　通訳：〔タガログ語〕ダニー・キミコ
　　　　　　　〔中国語〕渡邉佳央里

　　　　主催：NPO 法人可児市国際交流協会／可児市
　　　　企画：田室寿見子（Sin Titulo）
　　　　協力：昼間定時制高校演劇部
　　　　　　　多文化演劇ユニット MICHI

　会場の中に入ると正面奥にホワイトボードがあり，「さつき教室一日体験入学へようこそ」と大書されている。出演者用のいすはスクール形式で，ホワイトボードに向かって並んでいる。生徒たちは受付や席でお客様を迎える。

第一部：演劇ワークショップ体験　14:00-15:00（60分）
司会役のフェブが，下手から登場。

フェブ：　　　さつき教室一日体験入学にようこそ！ぼくの名前はフェブと言います。15才のフィリピン人です。今日は，ぼくがみなさんを一日ご案内します。よろしくお願いします。それではみなさん，始めのあいさつをご一緒にお願いします。「起立，礼，着席！」ありがとうございます。

　　　　　　さつき教室は，高校へ行きたい，外国につながりをもつ子が勉強する教室です。今，15才から19才までの生徒がいます。毎日5時間，週に4日間，日本語や数学，英語や社会などを勉強しています。

　　　　　　さて，今日の体験入学はゲストをお招きしています。愛知県の昼間定時制高校の中山浩二先生です。中山先生，よろしくお願いいたします！

中山先生が登場。昼間定時制高校と生徒2人の紹介。
いすを片付けて，ワークショップを開始。

1. 並び替え　①身長順，②誕生日順
2. 形を作る　（お題は紙に4か国語で提示する）
3. ティッシュ吹き（グループで助け合って，ティッシュを落とさないように息で吹き上げる）

ワークショップ終了

10分休憩　15:00-15:10
飲み物を用意。

休憩中，部屋奥を舞台とし，いすを半円に並べる。舞台前はさじき席（地べたに座る）。

第二部：セルフストーリー　15:10-15:30（20分）

司会役のフェブが，下手から登場。

フェブ：　　　それでは今から，ぼくたちが日本に来て感じていることや，伝えたいと思っていることを発表します。

　　　　　　　さつき教室の生徒たちは，あまり日本の人と話す機会がありません。みなさんも，ぼくたちのような外国人の子どもがどうしてここにいるのか，どんなことを考えているか，よくわからないと思います。今日はせっかくのチャンスなので，ぜひ聞いて下さい。それでは，最初はタクヤです！

フェブは上手に退場，タクヤが上手から登場する。

タクヤ：　　　ぼくの名前はタクヤです。17才です。日本に来て1年です。ぼくは，もうすぐフィリピン人から日本人になります。「帰化する」と言うそうです。

　　　　　　　フィリピンの時の名前はアウレリオだったけど，名前が変わるのは悲しいと思っていません。ぼくは日本人になりたいんです。日本人になると，チャンスがいっぱいあると思います。タクヤという名前はかっこいいから好きです。

　　　　　　　ぼくは自分でビジネスをやりたい。人に使われるのはいやだ。ぼくは仕事に必要なスキルをもう持ってます。パソコンを直したり出来ます。将来はエンジニアになりたいです。「知識は力」だと信じているから，もっと勉強したいです。

タクヤは上手に退場，ゾンエイが下手から登場する。

ゾンエイ：　　私はウ・ゾンエイと言います。16才です。去年の11月に，お母さんと二人で中国から来ました。高校の受験のためにがんばって勉強しています。

　　　さつき教室が休みのとき，家のことを手伝います。友だちと遊ぶことはありません。私は静かなところが好きだから，一人でも大丈夫です。

　　　私は大学に入って，法医学の勉強をしたいです。法医学でする実験に，とても興味があります。そのために，理科や英語をしっかり勉強します。本もたくさん読みます。法律を勉強することは，自分の修養や道徳心を高めることが出来ます。

アランとウィルキンが上手から登場。アランは射殺され，倒れる。ゾンエイはその死体を検死する。

　　　　　死んだ人を見ることは怖くありません。静かな場所で出来るので，私に合っていると思います。将来，法医学の仕事をしたら，毎日まじめに働きます。

ゾンエイは下手へ退場，ウィルキンはアランを引きずりながら上手に退場。
ダビが下手から登場する。

　　ダビ：　　　ぼくの名前はダビです。19才です。さつき教室に4年通っています。

　　　　　去年，お菓子の工場でアルバイトしました。アルバイト代で，お父さんがずっと欲しがっていた時計を買ってあげました。家族はとても大切です。弟は特に大切。弟は，今高校生です。ぼくがお金をためて，大学に行かせてあげたいです。

　　　　　ぼくはダンスが好きです。公園でもどこでも踊ります。今から踊りますので，見てください。

ダビがダンスを披露する。その後，下手に退場。
ユミコが上手から登場する。手には絵を持っている。

　　ユミコ：　　　これは私が書いた絵です。広い世界の中で，私は自分が小さな小さな「点」だと感じます。

　　　　　私はユミコです。18才です。フィリピンでは大学に通っていました。1年前に日本に来ました。今は日本の高校に入るため

　　に，さつき教室で勉強しています。
　　　　私は自分の中に，二人のユミコがいるような気がします。

セイシンとジゼルが上手から登場。ユミコの両脇に立つ。

　　　　　　　（ジゼルを見ながら）一人のユミコは日本が大好き。勉強して通
　　　　　　　訳とか旅行のガイドとか，インターナショナルな仕事をしたい。
　　　　　　　アートも大好き。
　　　　　　　（セイシンを見ながら）でも，もう一人のユミコは，すごくフィ
　　　　　　　リピンに帰りたい。自分は何も出来ないと思う。（セイシンはし
　　　　　　　ゃがみこみ，ひざを抱える）将来は何が起こるかわからないか
　　　　　　　ら，すごく怖い。
　　　　　　　　私は不眠症です。ホームシックで眠れません。日本は安全で，
　　　　　　　おいしいものがたくさんあって，日本の生活は好きです。でもホー
　　　　　　　ムシックをどうやって直したらいいのかわからない。
　　　　　　　　「You create yourself ──あなたがあなた自身をつくる」。これ
　　　　　　　は私の好きなことばです。（絵を見て）私はまだ小さな点だけれ
　　　　　　　ど，いつか私が好きな私を作っていきたいです。

セイシンとジゼルはユミコに寄り添い，3人で上手に退場。
レイナンが下手から登場。

　　レイナン：　　ぼくの顔は笑ってると言われるけど，本当は困ってます。すご
　　　　　　　く困ってます。泣きたくて，怒りたくて，でもどうしていいかわ
　　　　　　　からなくて，だから笑ってます。
　　　　　　　　ぼくはレイナンと言います。16才です。1年前，日本に来まし
　　　　　　　た。お父さんとお母さんは，ぼくが5才の時に日本に来ました。
　　　　　　　ぼくはフィリピンで，おじいさんとおばあさんと住んでいました
　　　　　　　が，二人とも死んでしまったので日本に来ることになりました。
　　　　　　　10年ぶりに一緒に生活するお父さんとお母さんは，ちょっと知
　　　　　　　らない人みたいです。
　　　　　　　　ぼくは時々さつき教室に遅刻します。お父さんとお母さんは朝
　　　　　　　5時に仕事に行って夜8時に帰って来るので，そうじとか洗濯と
　　　　　　　か，家の仕事をぼくがやります。でも，ちゃんと出来ないので，

よく怒られます。

　イヤなことがあった時，ぼくは一人で泣きます。悩みを話せる友だちは，日本にはまだいません。最初は大変だったけど，友だちがいない生活にもう慣れました。

　日本語の練習をする時は，ラスパの店員さんに話しかけます。「今日，暑いね」とか，お店のおばさんに話します。おばさんはやさしいので，話すと楽しいです。いつか，何でも話せる友だちが出来るといいけど，作り方がまだわかりません。

（フェブ，ウィルキン，ジャンが上手から登場。笑いながらレイナンの前を通り過ぎ，下手に退場。レイナンはそれを見送り，上手に退場）

市川：　　　　（上手から登場）みんなの発表を聞いて，私も頑張ろうと思えた。これまで誰にも言ったことがなかったけど，なかったことにして忘れようとしていたけど，中学の時のことを話させてほしい。

　私は中学校の時，ズブズブの不登校だった。シャッターを閉めて部屋を真っ暗にして，ドアにガムテープまで貼って……。あの頃の私にとって，部屋は心のようなもので，侵入されたくなかった。一日中，部屋の中で「死にたい，死にたい」と思いながら，中学生の私はリストカットを繰り返していた。

　親は私を殴ったり蹴ったり，ツバを吐きかけたり，「なんで学校行かないんだよ」と狂ったように叫んだりした。私も親にひどいことをたくさんした。「死ね」とののしるなんて毎日のこと，責められるのがイヤで包丁を向けたこともあった。

　高校に入って，演劇やって，まがりなりにも普通の高校生の"フリ"が出来るようになった。でも，それでも自分の過去を認めることが今日まで出来ないでいた。そんな私に過去を認める覚悟をさせてくれたのは，さつき教室のみんなだ。みんなの，日本で生きていこうという覚悟の強さだ。

　みんなに言いたいことはたった一つ。私は不登校だった。学校に毎日行けている人が大半の，日本の中では少数派だ。さつき教室のみんなも，日本人の中に入ったら，きっと少数派だと思う。おんなじ少数派同士，何とか頑張ろう。何とか生き延びようよ。

（下手に退場）

アンセイシン：（下手から登場）私の名前はアンセイシン，16才です。中学校
　　　　　　　を卒業した時，お父さんが「日本に来てほしい」と言ったので，
　　　　　　　今年の4月に中国から来ました。日本での生活は難しいです。一
　　　　　　　番困っていることは交流です。日本語を聞き取れないし，読めな
　　　　　　　いです。
　　　　　　　　さつき教室には6月から通っています。授業で未来の私から今
　　　　　　　の自分に向けて，手紙を書きました。それを読みます。（手紙を
　　　　　　　出して読む）

　　　　　　　　「今のあなたへ送ります。
　　　　　　　日本での生活は，中国での生活と同じではありません。
　　　　　　　だから，あなたはしっかり勉強しなさい。
　　　　　　　他の人に頼らず，自分を頼りにできるように，自立しなさい。
　　　　　　　　今のあなたは『賭け』のようなものです。今，賭けに勝つなら
　　　　　　　未来でも勝つ。今，負けるなら，未来でも負けて，すべて失うで
　　　　　　　しょう。だから，この試合は決して負けられない，勝たなければ
　　　　　　　ならない試合です。
　　　　　　　　むやみに怒らず，何をするにもよく考えて行動してください。
　　　　　　　最大の努力をして，自分を信じてください。
　　　　　　　　望着望着就忘了。
　　　　　　　　悲しい時は空を見て。きっと悲しみを忘れます。」
　　　　　　　（床に座り，手紙を折りたたんで紙飛行機を作る）

ミゼル：　　　（上手から登場，セイシンが飛行機を作っているのを見ながら。）
　　　　　　　私はミゼル，16才です。
　　　　　　　　歌を歌うのが大好きです。いつかプロのシンガーになります。
　　　　　　　セリーヌ・ディオンは，私ががんばりたい時に聞きます。みんな
　　　　　　　も私の歌で元気になったらうれしいです。
　　　　　　　　（"To Love you more" を歌う。歌の途中で全員が紙飛行機を持っ
　　　　　　　て現れる。ミゼル，セイシンもその中に混ざり，ウェイブを作っ
　　　　　　　て歌の終わりで紙飛行機を飛ばす。）

フェブ：　　　（列の中から出てくる）みんなの話しを聞いて，いろんな生徒が，
　　　　　　　いろんな気持ちで日本に住んでいることがわかったと思います。

　　最後に，ぼくの話しをします。ぼくは先月，さつき教室を卒業しました。今月から定時制の高校に通い始めましたが，まだ日本人の生徒に話しかけていません。だって自分の日本語はまだまだだから，はずかしくて話せないです。でも，話しかけたいという気持ちはあります。

　　将来は大学に行って，建物を作る勉強をしたいです。もし日本で建物を作ることになったら，その建物で「ありがとう」を伝えたいです。だって，ぼくは日本のおかげで成長できたと思うからです。

　　ほかのさつき教室の生徒たちも，いつか全員日本の高校に進学し，将来の夢をかなえていけるようにがんばっています。だからみなさん，どうかぼくたちを応援して下さい。

　　それでは，さつき教室一日体験入学を終わります。みなさん，来てくれてありがとうございました。起立！　礼！　ありがとうございました！

第三部：座談会　15:40-17:00

進行：田室寿見子

1. 発表会の企画趣旨を説明。登壇者の紹介。
　　それぞれから簡単なコメント。
　　　① 各務眞弓（可児市国際交流協会　事務局長）
　　　　さつき教室の設立の背景や，今回の事業の経緯など
　　　② 湯浅美礼（さつき教室担任）
　　　　さつき教室の補足説明と，発表会の生徒への影響
　　　③ 中山浩二（昼間定時制高校　演劇部顧問）
　　　　昼間定時制高校の補足説明と，今回の交流で気づいたことなど。
　　　④ 松井かおり（朝日大学　准教授）
　　　　海外につながる青少年と演劇について

2. さつき教室の生徒と昼間定時制高校の生徒による意見交換。（30分）
　　　① さつきの生徒から高校生への質問
　　　　［ヨリク］さつき教室の生徒をどう思いますか。
　　　　［ダビ］学校や，日々の生活で，何が一番難しいですか。

［アラン］昼間定時制高校をどう思っていますか。

［ジェット］学校で友達とのことは幸せですか。

［レイナン］（前出の市川さんへの質問）

② 　昼間定時制高校からさつきへの質問

・日本人の素敵なところと嫌なところを教えてください。

・不登校についてどう思いますか。

・日本で高校に入った後，心配なことはどんなことですか。

3. 全体の座談会

　観客からのコメント

4. 登壇者全員のまとめのコメント

17:00　終了

簡単な打上げ

18:00　完全退出

3. 参加者の声——日本に来てからの5年間をふりかえって——

朝日大学経営学部2年　于　忠悦（ウ・ゾンエイ）

(1) さつき教室の思い出

　日本に来てもう5年目になります。お母さんの仕事の関係で，日本で定住することを決めました。最初は可児市にある「さつき教室」で一年間日本語を学びました。教室の先生たちはとても優しくて，私たちのような外国人の生徒に接することが得意な人ばかりでした。本当にいろいろ助けてもらいました。

　当時の私は内気で，日本語も全然わからなくて，他人から見るととても無口で暗い人だと思われていたと思います。でも先生たちは私をみるとよく声をかけてくれて，日本語の練習をたくさんしました。そのおかげで少し自信をもらいました。

　さつき教室で一番印象に残っているのは，教室で一年が経ち，最後に学習発表会をしたときのことです。私たち生徒はみんな作文を書いて，地域や家族の前で発表をしました。テーマは「未来の夢」でした。あの時の私は理科が大好きで，テレビで法医学者のことを見て，とても法医学者に憧れていました。それで，発表では「死んだ人の死因を調べる法医学者になりたい」と言ったら，先生たちもみんなもびっくりしていました。でも作文でそのことをうまく書けるように手伝ってくれました。とてもみんな優しかったと思います。

(2) 高校進学の経緯

　高校はお母さんの友達が推薦してくれたところへ行きました。とても礼儀を重んじるいい学校でした。当時は日本の高校に対する情報をほとんど知らなかったし，自分の未来のことも考えていなかったので，商業の学校ということだけはわかっていて進学をしました。私は本当は物理や化学などが大好きだったのですが，商業の学校に入ったら好きな科目は必要とされていなか

ったので，自学しかできませんでした。それに私の住んでいる町から，自転車で毎日往復3時間かかりました。私はそれでも三年間通い続けました。雨でも雪でも。我慢の毎日でした。後悔はしていませんが，もしもう一度選べるチャンスがあれば，絶対に自分の未来をよく考えてから，学校の詳しい情報を収集した上で学校を選んでいたことでしょう。

(3) 日本人の友達をつくる

　高校に入ってたとき，最初はとても不安でした。さつき教室にいる時と違って，高校は日本の生徒を対象として，きちんと高校レベルの理解力や日本語能力がある前提で授業が行われました。だからさつき教室で勉強していたときのように，たとえ理解ができなくでも，先生たちは二度と，三度と重複して教えてくれるような授業のレベルではなかったです。そしてクラスの人たちとどうやってコミュニケーションを取るか悩みました。そのうちみんなに私のことを理解してもらいたいと思ったので，いろいろ工夫をしました。まず自分から挨拶をきちんとをするようにしました。日本に来て一番気持ちがいいと思ったのは，日本人の挨拶です。自分の国と違って，日本人はよく挨拶をしますから，お互いがとても尊重されている気持ちになりました。だから自分もそうしないといけないと思って，挨拶をしっかりしようと思いました。そして私のような外国人に対してクラスの人はとても興味を持ってくれて，よく質問をされました。会話はそうやっているうちに自然にできるようになりました。お互いに他国の文化を理解し，尊重し，親切な態度で交流すると，たとえ時々日本語を間違えても恥ずかしくなくて，努力が伝わるとみんな親切に受け入れてくれると思います。みんなのおかげで楽しい三年間を過ごしました。クラスに友達もできて，一緒に修学旅行でキャーキャー騒いで，嬉しかったです。人とコミュニケーションを取るのは難しいけれど，人と交流することをあきらめないで自分も心を閉めなければいつかうまくいくのだと感じました。

(4) 進路選択の苦悩

　日本ではとても辛い時もありました。それは大学を選ぶ時，お母さんとけ

んかをしたことです。私は理科系の大学を選びたかったのです。それは理科
の科目が好きだからというだけでなくて，自分の日本語が不足していること
もあって，就職の時に特定の技術や得意なことがある方が有利だと思ったか
らです。しかし理系の大学は学費が高く，また私は３年間高校で理科の科目
を勉強していないので，受験するには学力が不足していてとても難しいと感
じました。悩んでいるだけで時間が過ぎて，とうとう大学を決めないといけ
ない時期が来ました。母さんに相談したら，とても現実的に「とにかく学費
のことを優先して決めなさい」と言われました。何度も私の考えを伝えたの
ですが，お母さんはなかなか私の真意を汲み取ってはくれませんでした。母
の考えがわからないわけではありませんでしたが，お互いに意見が噛みあわ
ずけんかをしました。ついに私は理科の勉強をしたいという夢をあきらめ
て，経営を学ぶ選択をしました。正直不安でした。自分の未来は難しいと感
じました。周囲には助けてくれる人は誰もいませんでした。結局それでも最
後は自分自身の考えを調整して，努めて楽しんで大学へ入りました。今考え
ると，もし周りの友達に相談していたらもっと早く気持ちを整理できたかも
しれません。

　この五年間いろいろありましたが，とてもいい経験だったと思います。そ
して今は自分の進みたい道を見つけました。将来は外資企業で仕事をするこ
とです。そのために，英語や商業に関する資格の勉強を今，一生懸命やって
います。確かに日本語は難しいですが，それを克服したいです。高校で日商
簿記の二級を取ったとき，その信念はもっと強くなりました。やればできる
自信がつきました。その道に向かって，今は楽しんで勉強しています。

第4章　PIE プロジェクトの記録

2015 年度 PIE プロジェクト　発表会＆シンポジウム概要
「海外にルーツがある子ども達のドラマ活動の意義と可能性」

■　日時：2015 年 10 月 18 日（日）
　　第 1 部：　発表会　　　　　　13:00～14:05
　　第 2 部：　ミニシンポジウム　14:20～16:35
　　懇親会：　　　　　　　　　　16:45～17:45

■　会場：朝日大学　6 号館 4 階　4201 ほか

■　出演者：可児市国際交流協会　さつき教室生徒　15 名
　　（フィリピン 12 名、日本＋フィリピン 1 名、中国 2 名）
　　　朝日大学　学生　6 名
　　（日本 2 名、日本＋フィリピン 1 名、中国 1 名、ベトナム 2 名）

■　ワークショップ・ファシリテーター：
　　コリン・ミカレフ（パカマ芸術監督、アーティスト・ファシリテーター）
　　チャーリー・ホロロンショ（パカマ　ファシリテーター）

■　通訳：　秋葉よりえ（ワークショップふりかえり）
　　　　　　岩瀬和美（国際シンポジウム）

■　ワークショップ・サポーター：
　　山田久子（多文化演劇ユニット MICHI 代表）
　　ヴァネッサ・ヒグト・クリスチーニ

■　コーディネーター：
　　松井かおり　（朝日大学　准教授）
　　田室寿見子　（Sin Titulo）

■　協力
　　朝日大学
　　NPO 法人可児市国際交流協会
　　パカマ

■　助成：2015 年度大和日英基金
　　　　　 2015 年度朝日大学教育推進改革事業助成
　　　　　 2015 年度朝日大学経営学部研究助成
　　　　　 平成 26 年度〜28 年度科学研究費基盤研究（C）「多言語多文化社会に生
　　　　　 きる子ども達のドラマ活動の意義と可能性の研究」（課題番号 26381047
　　　　　 松井かおり代表）

第一部　PIE プロジェクト　演劇ワークショップ発表
　　　　　 可児市国際交流協会「さつき教室」の子ども達と朝日大学生有志
　　　　　 ・ワークショップ発表会
　　　　　 ・ふりかえり（進行：田室）
　　　　　 ・やり遂げての感想（さつき教室の生徒、朝日大学学生）
　　　　　 ・ファシリテーター＆支援者の感想
　　　　　 ・フロアからの子ども達、ファシリテーターへの質問

第二部　ミニシンポジウム
　　　　　 多文化多言語共生社会における演劇の意義と役割
　　　　　 ・挨拶と企画意図の説明　（進行：松井）
　　　　　 ・ロンドン大学教授　キーヴァ・マカヴィンシー講演
　　　　　 ・パカマの活動紹介（コリン・ミカレフ、チャーリー・ホロロンショ）
　　　　　 ・フロアからの質問

懇親会　ビュッフェ、ソフトドリンク　（司会：学生）

2015　PIE プロジェクト

海外にルーツがある子ども達の ドラマ活動の意義と可能性

～英国コミュニティ芸術団体 Phakama との演劇体験を通じて～

日時：2015 年 10 月 18 日(日) 13 時～16 時 45 分（開場 12 時 30 分）

場所：朝日大学　6 号館 4 階 6402 ほか

参加無料
事前申込み不要

PIE プロジェクト趣旨

PIE プロジェクトとは、Phakama in Education for Youth in Japan Project を略したものです。海外にルーツを持つ子ども達のコミュニティにおける学びについて、岐阜県可児市を中心にドラマ活動の効果を研究する中で、英国 Phakama の'Give and Gain'と呼ばれる手法に着目し、この度共同で活動する運びとなりました。本シンポジウムでは可児市国際交流協会「さつき教室」の子ども達と、朝日大学の有志学生が 1 週間に渡って Phakama のワークショップを体験した成果を発表します。また、Phakama を長年研究するロンドン大学クイーン・メアリー校からキーヴァ・マカヴィンシー博士をお迎えし、社会問題に関するドラマ活動の効果や課題を検証していきます。

第一部　演劇ワークショップ発表　　13 時—14 時 05 分

出演：可児市国際交流協会「さつき教室」の子ども達　&　朝日大学学生有志
講師：コリン・ミカレフ　Corinne Micallef　（Phakama 芸術監督）
　　　チャーリー・ホロロンショ　Charlie Folorunsho　（Phakama ファシリテーター）
美術・通訳：長谷川　康子

第二部　国際シンポジウム　　14 時 20 分—16 時 45 分

「多文化多言語共生社会における演劇の意義と役割」（通訳付き）

■基調講演
「現実を演じる：パフォーマンスとコミュニティの視点から」
　　キーヴァ・マカヴィンシー　Caoimhe McAvinchey
　　（ロンドン大学クイーン・メアリー　演劇学部上級講師）
■報告：「パカーマの活動紹介」
　　コリン・ミカレフ（Phakama 芸術監督）
■ラウンド・テーブル「PIE プロジェクトの検証」
　　キーヴァ・マカヴィンシー　（ロンドン大学　上級講師）
　　各務　眞弓（可児市国際交流協会　事務局長）
　　田室　寿見子（演劇ユニット Sin Titulo 代表）
総合司会：松井　かおり（朝日大学　経営学部准教授）

懇親会　16 時 45 分-17 時 45 分　※参加無料
　　　（ビュッフェ、ソフトドリンクをご用意いたします）

■講師プロフィール

コリン・ミカレフ Corinne Micallef （Phakama 芸術監督）

　2001 年からロイヤル・ナショナル・シアターのエデュケーション部でファシリテーター・演出家を務め、難民や失業中の若者のための教育プログラムを学校や家庭、企業と共に牽引。2003 年より Phakama に参加し、2013 年に芸術監督に就任。現在、ゴールドスミス・カレッジ、セントラル・スクール・オブ・スピーチ・アンド・ドラマで客員講師を務める。

キーヴァ・マカヴィンシー Caoimhe McAvinchey （ロンドン大学上級講師）

　英国のロンドン大学ゴールドスミス・カレッジ演劇学部の講師を経て、2009 年より現職。専門は社会的パフォーマンス実践研究。Phakama の活動調査のほか、近年は女性や刑務所とパフォーマンスに関するテーマで調査プロジェクトに従事。代表的な著作として *Performance and Community: Commentary and Case Studies* (Bloomsbury 2014), *Theatre & Prison* (Palgrave Macmillan 2011)等がある。

Phakama （パカーマ）とは

　「Phakama」とは、南アフリカのコーサ族の言葉で「奮い立つ」「勇気づける」の意味。1996 年に LIFT（ロンドン国際演劇フェスティバル）が南アフリカにおいてヨハネスブルクの地域劇場と連携し、コミュニティに入って若者とアートと教育者をつなぎ、芸術交流プログラムを展開するために Phakama を設立。地域の特色を生かしたサイト・スペシフィック・パフォーマンスを創作することで人種、言語、年齢、経験など様々な違いを乗り越え、交流の道を切り開いた。Phakama の手法は「ギブ＆ゲイン」というヒエラルキーのない教育哲学で、誰もが教師であり生徒であるという、双方向の学びをモットーとしている。

可児市国際交流協会「さつき教室」について

　外国人が人口の約 5.3％を占める岐阜県可児市の NPO 法人可児市国際交流協会では、外国につながる子ども達に様々な就学支援を行っている。2009 年には日本の高校への進学をめざす子ども達を対象として「さつき教室」の運営を開始した。すでに義務教育の就学年齢を過ぎた 15 歳から 20 歳までの青少年を受け入れ、日本語指導や教科学習、体験学習、また進学に関するガイダンスを通年で行っている。

■アクセス

JR 東海道本線「穂積」駅下車、「名古屋」駅から 27 分
朝日大学スクールバス（無料）で 5 分
http://www.asahi-u.ac.jp/inf/f_bus.html#bus
東海道新幹線「岐阜羽島」駅下車、車で 20 分
〒501-0296　岐阜県瑞穂市穂積 1851

■問い合わせ先：

朝日大学 経営学部 松井かおり
Email: kaori-m@alice.asahi-u.ac.jp
TEL:(058)329-1321

助成：2015 年度朝日大学教育推進事業助成、2015 年度朝日大学経営学部研究助成、平成26年度-28年度 科学研究費基盤研究(C)「多言語多文化社会に生きる子ども達のドラマ活動の意義と可能性の研究」（課題番号26381047 松井かおり代表）

 大和日英基金

1. パカマ——実践における相互関係の本質——

キーヴァ・マカヴィンシー

「ギブ&ゲイン」は，ただ１人の声を表明することではない。それは共同で創作にあたることを意味する。ギブ&ゲインが重要なのは，学ぶ立場と教える立場に同時に立つことができるからだ。それは相互関係の本質である（Ali Zaidi, 2015）。

第一幕

　日曜日の昼下がり，朝日大学キャンパスの現代的な建物のロビー。50人の観客がエレベーター付近に集まり開演を待っている。遠く，長い廊下の奥に，自転車に乗った若者が少年と話しながら，私たちの方へとゆっくり向かってくるのが見える。観客はためらいがちに辺りを見回す。これは劇の一部なのだろうか？　自転車の若者と少年はこちらに向かって歩いてくる。彼らはにっこりと笑うと私たちを出迎える。若者は自転車について説明すると，どこに行き何をしてどんな人間になるのかといった可能性の世界を自転車が広げてくれるのだと続ける。そして私たち（観客）が１人で，または皆と一緒にどこを冒険するのか，考えてみるよう促す。観客は耳を傾けているが，まだ廊下の方をちらちらと見ている。他の演者はどこにいるのだろうか？私たちは陽の光が眩しい部屋へと案内され，床には世界地図の描かれた長方形の紙がマスキングテープで仕切られている。テープは地図の上に立つ15人の若者を囲んでおり，私たちが部屋に入っていくと彼らはまっすぐこちらを見てくる。私たちは部屋の境界線に沿って列を作って進む。そして待つ。これから何が起こるのだろうか？

第二幕

　劇の後半，観客は廊下を挟んで向かい側に位置する２つの広い教室へと導かれる。身体の形に切り取られた紙が，両部屋の床に置かれている。それぞ

れの身体は青色の絶縁テープで縁取られ，床の上で青い薄紙の海に囲まれている。これは「私」を表す島々であり，自分たちにとって特別な物を手にした若者たちが配置されている。観客が部屋に到着すると歌に出迎えられ，島を擦り抜け合間を通って進んで行くよう促される。若者たちは私たちを一人ずつ島へと招き，彼らが持っている物について，なぜそれが彼らにとって重要なのかについて説明している。人々の間には打ち解けた会話の中心ができ，ときおり異なる言語が交わされている。言葉の意味がわからなくても，「これが私です。私についてのお話をしています」という意味合いがはっきりとうかがえる。観客は若者たちの話に耳を傾けている。物や会話が観客の記憶や繋がりをもたらすきっかけとなり，観客は若者たちとの深い会話にのめりこんでいく。私は気がつくと，中国から来た，3つの赤いジャグリング用のスポンジボールを持った参加者と会話をしている。彼はスポンジの感触が好きだと言い，誰か悲しんでいる人がいるとジャグリングをして気を紛らわせてあげるのだという。彼に何かマジックを知っているかと尋ねられると，これをきっかけに長い間忘れていた記憶がよみがえった。5歳だった私がアラスカに住んでいたジャック大叔父さんと会ったときのことで，彼が1970年代にアイルランドを訪れた際に，ハンカチが消えるトリックを教えてくれたのだった。劇のこのセクションは観客と演者が島から下りた時点で終わり，島の周りには一緒に歌を歌いながら手を繋ぐ大きな円ができた。観客は演者から切り離されるのではなく，その一員となったのだ。

第三幕

　およそ1時間後，観客は廊下にいる。集まって壁にもたれながら笑っており，人々の「バス」の一群が私たちの方へと猛烈な速さで進んでくるのを待っている。蛇行運転する人がいれば，大きな歌声を響かせている人，地図を凝視している人もいる。その地図は参加者の頭上に広げられたまま，可能性が無限に広がっていると感じさせてくれる。観客はいつの間にかこの想像上のバスに押し込まれている。私たちはバスの一員となり，旅の向かう方向へと体を揺らしている。話したり押し合いへし合いしたりしながら廊下を進み，エレベーターのそばでバスを降りる。私たちは可能性という冒険を共有

した旅の終わりに到達したのだ。演者はエレベーターや周囲の吹き抜けの階段にはけていく。観客は出発地点のロビーへと戻ってきた。お互いに顔を見合わせる。共有した異なる世界への旅を経て，今ではお互いのことを知っている。これは劇であり，私たちはその一部であることを理解している。

　この３つの場面は，『*Landscapes of the Unknown*（2015）』（PIE プロジェクトのなかで創作発表した即興劇）の一こまである。これは，さつき教室（在住外国人の子どもの進学支援教室）に通う若者と朝日大学の経営学部および看護学科の学生が，非常に特異的なパカマの創作アプローチを用いて１週間をかけて考案したサイト・スペシフィックな（作品がある特定の場所に帰属するような表現の在り方をした）演劇である。この３場面を抽出したのは，ためらいがちな個々の様子から，協力的に参加する様子に至るまで，パカマの観客の体験をはっきりと描き出しているためである。多彩な参加過程におけるこの推移は，『*Landscapes of the Unknown*』を考案し演じた若者たちが体験したプロセスが加速的に表現された描写でもある。本章では，参加型演劇演習としてのパカマがどのようにして，参加者がコミュニケーション方法を試しリハーサルできるような仕組みや招きを構築しているのかを分析する。パカマを通して，参加者は共同作業や難しい連携，共同制作，ケアを大切にする社会関係を具現化するための共通アプローチを発展させる。突き詰めるとパカマは，芸術家 Ali Zaidi が考察するように，実践における「相互関係の本質」なのである。

（1）パカマ：アプローチの進化

　パカマは参加型演劇を創作するアプローチであり，南アフリカやレソト，英国，インド，アイルランド，ブラジル，アルゼンチンといった国々の芸術家や芸術教育実践家のネットワークにより，20 年以上にわたって演習が行われてきた。この演習にとって試練となったのは，南アフリカと英国から集まった芸術家や教育者とともに１ヵ月にわたって行われた試験的な研修である。1996 年７月にヨハネスブルグ郊外のベノニで行われたこの研修は，Sibikwa Community Theatre とロンドン国際演劇祭（LIFT：London

International Festival of Theatre）がファシリテートしたものだ。Sibikwa Community Theatre プロジェクトは，1988年に Phyllis Klotz と Smal Ndaba が創設した。過去30年以上にわたり，このプロジェクトは芸術による研修や現地の南アフリカ作品の発展を通して，コミュニティが南アフリカの社会情勢・政治状況・経済的展望をナビゲートする支援を提供するという根本的役割を果たし，地元，国内，さらには海外でも新たな観客に見てもらおうと心血を注いできた（Roberts 2015: 17-42）。ロンドン国際演劇祭（LIFT）は，Lucy Neal と Rose de Wend Fenton が1979年に創設し，国際的な共同制作やサイト・スペシフィックな演劇，コミュニティ内や他コミュニティとの共同作業において，新たな領域を先駆けて発展させてきた（de Wend Fenton and Neal, 2005）。アパルトヘイト体制が終わり南アフリカで初の自由投票が行われた2年後，この研修では国際協力や演劇創作技術の共有に対する実質的な政治的関与を具現化し，このモデルは南アフリカ全域に適応され，採用されるものとなった。「パカマ」は「立ち上がり，気持ちを高め，自分に自信を持たせる」という意味を持つコーサ語で，この演習に不可欠なものという意味と，協力して達成するものという意味を表現している。パカマは，参加型演劇にとってなぜこのアプローチが重要であるかという目的を示す言葉であった。

　アパルトヘイト体制時の文化的ボイコットと言えば，芸術家や教育者が国際的な専門家ネットワークと持続的な共同作業に従事する機会が限定されるという事態を意味していた。Sibikwa・LIFT 研修は，こうした状況に対処するものであった。多様な専門スキルを持つ多様な経歴のイギリス人芸術家4名が，中学校から少年院に至る幅広い教育施設に従事している南アフリカ全域から集まった8名の芸術教育者と集中的に作業にあたった。研修に関わった人たちは皆，何世代にもわたる暴力・虐待・不平等というトラウマに傷を負いながらも新たな政治的未来の可能性に希望を持つ人々をナビゲートするという類まれな状況に対し，十分な注意を払った。研修開始から2週間にわたって，グループは自身の専門知識を共有し，教育についての異なるイデオロギーについて，とりわけ教師と生徒との関係性や，知識を共有し発展させる方法を，さらには新しい演劇脚本を上演する際の監督と作家の役割につ

いて議論を交わした。植民地の歴史，人種，そしてイギリス人芸術家によっ
て「もたらされた」専門知識の権威に対する敬意と抵抗は，すべての交流に
広がっていった。一方で，この研修は確立した方法論を一つの「専門家」グ
ループから他の実習生グループへと広めることを目的とした演劇訓練プログ
ラムではなく，むしろ参加者全員の経験や専門知識を認め，お互いから積極
的に学び合うという演習によって教師や生徒の階層的役割を剥奪し，作業を
主導し創造する責任をすべての人が共有するという状況下で共同作業すると
いう新たなアプローチを築き上げることに注力した。この研修を通して，演
劇を立案する新たなアプローチが，実験の貫徹，対話，省察，相手への絶対
的な信頼のなかに練りこまれていった。個人の物語や人が中心となる学びの
原則に敬意を払いながら，サイト（会場）に遊び心を持たせ情報を得ていく
アプローチが取られている。研修第3週目には，ベノニ周辺の学校や街から
50名以上の若者が加わり，最初に集まった芸術家や芸術教育者チームはフ
ァシリテーターを務めた。彼らはともに，サイト・スペシフィック演劇の
『*Bulang Dikgoro/Open the Gates*』（1996年）において，遊歩道をステージ
にして上演するという特異的な演劇創作アプローチを試みたが，これは当時
の南アフリカに対する若者たちの希望や懸念とはっきり向き合ったものとな
った。

　それから20年以上経つが，この実験的に行われた研修の反響は今なお時
空を超えて広がり続け，階層的ではない共同作業の精神が地元の伝統芸能と
の対話に持ち込まれている。インドではパカマの文化的演習に若者が参加
し，『*The パカマ Way*（2002）』のなかでカースト制度の不平等性を検証し
た。『*Message in a Bottle*（2012）』では，ヨーロッパ6ヵ国から集まった60
名を超える若者が，公平な温暖化対策と水管理における民主的な手法
（water democracy）の問題を取り上げた。『*Tripwires*（2012）』では，ロンド
ンの若者たちの多文化グループが，検閲と表現の自由における法的・文化的
実践について国際的な考察を繰り広げた。移住や亡命，避難場所の探求，ア
イデンティティを求めた交渉などの経験は，『*Strange Familiars*（2003）』に
構想をもたらした。英国ではプロジェクト・パカマ UK という芸術団体が，
国際協力を通じてこのアプローチの遺産を伝え続けている。2015年にプロ

ジェクト・パカマ UK は，田室寿見子氏（Sin Titulo：シン・ティテューロ）および松井かおり氏（朝日大学）から日本に招待され，東京の劇場や，岐阜県の朝日大学経営学部および看護学科の学生たち，そして日本に移住した外国人家族の子供たちが通うさつき教室の若者たちに，その創作活動を共有してほしいとの要請を受けた。『*Landscape of the Unknown*』は，異文化が人生にもたらす影響の難しさや，アイデンティティを自分で構築する可能性について，若者たちがいかにしてうまくナビゲートしていくかを掘り下げた作品である。主題や背景が多様な範囲に及ぶなか，この作品のすべてにおいて「過程・交渉・ハプニング（processes, relations and happenings）」（Schechner 2002: 1-2）に参加するという共通の約束事を共有しているのだが，この「過程・交渉・ハプニング」は，観客と交流する準備ができている，観客と交流しなければならないと感じさせるような空間を作り上げるなかで生じる。

(2) 参加させる仕組み

　パカマ・プロジェクトの「過程・交渉・ハプニング」は，「準備する，劇を創作する，称賛する」という3つの異なる段階を備えた総合的な仕組みのなかにある。「準備する」段階では，パカマアプローチは個人の創造性や個々の活躍を支持する一方で，個人の貢献を促す。これには，「主催する，ギブ＆ゲイン，文化共有」という3つの側面がある。この3つは，プロセスを立案するための準備またはその結果というだけでなく，プロセス立案における，またプロセス立案自体の演習でもある。本章ではとくに，ギブ＆ゲインと文化共有に焦点を当て，このアプローチを模倣しファシリテートするパカマの演習について詳述する。

　計画されたものであれ偶発的なものであれ，真剣なものであれ楽しいものであれ，深遠なものであれ表面的なものであれ，パカマにおけるすべてがグループ制作の過程に関係しており，劇の素材になり得るものを生み出す。共に経験した出来事から何かが生じるはずだという信頼感があり，それは観客と共有する価値のあるものとなる。パカマは参加者に対し，自分たちが重要な経験だと感じるものはすべて演劇の要素として構成することができるし，またそうすべきだと話している。

(2−1) 非階層的な共同作業：ギブ＆ゲイン（Give and Gain）

　パカマは，部屋の中にいる人と一緒に，また，そこにある物を使って演じる。ギブ＆ゲインのエクササイズは，各人のスキル，能力，興味という点における特異性を特定することから始まる。劇の内容だけでなく，その形式を具現化する。ギブ＆ゲインは，従来の肩書きや年齢，文化または経験に服従する行為に異議を唱え，年齢，階層，性別による分裂を超えた連携を促す。すべての人に平等という契約に参加するよう促す。ギブ＆ゲインは，共同的な演習を良しとするだけでなく，創作過程の中心とする。ギブ＆ゲインは明確であり，称賛される。

　ギブ＆ゲインの車輪を通してこの原則は目に見える形に表現されており，創作活動が行われている間，常に掲示されている。責任を共有しているという契約を常に思い出させるものであると同時に，参加者全員の才能やニーズに応えるという約束を表している。Andrew Siddall（2014）はこの重要性を次のように強調している。

　　全員の目に止まるよう，ギブ＆ゲインの車輪は参加者のすぐ近くにある。誰か一人だけでなく，全員が目にする。車輪は成長する。自分自身が見えてくるだけでなく，他の人がどこに当てはまるかがわかる。自分たちの強みと弱みがどこにあるのかがわかる。この視覚的資料を見ていると，最初の数分間で劇を形作ることが可能だと言っても良い。ファシリテーターとしてだけでなく，グループ全体として，私たちの興味がどこにあるのかが見えてくる。

ギブ＆ゲインはコーディネーターやファシリテーター，参加者を含むすべての人が参加しなければならず，それゆえ，全員が教師であると同時に生徒としても演者になる。これにより，立場においても演習においても平等性が促進される。このプロジェクトではすべての人が行動する。誰も，他の誰かに何かをするよう指示することはない。

　パカマが絶対に作らなければならなかった，すべての参加者の声が聞き届けられるための仕組みは，特定の歴史的・文化的背景から発展しており，これが最初の国際共同制作を形作ることにつながった。アパルトヘイト体制（1948〜1994年）の終わりから2年後の1996年，南アフリカは横行していた暴力に未だ動揺していた。多文化が調和する「虹の」国としての南アフリカ

再構築にまつわる言葉が普及していた。真実和解委員会（TRC：Truth and Reconciliation Commission）が国民統合政府によって設立され，加害者と被害者の両方が自身の経験を告白することができるようになり，処罰される人も出た。一方で新たに浮かび上がってきたのは，「虹の国主義」が黒人の不平や懸念を黙らせるための方法として展開されてきたこと，真実和解委員会の取り組みはどちらかと言えば白人の罪悪感を和らげるためのものであったこと，発展しつつある民主主義社会は単に「アパルトヘイト後のアパルトヘイト」となるに過ぎないという見解であった（Fikeni 2016）。この時代背景から現れた最も重要な概念の一つが，ubuntu についての理解である。

Ubuntu はバンツー人（黒人）の表現で「個性を持った人であること」，より大まかには，人間性または人間らしさと訳される。南アフリカで生まれた言葉と思われているが，多くのアフリカ言語に出現する言葉であり，植民地時代後の様々なアフリカ解放運動を支える哲学を形作った。Archbishop Desmond Tutu は，自身の著書『*No Future Without Forgiveness* (1999)』の中で真実和解委員会の委員長を務めた時のことを振り返りながら，「(Ubuntu は) 人間であることの本質を訴えている (……) 私たちは一束の人生の一員である。『人は他者を通して人となりうる』と言う。『我思う，ゆえに我あり』とは違う。むしろ，『私は属する，ゆえに人である』と言える。私は参加し，共有する」(Tutu, 1999: 34-35) と述べ，この言葉を社会そして世界に広めた。反アパルトヘイト運動の間，またアパルトヘイト後においても，ubuntu という言葉は新しい国家を築くための基盤の哲学として再び主張された。その重要性は，1993 年に南アフリカ暫定憲法に次のように記されたことで正式なものとなった。「理解は必要だが，迫害の必要はない」『Truth and Reconciliation Mechanism (1993)』。Ubuntu の中心にあるのは，「他者」への責任を負う，「他者」に共感するという概念である。Michael Onyebuchi Eze (2010: 190-191) は次のように詳述している。

　　この理想主義は，人間性とは個人としての私の人格の中だけに埋め込まれているものではなく，私の人間性は実質的に他者と私の相互関係の中に備わっているものであることを示唆している。人間性は私たちがお互いに支え合わなければならない質である。私たちはお互いを形作り，この他者創造を継続してい

かなくてはならない。私たちが
お互いに属するのであれば，私
たち自身の創造に参加している
ことにもなる。あなたのおかげ
で私たちがあり，あなたがいる
からこそ，疑いなく私がいるの
だ。

パカマは，参加者すべての相互関
連性をはっきりと認めるプロセス
や，私たちがお互いに対して担う
責任や思いやりを，こうした風土
の な か で 発 展 さ せ て き た。
Ubuntu の概念では，個人が属す
るグループやコミュニティ，社
会，世界に何かを与え（ギブ），
そこから何かを受け取っている
（ゲイン）。

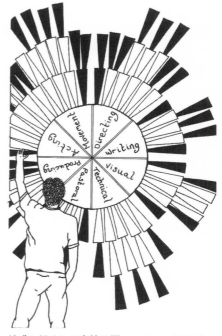

ギブ&ゲインの車輪の図 - Andrew Siddall

　ギブ&ゲインの発展は，1970
年代の漸進的な教育運動の影響も受けている。Dorothy Heathcote と Gavin
Bolton が主導したこの教育運動は，子ども中心の学習アプローチには芸術
実践者が適していると考えている。教育哲学者・実践者の Heathcote と
Bolton は，アメリカの哲学者であり心理学者，教育改革者でもある John
Dewey（1859〜1952）の影響を受けている。Dewey は 20 世紀の変わり目に，
急進的な一連の教育理論を展開した。その理論は知識の吸収とは対照的な
「行動」に根差し，Dewey は教室内の民主主義の重要性を強調した。
Dewey は，共同で協力して作業し，問題を解決し，クリティカル・シンキ
ング（Palmer, 2001）を応用することを生徒に求める経験的学習を信条とし
ていた。Dewey の理論や影響を直接的に活用したアメリカ人の人間性心理
学者 Carl Rogers（1902〜1987）は，来談者中心療法を発展させ，クライアン
トやセラピストを（Rogers の言葉を借りれば）ファシリテーターとして自己

理解することに焦点を当てた。Rogers は，人が精神的に「成長する」ためには明白な信頼性（率直さや自己開示性），受容（無条件の肯定的配慮をもって理解されること），共感（話を聞いてもらい，理解してもらうこと）(1959) といった個性が花開くための環境が必要であると考えた。Rogers はこの理解を教育にも適用し，人は自己の構造の維持または強化に関与するとみなした事柄のみを学ぶため，学習者自身への脅威は最小限に削減しなければならないと考えていた。人は他者に直接的に物事を教えることはできず，他者が学びに関わる手助けをすることしかできないと考えた (Rogers, 1994)。

　この他に多大な影響力を受けたのが，ブラジル東北地方の成人学習者との研究から発展した Paulo Freire (1921-97) の批判的教育学で，『*Education as the Practice of Freedom* (1967)』と『*Pedagogy of the Oppressed* (1968)』の参考となった。Freire は，どういった形であれ教育はあらゆる社会的交流に内在する抑圧の関係から逃れることはできないと考えた。教育を政治的活動と見なし，それゆえ2つの主要機能があると考えている。第一に，批判的意識を発展させなければならないということ。それによって，参加者が自己を世界の主題として構築し，ひいては自身の人間性を取り戻すことができる。第二に，教育においては，参加者に質問し，最終的には参加者の歴史的・社会的状況を変える能力を提供しなければならないということ。Freire は教師と生徒の対話のやりとりについて述べており，お互いから学ぶことがたくさんあると考えているが，これはパカマにとっても重要なことであった。彼の教育学は質問，省察，参加に基づいている。Freire の概念はAugusto Boal の劇場型の批判的社会研究（『被抑圧者の演劇：Theatre of the Oppressed』）の基盤となり，南アフリカの Steve Biko が関わった黒人意識運動の中核を成した。そこから，「闘争の劇場 (Theatre of Struggle)」と称される黒人居住区の演劇が出現した (Palmer, 2001)。

　立案の過程において，パカマは若者たちを架空の設定に入れることはない。演劇の創作は，解決しなければならない，まさに現実の問題である。一週間のうちに私たちの物語を目にする他のグループの人々と，どうしたら私たちの物語を共有できるだろうか？ ギブ＆ゲインのアプローチの中心では，明確な権力の再配置，つまり教師と生徒，アーティストと参加者とを区分す

る境界線は，全員が共同制作者となるまでにゆっくりと不鮮明になってい
く。各人には語るべき物語があり，各人にはそれを伝える他者が必要であ
る。ギブ＆ゲインは立案の過程や演劇に仕組みを与え，パカマのすべての演
習を支えている。ギブ＆ゲインは個人とコミュニティを，文化的平等性と責
任の共有を大切にしている。ギブ＆ゲインは団結と信頼に依存するが，同時
に団結と信頼を築き上げるものでもある。

ギブ＆ゲインの車輪

グループの規模によっては，作成に１〜４時間かかることがある。

事前準備：

- 色付きカードや紙を何枚か切り，長い三角形を作る。およそ８センチ（約
  20 cm）ほどの長さにする。各参加者とファシリテーターに赤色の三角形
  と黄色の三角形を一枚ずつ用意する。
- ワークショップを行う部屋の壁に貼る「車輪のハブ」：大きな紙に半径１
  メートルほどの円を描き，車輪のようにいくつかに区切る。スポークを円
  の外まで伸ばす。それぞれの区切りには，実施する作業の特徴・活動・分
  野を書く（制作，演者，デジタル・メディア，記録，ダンス，助言者な
  ど）。項目はプロジェクトの目的によって異なってくる。「雑用」の項目も
  必要になる。特徴・活動・分野の項目は，円の内側にある各区切りの中に
  記載しなければならない。マスキングテープで紙をしっかりと壁に留め
  る。

アクティビティ：

- 前提を説明する ——「ファシリテーターと参加者の皆さんは，誰もがこの
  プロジェクトに何かを与える（ギブ）と同時に，プロジェクトから何か得
  る（ゲイン）ことができると考えています。与えたいものについて，また
  自分が得たいものについて話し合うことで，お互いにギブ＆ゲインできる
  ようになります」
- 「車輪のハブ」を見せ，プロジェクトを構成するために必要な特徴・活
  動・分野について説明し，何か欠けているものがないか質問する。プロジ
  ェクトによっては事前に見出しを埋めてしまうのではなく，この時点でグ
  ループの皆で見出しに書く内容を決める場合もある。
- 各人に黄色の三角形を渡し，名前とプロジェクトに与えることのできる

　　（与えたい）スキル，能力を書いてもらう。この紙は見出しの下に貼る。
　　詳しく書くよう促す（ピアノ実技グレード8，ジャンベ（打楽器）の演
　　奏，ビヨンセの歌を歌う，コメディ劇を演じる，ガンブーツダンス（長靴
　　ダンス）を踊るなど）
・　各人に赤色の三角形の紙を渡し，名前とプロジェクトから得たいスキルや
　　能力を書いてもらう。
・　全員が，赤や黄色の三角形の紙を適切な見出しから伸ばした車輪の上に貼
　　る。三角の長い先端は，円の方を指し示すように貼る。最終的に車輪がど
　　のように見えるか最初に理解した人が，一番手を務めると進めやすい。参
　　加者やファシリテーターは，綺麗な形になるよう助け合う必要があるかも
　　しれない。
・　グループの性質や参加者の数に応じて，実践する方法はたくさんある。こ
　　れまでに私たちが行ってきた方法をいくつか紹介する。(a) 参加者が1人
　　ずつ前に出て三角形の紙を貼る間，他の人たちが歌を歌う (b) 参加者は1
　　人ずつ前に出て，三角形の紙を貼る前にグループの人たちに向かって書い
　　てあることを読み上げる (c) 録音された音楽や生のパーカッション演奏
　　に合わせて，それぞれの参加者はギブ＆ゲインの車輪に向かって踊りなが
　　ら，三角形の紙を貼る。(d) 参加者が個別にギブ＆ゲインを発表すること
　　に自信を持てない場合は，グループで作業するように勧めることもでき
　　る。また，他の人が作業を行っている間に三角形の紙を貼ってもらっても
　　よい。

省察：
・　省察を主導する ── 車輪を眺めながら，プロジェクトやお互いについて，
　　何を学ぶことができたか考えてもらう。プロジェクトを行っている間は貼
　　ったままにしておき，時々戻ってきて眺めてみる。

（2‑2）文化の共有：世界の地図を描く（Mapping the World）

　　パカマでは，異なる人口動態グループを一つにまとめることに興味があ
る。例えば，国や人種，世代を超えたプロジェクトを行ったこともあれば，
亡命希望者をイギリス人と，または様々な社会カーストのインド人の若者と
一緒にしようと試みたこともある。さらに，それぞれのプロジェクトにおい
て，パカマはファシリテーターや参加者が特定の文化経験や期待を持ち寄

る。そこには知識や信念，態度，価値感，目標，慣習，社会的慣行，アイデア，風習，社会的行動やアイデンティなども含まれる。より広い文化的状況に由来するものがあれば，個人の特定の経験の中で生まれたものもある。「共有」という言葉が使われているのには，自分が望むようにできるだけ多く，またはできるだけ少なく「共有」する権限が個人にあるためである。「交換」は義務ではないが，個人が選択した場合には，共有を促す仕組みが用意されている。文化の定義や，共有するかどうかの決断は参加する個人の手中にある。社会学者 Richard Sennett の，必要ではあるが難しい形とした，社会的慣習としての共同制作についての概念は，パカマの原動力を理解するのに役立つ。「Mapping the world」はパカマのエクササイズの一つであるが，文化的相違という背景のなかで交渉による協力関係のモデルを明確にしている。

　Richard Sennett は自身の著書『*Together: The Rituals, Pleasures and Politics of Co-operation*（2012）』のなかで協力関係と相違について考察しており，「異なる，または相反する興味を持つ人たち，お互いに対する印象が良くない人たち，平等ではないまたはお互いのことを単に理解していない人たち」と共同するときに必要な『難しい』種類の協力関係を特定している(6)。Sennett は，協力関係には「ともに行動するためにはお互いを理解し，お互いに応える技術が必要となるが，これは厄介なプロセスで難しさと曖昧さに満ちており，ときには破壊的な結果を招くことがある」（2012）と認めている。Sennett は，難しい協力関係において必要となる3つの社会術を定義している。

1) 交流は（弁証法的とは対照的に）対話的であるべき：意思の疎通は，言葉の裏にある意図に注目する。解決策を探す，または合意点に達する必要はない

2) 表現は（宣言型とは対照的に）仮定法にするべき：表現は，より多くの対話を行うスペースを残しつつ，支配や正しくあるべきことを望む気持ちを我慢する

3) 社会交流は（同情的とは対照的に）共感的であるべき：意見の交換では，他者を客観的に興味や疑問に思っていることに向かわせ，関わりを促進する

　Sennett は，幕引きよりも切り開くことを，話すことよりも聴くことを，明確性よりも不明確性を，特定することよりも好奇心に特権を与えている。すべてのパカマ演習のように，Mapping the World エクササイズは，体系的な空間を提供し，その中からこうした交流が出現する。このエクササイズは共同で行うタスクから始まるが，地図に対する責任を全員が共有する。タスクは地図を作り直すことだが，それを正確かつ完璧に行うことは不可能であると言うことこそが，参加者に創造的な解決策を探すよう促している。地図を作り直す方法についての指示はないため，会話の交流を通して解決策を見つけなければならない。完成品は「正しく」ないかもしれないが，決まって一緒に作り上げた人たちの精神と努力を捉えたものとなる。

　その後地図は，参加者が自身の旅を探索し，他者の旅を見たり聞いたりするプラットフォームとなる。ステージのようになっているため，耳を傾け，話を聞いてもらうきっかけを作ってくれる。このエクササイズでは，どのように貢献するかといった内容の指示はない。それぞれの貢献は，自分自身をはっきりとさらけ出させると言うよりも，自身の側面である。自分の好きなように提示してよいのだ。世界地図の中で選んだ場所は昔を振り返って思い出している場所のこともあれば，そこに行ってみたいと思う場所であったり，または完全に空想の場所であるかもしれないし，過去や未来を表していることもある。このエクササイズでは，自分自身を表現することが求められるが，それは実際に起こったことだけに限らない。現在の自分がどう言う人物なのか，どういった人物になりたいのかを理解して提示し，他者が自分をどのように見て，どのような人物になると考えているかを知ることを求めている。『*Landscapes of the Unknown*』のように，Mapping the World エクササイズでも物が使われることがある。参加者は地図のところへ行き，自身の物を置いて，その物との関係性について話すよう求められる。誰かが物語を話すと，私たちはその人たちや彼らの物を気にかけずにはいられないことに気がつく。参加者は，物理的で物質的なものでも，あるいは経験や夢などであっても，お互いの物に関心を持つようになるのだ。

　Mapping the World は世界をともに作り上げることを楽しむプロセスである。共通点の発見と文化的相違の承認である。Mapping the World や，よ

り一般的に文化共有に対するパカマアプローチでは，世界は輝かしい本質，色彩，そして文化に対する個々の経験に特異的な詳細に溢れており，私たちの経験は常に他者と関連していることを受け入れる。

Mapping the World

事前準備：

・ 大きな世界地図をコピーした紙を，マスキングテープで 6 つの区画に分け（a〜f），太い黒マジックで国，大陸，島などをはっきりと描く。地図ができあがったら，みんなが見ることができるように，壁に貼り出す。

・ 床をマスキングテープで 6 つの区画に分ける（a〜f））。壁に貼った 地図のイメージを投影させる。

アクティビティ：

・ 6 つの小グループに分かれる。

・ 床の上に四角く区切られた 6 つの区画を，1 グループが 1 つ担当を決めて，持ち場を持つ。壁の地図のなかの，担当部分の地図を可能な限り正確に床に再現する。約 20 分間。全員が参加できるようにする。

・ グループ活動が進行したら，次のような助言を与える。a）国境付近の作図は，隣のグループと相談をして進める　b）どんな国も省略しない　c）極小の島々についても，忘れずに描く　d）もし知らない国の担当になったら，友達に聞くか壁の地図をじっくり観察することなど。

・ 床の地図の端に立って地図を観察し，自分の担当のところでなくても協力してきれいに仕上げるように頼む。

省察：

・ 地図を身体表現，思い出，ストーリーテリィングや想像といったパフォーマンス　のためのプラットフォームとして使う。あるいは，参加者たちが自分語りをするための地図として活用する。どのような形であれ，パフォーマンスのプラットフォームとなるように利用する。

---

(3) 行動としてのケア

Joan Tronto は自身の著書『*Moral Boundaries: A Political Argument for an Ethic of Care* (1994)』のなかで，ケアを体験の中心として捉え，「できる限り充実した人生を生きられるように，自分たちの『世界』を維持・継続・修復するために行うすべてのことを含む，人間の活動として見なされる」

（103）と考察している。Tronto は，私たちは誰もが相互依存的であると言う前提のもと，ケアを感情（感じ方）ではなく，実践（実施するプロセス）だと位置づけている。Tronto はケアの実践を，ケアに対するニーズの特定（caring about），そのニーズに応えるために責任を負う（taking care of），ケアを提供する実質的な作業（care-giving），提供したケアがニーズを満たしているかの評価（care-receiving）という 4 段階に分けている（106-108）。この実践から，Tronto はそれぞれの段階に対応する 4 つのケアの倫理的要素——注意深さ（attentiveness），責任（responsibility），適正（competence），応答性（responsiveness ）を描き出している（127-135）。Tronto が詳述する形のケアは，パカマにおいて関係性が作られ維持されている方法に浸透している。参加グループ同士が交わすはじめの頃の会話や，個人間での歓迎の言葉，創造的な演習の質，プロジェクトの主催および評価という一連の作業の奥深くに，ケアの要素が普及している。

パカマは，コミュニティアート作品に用いられてきたこれまでのやり方や，芸術家や芸術家集団がゲストのようにコミュニティにやってきて介入を行うケア提供者と社会的弱者集団のような学習環境を廃止した（Thompson 2003, Nicholson 2005）。パカマでは，相互依存，つまりコミュニティがお互いに何をもたらすことができるか，という点を強調している。すべての参加者がケアを実践する責任を負い（caring for），ケアを反復する（caring with）役割を担う権限を与えると同時に，この役割を担うことを求めている。全参加者はプロジェクトに対し，またお互いに対し責任を負うことを受け入れなければならない。すべての関係者が（お互いのニーズの特定に）注意深く，（お互いのケアに）責任を負うためには，パカマ・プロジェクトでの連携を計画するすべてのグループで，適正（ケアを行う能力）を探求し見極めることが重要となる。適正な能力には序列はないが，序列というものはどこにでも散見されるからだ。

(4) 結論

パカマは，教育的，社会的および文化的な関係を示す演習を提供する。パカマは，学びとは個人が尊重される環境において強化され得る双方向のプロ

セスであることに気付かせてくれる一方，様々な背景の人々を集められる空間や時間を提供しなければならない。また，創造性と人間性を尊重する。パカマは，関係性や持続的な社会を構築しようとするのであれば，相互依存的な演習が必要であると主張している。評価制度が複雑さを増す一方，教育システムは学習の度合いを試験し，較正し，判断しなければならないというプレッシャーが増えるような社会や，保護主義が境界線や監視という政治活動を支持するような社会，そして人々は身の程を知りそこに留まるよう求められるような社会のなかで，パカマは単にこうした動きを批判するだけでなく，これに抵抗し，別の選択肢を提供している。パカマは単なる理想郷の夢の話ではない─演劇創作によって，代替案が生み出す価値をステージに上げ披露できるような文化的・学習的スペースをいかに築き上げることができるのか，模範を示しているのだ。

謝辞

本書は一部分を，Caoimhe McAvinchey, Fabio Santos および Lucy Richardson 著の『*Phakama: Making Participatory Performance*（2017, New York and London: Bloomsbury）』より抜粋している。

参考文献

de Wend Fenton, R. and L. Neal（2005）. *The Turning World: Stories from the London International Festival of Theatre*, London: Calouste Gulbenkian Foundation.

Eze, M. O.（2010）. *Intellectual History in Contemporary South Africa*. New York: Palgrave Macmillan.

Fikeni, L.（2016）. 'Lwandile Fikeni's Ruth First Speech on Rage in the Rainbow Nation is Indispensable' in *Mail and Guardian*, 18 August, http://mg.co.za/article/2016-08-18-protest-art-and-the-aesthetics-of-rage-social-solidarity-and-a-post-rainbow-sa [accessed 10 October 2016].

Nicholson, H.（2005）. *Applied Drama: The Gift of Theatre*. Basingstoke: Palgrave Macmillan.

Palmer, J.（2001）. *Fifty Modern Thinkers on Education*, London: Routledge.

Roberts, S.（2015）. 'The Pioneers' in Middeke, M., Schnierer, P., and G. Homann

(2015), *The Methuen Drama Guide to Contemporary South Africantheatre*, London: Bloomsbury, 17–42.

Rogers, C. (1959). 'A Theory of Therapy, Personality and Interpersonal Relationships as Developed in the Client-centred Framework' in (ed.) S. Koch, *Psychology: A Study of a Science. Vol. 3: Formulations of the Person and the Social Context*. New York: McGraw Hill.

Rogers, C. and H. Freiberg (1994). *Freedom to Learn* (3rd Revised Edition), Upper Saddle River, NJ: Prentice Hall.

Schechner, R. (2002). *Performance Studies: An Introduction*. Lonond and New York: Routledge.

Sennett, R. (2012). *Together: The Rituals, Pleasures and Politics of Co-operation*, London: Penguin.

Siddall, A. (2014). Interview at Queen Mary University of London, 16 December.

Truth and Reconciliation Mechanism, 1993. [https://peaceaccords.nd.edu/provision/truth-or-reconciliation-mechanism-interim-constitution-accord] [accessed 12 June 2016].

Thompson, J. (2003). *Applied Drama: Bewilderment and Beyond*. Oxford: Peter Lang.

Tronto, J. (1994). *Moral Boundaries: A Political Argument for an Ethic of Care, Routledge*: London and New York.

Tutu, D. (1999). *No Future Without Forgiveness*, London: Rider

Zaidi, A. (2015). Interview at London Metropolitan University, 20 March.

Word count: 5447 before references; 5735 with references.

2.「海は広いな　大きいな」
──多文化パフォーマンスが人と人の心をつなぐ──

コリン・ミカレフ，チャーリー・フォロロンショ

はじめに：パカマと日本の子ども達との出会い

　日本のある穏やかな街角に佇む気取りのない会館に，様々な年齢の若者たちが昼食を共にしようと集まっていた。部屋は，会話と笑い声，喜びと活気に満ちている。料理をする人，食べる人，おしゃべりを楽しむ人，音楽を聴いている人，映画を見る人　──このありふれた日常の風景は，その実非日常的だ。なぜならここには5カ国から集まった若者がいて，彼らの間にひとつの共通言語があるわけでもなく，そしてこの日は彼らが出会ってたった2日目だからだ。けれどもそこに他者を見定める視線や恐怖心といったものは存在しない。それぞれが異国から来た友人と交流することに熱中していて，部屋は幸せな空気に包まれていた。

　これは，朝日大学の学生，可児市の外国人の子ども達，そして英国の芸術団体プロジェクト・パカマ（通称パカマ）が共同で行った，パカマ・イン・エデュケーション・フォー・ユース・イン・ジャパン・プロジェクト（PIEプロジェクト）の2日目の光景だ。アーティスト・ファシリテーターとして，パカマの多文化交流の実践，そして，地域社会の多様性を祝福するようなパフォーマンスを創作する手法を紹介するため，私たちは日本に招かれた。

　パカマは1996年に，若者や，芸術及び教育の実践者が参加をする，イギリスと南アフリカの芸術交流プログラムとして設立された。その過程で"Give and Gain（与え，そして，得る）"と呼ばれる，学びと創造が双方向に起こるメソッドが編み出された。参加者は，その一人ひとりがプロジェクトに何かを「与え」，そして何かを「得る」。スキルや知識，情報やアイデアの交換を通じて，全員が学ぶ者となり，また教える者となる。パカマのアプローチは，年齢，経験，文化という壁を飛び越える。質の高いパフォーマンス

を創作するという共通の想いに突き動かされ，関わる人全ての多様性がその動力となる。「パカマ」とは，コサ語（*南アフリカ共和国の公用語のひとつ）で「立ち上がる」，「高める」，「自分の力を見出す」を意味する。

　共に食事をすること，そして可能であれば共に料理をすることは，パカマの実践に深く根付いた活動だ。4日間でパフォーマンスを創るこのプロジェクトの2日目に，私たちは食べ物を持ち寄って一緒に昼食をとることを参加者に提案した。食材を持って来た人もいれば，家で調理を済ませ会場の調理室で盛り付けをする人もいた。持ち寄るものがほとんど無かった人も，何かしら見つけて持参した。この食事は，プロジェクトの核をなす部分だ。なぜなら食事をすることは，参加者全員が一堂に会し，助け合い，協働し，問題を解決し，誰かについて新しいことを知り，そして見知らぬ誰かと自分自身の何かを共有する機会となるからだ。しかし実質的に見れば，食事をすることと「パフォーマンスを創ること」の間には何の関係もない。しかし私は，どのようなコミュニティ・アーツ・プロジェクトにおいても，この公式と非公式の学びの間にこそ，本当に深い豊かさが存在するのだと信じている。パカマにとって，この狭間こそ真の「学び」が起こる場所である　─リハーサル室や稽古の中ではなく，休憩時間や遊びの時間，そして食事をする時間にそれは起こる。アートを理由に私たちは集う。アートが乗り物となって，私たちを A 地点から B 地点へと連れて行く。しかし私たちの人間性をつなぐのは交流の時間だ。そして道すがらに食べるお菓子やおしゃべりが，私たちをひとつにする。

　確かに，この特別な食事がなくてもパフォーマンスを創ることは可能だっただろう。真新しい作品を創り，プロジェクトの最終日に観客に披露するという最終目的のみに焦点を当てることもできただろう。だがもしそうしたならば，参加者も創作チームもこれほど心を注がなかっただろうし，完成した作品も実際に創られた作品ほど心に残るものにはならなかっただろう。

　このプロジェクトは，参加者，観客，そして創作チームの心に触れ，最大限揺さぶるよう，入念に構成されていた。例えば前述の食事会は2日目に行われることが重要だった。初日ではまだお互いに不確定要素が多過ぎて，真に相手とつながることは困難だ。また，3日目以降では遅すぎるか，作品作

りに集中していて機会を逃しただろう。2日目は，ストーリーテリングや創
作活動で丸一日を共有した後の完璧なタイミングだった。それでは，ここで
一度プロジェクトの始まりに立ち戻り，その成り立ちと，このプロジェクト
が我々にどんな学びをもたらしたのかを見ていきたい。

　PIEプロジェクトは，中国，フィリピン，ブラジルなどから移住して来た
若者が，日本の若者と，日英両国のコミュニティー・アートの実践者と共に
パフォーマンス作品を創るという内容だ。(*15歳〜18歳の) 外国人の生徒に
加え，アーティスト，プロデューサー，アシスタント，通訳，サポート役の
大学生の総勢30名がチームを構成していた。プロジェクトの目的は，異文
化への理解と共感を育むようなパフォーマンスを4日間で創作することだっ
た。初対面の人たちが，演技や演劇の経験もなく，同じ言語さえ話さない状
況で作品を作るというのは，この時間的制約の中で決して容易なことではな
い。4年経った今振り返ってみても，この限られた濃密な時間に成し遂げら
れたことは，驚嘆に値する。そしてこのプロジェクトを実施した田室寿見子
氏と松井かおり氏の信念の強さは特筆すべきである。

(1) 大学生との出会い

　4日間が始まる前に，参加者兼サポート役となる朝日大学の学生と過ごす
時間を持った。彼らは様々な理由（卒業までの単位が足りない，人前で話すこ
とが苦手な自分を克服したい，ゼミの教員に強く勧められて，など）でプロジェ
クトに参加していたが，演劇人になりたいという理由からではなかった。プ
ロジェクトにやって来る年下の参加者をリードできるよう，1時間半のセッ
ションを3回行った。私たち自身，演劇専攻でない学生たちと4時間半で一
体何をどこまで達成できるだろうかと自問したが，蓋を開けてみると，この
時間はプロジェクトへの導入という意味で非常に重要な役割を果たした。私
たちが彼らのことを知り，彼らも私たちのこと，そして私たちがどうプロジ
ェクトを進めるつもりなのかを知るための時間となり，事前にそうした理解
を得ることで，学生が年下の参加者をサポートすることが可能となったの
だ。ファシリテーターの役割の大部分は，関わる人皆がリラックスし安心で

きる環境を作ることだ。その結果，参加者は自分にも何か貢献できることがあると感じ，そうして初めて，私たちは一緒に何かを創り出すことができる。もし学生にリラックスしてもらえたならば，彼らが参加者をリラックスさせる可能性も高まるだろう。

　こうした理由から，最初の3日間はドラマ・ゲームで遊んだり，ふざけたり，愉快なことをして過ごした。その場に居る必要はあるが，英語を話す必要のない，身体でイメージを作るエクササイズを多く行った。早い段階から，学生たちが「正しくあること」への執着を手放し，「正しい」答えなどないということを理解する必要があると気づいたので，自然と間違えてしまうようなゲームを意図的に取り入れた。例えば床に長いロール紙を広げ，参加者がその両側に紙を挟んで座る。正面のパートナーとお互いの顔を描くが，紙に目を落としてはいけないというルールがある。視線は常に相手の顔に向けていなければいけない。出来上がったのは，予想外の，不思議で，型にはまらない，だが美しいアート作品だった。このエクササイズは私たちがこれから共に行おうとしていること，そして外国人の生徒たちと行おうとしていることのメタファーとなった。私たちは，プロセスから何かが生まれて来るということを信じなければならない。何か美しいものが出来上がるだろう。だが，何が出来上がるかは，始めは誰にも分からない。私たちのパフォーマンスはまさにこうした創造物だ。寿見子も，かおりも，私たちも，初日に集まった時にはどんな作品が出来上がるか想像すらつかなかった。分かっていたことは，4日目の終わりにはパフォーマンスが出来ていて，観客が観に来るということだけだった。紙を見ずに顔を描くエクササイズは，結果がどうなるかを心配せずに，プロセスを信じることの必要性を示してくれた。そして同時に，私たちが互いに目を向け合い，真に他者の存在を認めた時に起こることを体験させてくれた。これこそが，私たちが創ろうとしているパフォーマンスを支えるものだ。私たちは，参加者の真実の物語から，参加者のあるがままの姿から，作品を創ろうとしている。それぞれの物語が紡がれ，パフォーマンスとなり，観客は出演者の本当の姿　—彼らの希望，夢，恐怖，未来—　に触れるよう招かれている。

(2)　PIE プロジェクトの活動
(2‑1)「バニー・ゲーム（"Bunnies"）」

　創作を始めて2日目に，バニーという，全員が輪になって行う楽しいゲームを実施した。まず誰かが両手を顔の側にうさぎの耳のように掲げ，素早く前後に振りながら「バニー，バニー，バニー……」と言い続ける。一人目のうさぎは，次にうさぎになって欲しい人に向かって両耳（手）を向け，視線を投げる。新しいうさぎは耳を作り，両隣に座った人も，うさぎに近い方の手を掲げて耳を作る。うさぎになった人が次のうさぎを選び，部屋の中で素早くエネルギーが送り回される。私たちは自己紹介をする前に，このゲームをしようとしていた。グループがどう反応するか多少の不安も感じた。果たしてこの導入は良い効果をもたらすだろうか？

　結果は素晴らしかった。このゲームで，私たちは楽しいことをしよう，面白おかしいゲームを真剣にやろうという意図を，挨拶をする前から明確にした。はじめはエネルギーも低く，積極的でない反応が返ってきたが，やり続けるうちに意欲的になり，本気を見せ，そして彼ら自身が，楽しんで良いのだと自分に許可を出したことが感じられた。「バニー」をもごもごと消極的に送る様子も実は興味深いものだった。

　このシンプルで想像的なエクササイズが，これからの私たちの取り組みの雰囲気を作り上げた。私たちは皆，童心に帰り，遊び，人にどう見られるか気にしないことを求められていた。（始まりとしてはとてもパワフルな入り口だった！）遊ぶうちに現れた参加者の変化を見て，力が湧き上がってくるのを感じた。このゲームは今もよく用いるが，可児にうってつけだった理由は他にもある。創作チームの中に「バニー」という名前のメンバーがいたのだ！

(2‑2)「世界の地図（"The Map of the World"）」：ふるさとの物語と世界の地図

　可児市では，外国人の生徒たちが，日本の高校へ入るために言葉を学び，入学試験を受けるという課題に挑戦しようとしていた。私たちが作ろうとしている作品は，日本で新しい生活を始めるために故郷を離れた，一人ひとりの物語にまつわるものだった。彼らはどこから来たのだろう？　どんな人物

なのだろう？　彼らはどんな希望や恐れ，夢を持っているのだろう？

　「世界の地図」はパカマ哲学の心臓部に位置する，拠り所とも言えるエクササイズで，参加者の物語を引き出す，想像的でワクワクする方法だ。まず参加者全員で世界地図を眺め，全体を6つの区域に分ける。それから3〜4人のグループに分かれ，ビニールテープかマスキングテープを使って，床の上に担当する区域を描いていく。6つの区域が完成すると，床の上にはわたしたちの世界地図が現れる。地図ができたら，参加者に色々な場所へ行ってもらう─生まれた場所や，住みたい所，記憶に残る冒険をした場所などだ。

　「世界の地図」は短時間で参加者全員の人生を知ることができ，引き込まれるエクササイズだ。お互いが何にワクワクし，どんなことにやる気が出て，そして，なぜこの場所にやって来たのかを教えてくれる。床に描かれた地図は，そのままこの物語の舞台にもなった。私たちは，モノを使って物語をスタートすることに決めた。参加者に，自分にとって大切な意味を持つ何かを持参するよう伝えた。それは，ふるさとや家族を思い起こさせるものでも，希望や夢にまつわるものでも良い。

　これが私たちのパフォーマンスのオープニングとなった。私たちがどこから来て，どんな物語を，どのように表現し伝えようとしているのか，観客に即座に理解してもらいたかった。「世界の地図」も「モノ語り」もリハーサルのはじめにお互いについて知るために行ったシンプルなエクササイズだった。だがそれはパフォーマンスそのものになり，観客と共有された。フィクションではない，彼らの本当の物語と旅路は，目を通して触れても，耳を通して触れても，美しいものだったからだ。一人ひとりの人間の物語は，共に創造する入り口となり，同時にパフォーマンスの骨組みとなる。

　リハーサルで，私たちは「ことばリズム」ゲームを用いて作品の冒頭を創作した。それぞれに自分の生まれた場所の地名を繰り返し口にし，その音の持つリズムを見つけてもらう。マニラ，オキナワ，ペキンの音がこの"音楽"の基調となり，そこに他の地名が加わり，豊かな「音の風景」が現れた。口ずさまれる地名やその場所にまつわる記憶の全てが空気となり，私たちを包む。スーツケースを取り出して，持ち寄った「モノ」をその中にしまった。本や，馬の像，自転車，腕時計，写真，スカーフ，その他色々なモノ

があった。

　強く心に残る思い出に，中国出身の留学生が話してくれた物語がある。ま
だ幼い頃，母親の元を離れて日本に来なければならなかったとき，泣いてい
る男の子の人形を授けられたそうだ。その人形は頭の部分がグラグラと動く
面白い像だった。彼のお母さんは，この人形が離れている間も息子を元気づ
けてくれるようにと願いを込めた。プロジェクトが終わったとき，彼はその
人形を同伴していた私の幼い息子にプレゼントしてくれた。自分はもう大人
になったから必要ないけれど，私の息子は必要な時があるかもしれないし，
人形を見たら彼を思い出してくれるだろうからと彼は言った。「モノ」は深
い意味を持ち，人生で出会う，実存する人々や瞬間と繋がっているのだ。
これは，とても美しいことだと思う。
　リハーサルでは，お互いに自分の持ってきたモノにまつわる物語を，部屋
の中央に置かれたスーツケースのところへ行って共有した。まず他の誰かの
モノを取り出し，誰が持って来たのかを推測して，なぜそうなのか架空の話
を作り，想像の持ち主に贈り物として渡した。受け取った人は，それが自分
のモノかどうかを発表する。それから実の持ち主が，彼／彼女の本当の「モ
ノ語り」を語る。このエクササイズはお互いの物語に耳を傾け敬意を表する
だけでなく，想像力やお互いへの興味に秘められた可能性や，物語は変化す
ることができる，ということを私たちに示してくれた。スーツケースからモ
ノを取り出す動作は，ひとつの儀式のようにもなった。そしてこの儀式が，
作品の幕開けとなった。
　モノを取り出して地図上のある場所へ行き，座る順番を私たちは一緒に決
めた。パフォーマンスの始まりはこんな感じだ。観客が床に描かれた世界地
図の周りに集まる。生まれた場所を口ずさむサウンドスケープが始まる。出
演者の若者たちが，スーツケースから自分のモノを取り出し地図の上に移動
する。順々に，2015年の岐阜における冒険の希望や願い，恐怖や夢の物語
を語り始める。
　それぞれが選んだモノの背後に存在するストーリーは，嘘のない，一人ひ
とりが向き合っている現実という真実味を発し，台本がなくても，力強いナ

ラティブ（物語）を容易に作ることができた。ある参加者は，成長を見守ってくれていることを感じられるようにと，彼の母親の写真を持ってきていた。この写真を選ぶことで，その繋がりがそこに実在するかのように。どのモノを取っても，興味を引きつける何かがあった。このモノはなぜ選ばれて，どう物語を導くのだろう？こうしたことが，この壮大な旅の物語に，親密で個人的な側面を与えてくれた。

　まるで私たちが世界の隅々から集まったかのように，地球規模の物語が展開されているように感じた。後ほど説明する「ブオン・フォン・トロイ」（"Buon Phong Troi"）の歌もまた，この物語が世界に通ずる遠大な哲学を持つ物語だと示している。

　時には，誰がいつどこに動いて，誰と場所を交換するのか，といった上演に伴う手順に手こずることもあったが，リハーサルに緊張感や不安が感じられる瞬間はなかった。皆が手を取り合って特別なものを作ろうとしているという気持ちが，そこには確かに存在していた。出来上がった作品は真実に満ち，心のこもったものだった。それがこの作品を美しいものにしていたし，参加者全員が持てるものを"Give"（与え）したことによって"Gain"（得る）した，強い満足感をさらに高めていた。この作品は，彼らと共に創作に取り組んだ経験と共に，私達にとって強烈に記憶に残るものとなった。一人ひとりが真剣に取り組んでいた。そして互いに耳を傾ける姿勢，仲間として共に作り上げる姿勢は本物だった。

(2-3)「ダルマさんが転んだ（"Grandma's Footsteps"）」：ある中国人生徒の物語

　作品を作る過程で多少の緊張感が感じられたのは，何をどこまで訳すか，といった言語に関することだった。私たちは，互いの旅路と物語に敬意を表すという精神から，（*参加者の話す）全ての言語が，もし本人に話したいという気持ちがあるのならば，話されるべきだと感じた。もし私たちが日本語に訳さないという選択をして，観客が物語を理解できなかったとしたらどんな反応があるだろうかと，創作チームと活発な議論を交わしたことを覚えて

いる。結果的に私たちは全てを訳すことは選ばなかった。たとえ一言一句まで訳されず，観客が言葉を理解しない部分があっても，それは良いのではないかと考えた。分からないことで，その意味をより一層考えるだろうし，短い間，理解できない言語に囲まれて過ごすことがどういうことか，体感することができるだろう。そして母国を離れて暮らすということがどんなことかということも。これはこの作品に参加した全ての移民の若者が共通して持つ体験だった。そして観客も，彼らに共感できるかもしれなかった。

　訳に関して私たちが特に議論をした物語がある。それは「スーツケースのシーン」の最後に語られる話で，私たち全員が大切なストーリーだと感じていた。中国人の生徒が馬の銅像について語った物語で，中国を発った時のこと，そして想像していた日本での暮らしに関するものだった。もしこの話を日本の観客が中国語だけで聞いたなら，彼女の語る物語の真の美しさは伝わらないだろうと感じた。

　公演の前日，彼女は自分の物語が中国語，日本語，そして英語で語られるという，気持ちが高揚するような過程を体験した。大学構内の長い廊下（30m ほどだろうか）で，私たちは「ダルマさんが転んだ」のリハーサルを行った。私たちは真剣に遊んだ。廊下の先の窓のあるアルコーブに彼女が立っている。20 名ほどの若者が，力強く，動きを悟られないように忍び寄る様子は，強い印象を残すものだった。

　緊張した面持ちで彼女は立っていた。語られる物語はとてもシンプルなものだったが，印象深く，彼女が異国で感じた恐怖を表現していた。慣れ親しんだ中国での暮らしを離れることの不安を彼女は語った。友達が恋しくなると思ったこと，自分は孤立していると感じたこと，周囲の人がよそよそしく感じたこと。周囲に馴染めるのか，またそうしたプレッシャーと向き合って行けるのか心配したこと。ある日見たという悪夢について彼女が話し始めると同時に，グループには鬼にタッチして遊びに勝ちたいという気持ちで，細心の注意を払って彼女に近づくよう指示した。自分の心の内を表現し，素早く振り返るたび，彼女は着々と近づいてくる集団を目にするが，そこに親しみやすさは感じられない。彼女の恐怖は膨らみ，集団はさらに近づき，その圧力と不穏さは増していく。対立する彼女の恐怖心と，大きく膨らむ集団の

彼女に触れることを欲する気持ち，それとも食べよう？　傷つけようとする気持ち？　が生み出した緊張感は，今日に至るまで心に残っている。

　彼女の視点から見た移住直後の暮らしは語るにつれ，緊張感が高まっていった。だが集団が彼女の元に辿り着いたところで物語は切り替わり，皆が友好的に彼女に接した。ある人は彼女を抱擁し，私たちが力になるから，異国で危険な目に合うのではないか心配しないで大丈夫，と伝えた。そして彼女の緊張は和らいだ。敵意に満ちてみえる新世界に降り立ちその恐怖と戦うという物語に，現れた集団は，強い威力を放った。だからこそ，集団が彼女を抱擁したとき，観客の誰もがホッとする気持ちを共有した。彼女はグループの中でも緊張感が強い参加者だったが，遊びを通じて自らの恐怖を表現することは，作品作りのプロセスの中で仲間と関係性を築く上でも重要な役割を果たしたと思う。

終わりに：歌の果たした役割

　ワークショップには歌を用いた。歌うことで素晴らしい一体感が生まれ，それぞれが自分の声を心のままに，自由に使うことが促された。

　「オーレ・ヨ」はコールアンドレスポンスの歌（*前者の呼びかけに後者が応える形で進む歌のこと）で，替え歌のように自己流の歌を作ることができる。例えば私たちが即興で最初のフレーズをコールし（歌い），全員でそのフレーズを真似してレンポンスする（応える）。歌い終えると，誰か次にリードしてくれる人がいないかグループを誘うように視線を投げる。実際に誰かが立ち上がり，自己流のフレーズでグループをリードすることは，心弾むようなワクワクするものだった。

　あるベトナム人の留学生は，"BUON PHONG TROI"という歌を紹介してくれた。大まかに訳すと，「世界の隅々から，東も，西も，北も，南も，私たちは同じひとつの世界の住人で，平和に暮らすべきだ」という内容だ。歌詞を教わって輪唱で歌ったので，幾重にも重なる音の余韻がずっと続くような効果があった。歌詞に込められたメッセージも素晴らしいものだったので，作品を締めくくる最高の方法だと誰もが思った。このプロジェクト以降も，この歌は様々な演劇活動の場で参加者のエネルギーを引き出してくれて

いる。

「海は広いな　大きいな」

　参加者は皆海を越えて日本にやって来ていたので，海が重要な要素だという共通認識が，創作をする中で生まれた。グループ全員で歌えてパフォーマンスに取り入れられる，海に関する日本の歌がないか創作チームに尋ね，「海は広いな，大きいな」を教えてもらった。その一箇所をグループに教え，歌ったが，この歌は「私の島」というシーンで心安らぐ子守唄のような効果を発揮した。このシーンの中で，パフォーマーは観客を一人ずつ舞台に招き，自分の「島」へと案内した。床の上には様々な「島」が置かれていた。それぞれの「島」はプロジェクトの初日に参加者が作ったものだ。このエクササイズで，参加者は大きな紙の上に横になり，体のアウトラインを別の参加者に描いてもらった。このアウトラインが「島」となり，自分や自分の人生にまつわる物語や絵を描き込んだ。生まれてから今までの一年一年を表す言葉が選ばれ，それに合わせて詩を書く人もいれば，絵を描く人もいた。そして，自分の人生の物語を，アウトラインを描いてくれたパートナーや他のメンバーに語り共有した。公演では，観客は「海は広いな」のメロディーに導かれて部屋へ招き入れられ，一対一でパフォーマーが語る彼／彼女の人生の物語を聞く，というパフォーマンスを体験した。その中には思い出のモノの紹介も含まれている。

　日本の創作チームによって提案された「海は広いな，大きいな」は，私たちの作品が表現する想いの数々を映す，うってつけな歌だった。

　　海は広いな　大きいな
　　月は登るし　日は沈む

　　海は大波　青い波
　　ゆれてどこまで続くやら

　　海にお舟を浮かばして
　　行ってみたいな　よその国

　この歌は，実際に他国から移住し，その旅路を経験した若者たちによって
日本語で歌われた。誰がこの歌の次の展開を知っているというのだろう？今
こうしてプロジェクトを振り返ってみると，全ての点と点の美しいつながり
は，そのどれもが事前に計画をすることは不可能だったと実感する。私たち
は，私たち自身がそれぞれに紡いできた物語を信じなければならなかった。
4 日間という短期間で台本もない状態から，物語は私たちの中にあると信
じ，お互いに耳を傾けることができる場を作ることで，ひとつのパフォーマ
ンスを完成させた。事前にあの理想的な海の歌を選ぶことは不可能だっただ
ろう。それでも正に完璧なタイミングで，歌の方から私たちの前に現れてく
れた。私たちは，創作過程の波に乗り，作品に辿り着くまで身を委ねる必要
があった。

3. 教師の声・参加者の声

《教師の声》

特別になった生徒たち

湯浅美礼

(1) はじめに

　8年間、さつき教室のコーディネーターとしてミックスルーツの子たちに関わってきました。5年目、刈谷東高校とのワークショップで、『演劇ワークショップ』というコミュニケーションの一形態があることを知りました。その後、ワークショップの経験を重ねましたが、中でも特に印象に残っている二人の生徒にフォーカスを当てて書くことにしました。ワークショップ参加者の記録として、こんな感じ方をした人がいたのだ、ということが伝われば幸いです。

(2) 昼間定時制高校との演劇ワークショップ：ヨリクと私のペアワーク

　可児市国際交流協会事務局長の各務さんから話があったとき、正直なところ私はワークショップについてあまりイメージできていませんでしたが、生徒たちにワークショップで交流する予定を伝えました。どんなことをするのか等の質問は出ず、ただ日本の高校生と会えるのが楽しみだという反応でした。

　そういう生徒の中にヨリクという女の子がいました。来日4年目の15才。姉とは双子。公立中学校を卒業後、姉妹でさつき教室に通っているが、教室に来る時も休む時も、学習グループも双子はいつも一緒。一緒に中学から来た男子生徒たちにちやほやされて、日本語がわからない時もいつも誰かに助けられる。日本語習得に必死さがないのはそのせいかもしれない。教室を休むことは多いけど、取り組みは真面目。大人しい性格。ヨリクにはそんな印

象を持っていました。

　ワークショップ初日。ヨリクと私はペアを組むことになりました。二人で向かい合い、割り箸を人差し指の先だけで支え、そのまま身体を一回転するワークをしました。このワーク中、初めて私はヨリクと二人だけになりました。もちろん、周りには同じワークをしている人達がいて、当然二人きりではないのですが、双子の片方ではない、生徒ではないヨリクと一緒にいると感じていました。

　ワークショップの後、飛躍的に何かが変わったということはありませんでしたが、私の中ではヨリクの存在が以前より増したことは確かです。ヨリクは、相変わらず教室をたまに休み、スローペースで漢字を覚え、希望の高校に進学していきましたが、高校生になってもフレビアに来て、学校の試験勉強をしたり時間つぶしをしたりしていました。そんな時もいつも誰かと一緒なので、あまり長く話すことはありませんでしたが、「こんにちは」の挨拶を交わすたびに、割り箸のワークの思い出がよみがえり、心の中に温かいものが通いました。

(3) パカマとの演劇ワークショップ：マルゾの自分語り

　あるとき真面目そうな南国少年が入室しました。彼をなんて呼べばいいのか少し迷い、ファーストネームだと思って「ルイ？」と聞いたら、「マルゾ」と答えたので、しばらくマルゾと呼んでいました。

　ある日、教室の特別活動の一環で栗林を見せてもらい、剪定作業体験をさせてもらうことになりました。日本語の授業の中で、彼の実家はフルーツを作っていると知っていました。剪定作業で、彼のはさみの入れ方は迷いがなく、教室で日本語初級を学ぶ姿とは違ってかっこよく見えました。マルゾが「マンゴー 1 キロ、ひゃくえん。やすい。」と言っていたフレーズが印象に残っていたので、体験の終わりには、生徒代表で彼に挨拶を頼むことにしました。まだ彼がそれほど日本語に慣れていなかった時でしたが、練習の甲斐もあって、お礼の言葉は真摯に伝わったと思います。

　目立ちたい、人目に触れたくない、悪ぶりたい、かっこつけたい、そういうハイティーンエイジャーの教室の中で、マルゾは大人でした。どう振る舞

ったら自分らしいのか、試行錯誤する時期をとっくに卒業してから日本に来ているようでした。私は「日本語と日本のルールや慣習を学び、彼が希望の進路を見出してくれれば何より。個人的には農林高校を勧めたい。」と思っていました。私の彼に対する生徒像がまとまり、彼の人生にどんなドラマがあったのか、今何を考えているのかなど、深く思いめぐらすことはなくなりました。

　それからしばらくして、フレビアの子ども達が、パカマ、朝日大学の学生たちとワークショップを行うことになりました。残念ながら私は私用で途中参加になりました。私が参観したその日は、参加者たちが輪になって、大きな声でコールし合う発声練習から始まりました。のびのびと、即興的に、一人ずつ歌うように声を出しているところにアフリカの民族歌謡のような豊かさを感じました。生徒たちの和らいだ表情や一体感から、私が見逃した部分でのワークショップの成果の大きさがわかりました。

　ワークが進み、身体をかたどった地図のようなものの部屋に案内されました。それぞれ参加者の地図があるらしく、手をひいてくれた人の話を聞くシステムでした。参加者の一人がマルゾでした。彼のちょっと不安そうな顔か、皆の後ろで笑っている顔しか知らなかったので、笑顔で「センセイ！」と招いてくれたところに驚きました。口数の少ない子だと思っていたので、母語で自分の背景をべらべら語ってくれたのにはもっと驚きでした。フィリピンの地方言語で全く言葉の意味がわかりませんでしたが、描いてある絵によってイメージできることもありました。その時、このレアな言語が私だけに向けられていて、それを聞けることがすごく贅沢な事に思えました。そして、この子の日本語がもっとうまくなったら、いつか私の想像がどこまで正しかったのか答え合わせしてもらおうと思いました。ワークショップの後、教室の中でマルゾはルイと呼ばれるように定着していました。私も自然とルイと呼ぶようになりました。

(4) まとめ：生徒との関係の誕生・変化・深化

　生徒たちから「先生」と呼ばれる立場になって、私は生徒たちに何でも話をしてほしいと思っているし、言葉にしたこともありますが、そんな一方的

な思いは全然伝わっていないのだということに気づきました。ふり返ってみれば、私自身も気軽に先生に話しかけたり悩みを相談したりする生徒ではありませんでした。私は、体育祭や文化祭、部活動などの団体行事・活動がどちらかと言えば好きではありませんでした。先生達大人の目指す理想が見えてしまうのと、何より張り切るクラスメイトに同調する気になれず、積極的になれなかったのだと今は思います。だから、皆で何かをする時に乗り気ではない人がいるのもわかるし、乗り気にさせるのはもっと大変なことだと思っています。

　演劇ワークショップの中で、普段とは違う表情で生き生きと活動する生徒を目の当たりにした時、ワークショップの意義が少し理解できたように思います。ワークショップには短時間で互いの心の距離を縮める効果があるように思いました。同じ目標を持ち、共同で何かをすることで新しい関係が作られました。それがまさしくヨリクの場合でした。二人の間に自然に生まれた連帯感は、ヨリクとの関係の始まりだったと思います。

　マルゾはそれまで私が持っていた彼のイメージをワークショップで変えていきました。それは私にとって嬉しい驚きでした。ワークショップはマルゾの心を解放し、彼本来の良さを引き出したと思います。一度作って固定化したイメージが壊されたり、強化されたりして変化することで関係が新たになり、深まるところに演劇ワークショップの面白さを感じました。

　「一緒に身体を動かして、互いに思うこと、考えていることを伝え合って関係は深まる。」そんな大事なことを生徒たちと共に学んだ演劇ワークショップでした。

《参加者の声》

PIE プロジェクトに参加して

さつき教室　　岩田静香（中国）

　ここでみなさんと知りあえたことが最高です。とても楽しかったです。この4日間は，わたしが日本に来てから最高の日です。優しくて綺麗なコリンと身長が高くてユーモアのあるチャーリー。

　もともと私は，日本ではみんなからシャットアウトされているように感じていました。でもなぜかこの4日間は，みんなと一緒にいる間ずっと安心感に包まれていました。どんな失敗をしても，支えてくれる人がいました。転んだ時も手を借してくれた人がいました。ゲームをたくさんしましたが，それは私の心を慰め，またシャットアウトしていた自分の心を解放したい気持ちになりました。

　このワークショップの初めての日とても緊張していました。でも，まず私はコリンにたいへん感銘を受けました。というのは，その日みんなとゲームしていたとき，コリンの息子のバディが突然その中に入ってきました。ひとりにされてしまったことを怒っているようでした。そのとき，コリンは彼を優しく抱きしめてあげて "I'm sorry. I'm sorry. I'm sorry ..." と話しかけました。この時本当に感動しました。中国のお母さんなら「ワガママしないで！」と絶対大きな声で叱りつけると思います。これは教育方法の違いかもしれません。私はチャンスがあるなら他国へ行ってみたいです。他国の文化を勉強したくなりました。

　ワークショップでやったたくさんのゲームや活動はみんなでやりたいです。そして友達にも言いたいです，「なんでも努力したらできるよ！」と。

コリン，チャーリーへ

さつき教室　于子怡（ウツイ，中国）

"Thank you for your help these days. I'm very happy and l like to play with you. The game we played is very interesting."

　日本に来てからこのような意味がある活動を参加してとても嬉しいです。他の国の人と知り合うことができました。最初みんなと一緒にゲームをする時に，わたしはとても内気なので入り込めなかったです。みんなと一緒にゲームをやっているうちに，みんなから一生懸命楽しむための情熱をもらいました。心の不安感がなくなりました。コリンとチャーリーが提案して準備してくれたゲームが大好きです。

　私は日本に来たばかりでこの活動に参加して，日本語がまだ話せない状態で，また英語もうまくないからとても困りました。そしてこの活動に参加するときは，積極的にかかわらないつもりでした。話すことさえしたくないなあと思っていました。でも，みんなでやった活動は，否が応でもほかの人たちと交流しなければ成立しないものでした。私はおそるおそるやってみることで，恐怖心に打ち勝つことができました。うまくない英語で他人と交流して他国の文化を勉強しました。はじめて出会う大学生の人たちの人柄も知ることができました。自分の心のドアが自然に開きました。同じ国の友達から他の国の友達まで一気に知り合うことができました。

　中国にいる時わたしは明るい性格でした。少し男っぽい女の子です。飛行機から降りた瞬間に全然知らない国，知らない言葉，また知らない文化に囲まれました。様々な困難が私の前にあって，自分でも気が付かないうちに心のドアが閉まりました。

　この PIE プロジェクトでは，日本語力がなくても他人と交流できてみんなが私を理解してくれました。体も言語と同じように働くことがわかりました。そして伝えたいことを一生懸命伝える。これが一番大切です。

　チャーリーとコリンが情熱を持って私たちを導いてくれたことに感謝しております。ここでチャーリーとコリンとみんなと一緒に過ごす時間が最高で

した。多分 わたしの人生の中では一瞬の出来事だけど，ずっと忘れない忘れられない時間です。

PIE プロジェクトに参加して

朝日大学経営学部2年　杉元　賢人

　私は，かおり先生からphakamaさんの演劇ワークショップがあることを知り参加をしました。初めは自分の英語力がどこまであるのかを知るためだったと思います。しかし，あまりにも自分が英語を話すことが出来ないことに気がつき，大半がゼスチャーをすることになりました。それでも，少しの単語とゼスチャーで，コミュニケーションが出来たときは，とてもうれしくなりもっと会話をしてみたいと感じることが出来ました。きっとみんな日本語を上手に話すことが出来ない子もそのような気持ちになるに違いないと思い「自分のためのワークショップ」から自分の出来る日本語の学習サポートをし，自分も外国語を勉強する「皆のためのワークショップ」へと気持ちが変わりました。ファシリテーターのチャーリーさんが言っていた通りコミュニケーションをとるのに，言葉が20％で残りの80％が別のことでできているという言葉は私にとって，多文化に対する意識を大きく変えてくれました。

　演劇も多文化の交流も今後参加したいと思っています。しかし，多文化のほうが参加したいと思うのは，交流相手が自分の知らない言語だったとしても，コミュニケーションの取り方を教えてくれたチャーリーさんやphakamaさんの人たち，さつき教室の子達，キーヴァさんなどの多くの人たちがいてくれたおかげです。この演劇ワークショップは，本当に良いものだったと頭と体と心で感じることが出来ました。ありがとうございました。

PIE プロジェクトで変わった私

朝日大学経営学部3年　ベトナム人留学生　Phung Thi Lien（リエン）

　ワークショップに参加して，もう3週間が経ちました。でも，ワークショップで歌った歌がまだ頭から離れません。夢でもワークショップの場面がでてきます。やはりまだ落ち着かないです。

　ワークショップのお陰で，自分が変わったと感じています。頭も心も動かしました。自分が心を開き，積極的になったと感じます。多言語・多文化で，様々な国の人が集まって，自由に意見を出し合い，お互いの考えを尊重しながら，演じるストーリーをまとめ上げていきました。言葉で相談するのではなくて，お互いの目を見て，気持ちを確かめ合ってやっていきました。一番面白かったのは，コミュニケーションをとることでした。みんながそれぞれ言葉を混ぜながらおしゃべりしました。私もあまり英語が出来なくて，ベトナム語と日本語をごちゃ混ぜにしながらコミュニケーションをとりました。言語という壁を壊したと感じました。

　また誰かがリーダーではなく，みんなが対等でやっていました。そういう中で，自分も集団の一員になれた気がします。初めて会う外国人の人たちと交流し，ゲームをやったり歌ったり劇に取り組んだりしました。本気で皆のことが好きになって家族のようだと感じました。私はこれからも，一人ひとりの顔，声までも忘れないと思います。もし，これからも一か月に一回くらい仲間に会えるなら，ものすごくうれしいと思います。

大学生になって一番想い出に残った PIE プロジェクト

朝日大学経営学部3年　中国人留学生　彭鐘（ホウショウ）

　私は先日，2015年 PIE プロジェクトのワークショップ活動に参加しました。一週間に渡っていろいろなことが勉強になりました。これは私にとって

大事な体験でした。自分自身も変わったと感じました。大学生活を振り返っても一番の思い出になりました。何より自分自身が変わり，以前より明るく積極的になりました。

　私は中国の子たちに通訳をする役目を松井先生から頼まれました。通訳の仕事は初めてだったので，これまで参加したワークショップとは違って大変緊張しました。常にファシリテーターの言っていることやみんなの様子に注意を向けて集中するように気を付けました。そうしないと，通訳をしている間にどんどんみんなからおいていかれて，何をやっているのかわからなくなってしまうことに気が付いたからです。通訳をしているときは，必死だったので，ファシリテーターの先生にも普段言わないようなこと，例えば「ちょっと待ってください。なぜなら，中国語は日本語とは語順が違うので，話を全部聞いてからしか訳ができません。時間がかかるのです。」とか叫んでいて自分でも驚きました。通訳をした中国人の女の子たちは，日本に来てまだ数日の子もいました。彼女たちは，最初はとても無口で顔も青ざめていたのですが，だんだん話をしていると打ち解けてきて，笑うようになりました。彼女たちから質問をされたことを代りにファシリテーターの先生に聞いて説明したりしているうちに，なにか自分が本物の通訳者になったような気持ちになり，一層やる気が出てきました。

　勉強になったことは，人とコミュニケーションをとる方法です。今回のワークショップに参加したのは主に5か国の人たちでした。参加した子たちはあまり日本語がわからない子も多くて大変なときもありましたが，お互いに目だけを見て，理解しようとしたらうまくいきました。言葉より気持ちの方が相手に伝えやすい，受け取りやすいとわかりました。

　今回のワークショップに参加した人々は言葉が通じず，文化までも違っているけれど，気持ちを込めて合図をするだけで言葉の壁を越えました。そして言葉よりもっと「きれいな方法」で気持ちを伝えました。このおかげで，みんなとはただの一週間しか付き合っていないのですが，すごく深い絆ができたと思います。

4. 感情や言葉を創出する場としての「振り返り会」
── PIE プロジェクト振り返り会における
大学生たちの語りを事例として──

石田喜美

はじめに

　本稿では，2016 年 10 月に行われた「パカマ・イン・エデュケーション
(Phakama in Education for Youth in Japan)」プロジェクト（以下，PIE プロジ
ェクト）の数か月後に開催された「振り返り会」に焦点を当てる。「振り返
り会」の中で生じたエピソードを紹介し，それについて考察することを通じ
て，PIE プロジェクトのような，外国につながる子どもたちを主たる対象と
した演劇系ワークショップにおける「振り返り会」の意味を考えてみたい。
もちろん，「振り返り会」にはさまざまな形態のものが含まれるが，ここで
は，一連のワークショップでの出来事を記録した映像を参加者全員で視聴
し，それをもとに対話や議論を行う形態の「振り返り会」に注目する。意識
的に記憶に留めようとしなければ忘れ去られてしまうようなワークショップ
での出来事を，映像や写真といったメディアによって記録し，それを編集に
よってつなぎあわせたものを，参加者全員で視聴すること，そしてそこから
さらに対話や議論を重ねることにはどのような意味があるのだろうか。

(1) ワークショップと振り返り

　2000 年代以降，「ワークショップ」と呼ばれる新たなかたちの学びや創作
の場が広まるに従って，そのような新たな学びのかたち，創作のかたちにふ
さわしい記録や評価のありかたに注目が集まるようになった。
　原田・上田（2008）は，「その場に居なかった人にとっても価値あるメッ
セージとして体験をその場で視覚化し，代価を払っても手に入れたいと思う
ようなメディアとして成立させるしくみ」を「体験の現像所」と名付け，ワ
ークショップのような個別具体的な場で生じる一過的な出来事と，そこに埋

め込まれた知識やスキルを「カタチ」として止めるための手法を提案している。一過性の出来事を記録することへの注目は，個々のワークショップを超えたプロセスへの関心へと拡張し，アートの分野では，2010年に，東京都と東京文化発信プロジェクト室との共催による人材育成プログラム「Tokyo Art Research Lab」において，アートプロジェクトの記録や評価のための講座が開講され，プロセスの中で生起する出来事をいかに記録し，それを評価へとつなげるかについて議論が行われている（石田，2015）。

　このような一連の試みの中で，現在，さまざまなワークショップにおいて記録のためのテクノロジーとして用いられている手法のひとつに，「リアルタイム・ドキュメンテーション（real-time documentation）」（曽和，2013）を挙げることができる。リアルタイム・ドキュメンテーション（以下，RTD）とは，「同時・多発的に展開される議論・活動のプロセスをマルチメディアを用いて記録・編集・公開」するシステムであり，ワークショップで生起する複雑な情報を有効な知的財産としてデータ化しようとするものである（曽和，2012）。RTD では主に，3つの手法——①リフレクション・ムービー，②リフレクション・フォトグラフ，③メタ・ムービー——を用いて記録撮影が行われ，ワークショップの直後にその場で，①〜③のデータが統合され，動画として編集される。このようにして制作された動画（リアルタイム・ドキュメンテーション・ヴィデオ）を全員で閲覧し，振り返りを行うとともに，さらにそれをオンライン等で公開し，その場を共有しなかった他者にも伝えていくという点が，RTD の大きな特徴である

　曽和が指摘するように，ワークショップでは，同時・多発的にさまざまな出来事が生じ，参加者による体験も，そこで生み出される情報も複雑かつ多様である。そのようなワークショップの中で，創造される情報を，「体験の共有」という視点から統合・共有することのできる RTD は，知識をめぐるコミュニケーションを考えるうえで示唆的である。

　一方，ワークショップにおいて生み出されるものは，けして「情報」として蓄積・流通することのできる体験ばかりではないだろう。むしろ，「情報」として抽出することが困難な感情的な体験の中に，その参加者にとってのワークショップの意味が見出されることもある。事実，ワークショップにおけ

る体験が，参加者にとって未知なるものであればあるほど，これまでの参加者自身のありようを揺るがすような挑戦的なものであればあるほど，その体験を，他者に共有可能な「情報」として取り出すことは難しい。そうであるとすれば，「情報」として抽出しえない感情的な体験に焦点を当てながら，それぞれの参加者にとってのその体験の意味を共有しあうこと，その感情をベースにしながら，それぞれの参加者が，次なる自分の実践のありようを考えていくことが重要なのではないか。ここでは，知識を創造・共有する場としてのワークショップではなく，感情を揺り動かし，その新たなありようを見出していく場としてワークショップを捉え，その視点から「振り返り会」の意味を考えてみたい。

(2) デブリーフィングの場としての「振り返り会」

(2‒1) ノルディック・ラープと感情的な体験

　ワークショップ同様，参加者同士の協働による創作活動を主軸とした実践にはさまざまなものがあるが，その中でも特に，参加者による感情的な体験に焦点を当ててきた実践として，「ノルディック・ラープ（Nordic Larp）」を挙げることができる。ノルディック・ラープとは，北欧諸国におけるライブ・アクション・ロールプレイング・ゲーム（Live Action Role-Playing Game: Larp）の伝統の影響を受けて展開されたゲーム実践である。Kamm（2019）は，ノルディック・ラープについての従来の議論を踏まえ，これを「芸術的なヴィジョン，政治的なメッセージ，または教育的な目的を有する，高度で複雑な LARP 経験を目指すフレームワーク」と説明している（Kamm, 2019, p 6）。

　ノルディック・ラープにおいて重視されている理論・概念は複数あるが，そのひとつに「（極端な）感情的強度（(Extreme) Emotional Intensity）」がある（Kamm, 2018）。ノルディック・ラープでは，過度の感情の揺れが生じてしまった場合に参加者が使用することのできる「較正ツール（Calibration tool）──「OK サイン」やゲーム退出のルールなど──が提案されてきたが，このようなツールやルールの存在も，「感情的強度」の重要性を示唆している。

　つまり，ノルディック・ラープにおいては，参加者に強い感情的な揺れ動きがもたらされることを前提に，その感情的な揺れ動きの中でこそ生み出される芸術的・政治的・教育的な意義が議論されるとともに，参加者の心理的安全性を脅かすような感情的体験に対していかに参加者を守るかについて，議論がなされているのである。

(2-2) 感情的な体験に基づく学習・発達のための「デフリーフィング」

　Kamm によれば，ノルディック・ラープの主な共通点のひとつに，「事前ワークショップと事後デブリーフィング（Pre-workshops and debriefings）」（Kamm, 2018）があるが，このうち「事後デブリーフィング」は，参加者の感情的な体験から参加者自身を守るとともに，感情的な体験を発達・学習へと結びつけていくための実践であると考えられる。

　「デブリーフィング（debriefing）」とは，元来，軍隊用語で「状況報告」「事実確認」を意味していた用語であるが，現在は主に，医療やケアの現場で用いられており「災害に遭うなど，つらい体験をしたあとでそれについて詳しく話し，つらさを克服する手法」を意味する（『デジタル大辞泉』）。このような意味での「デブリーフィング」は，「心理的デブリーフィング（Psychological debriefing）」とも呼ばれる。このように書くと，あたかも，デブリーフィングは，災害や事故などの特別な体験をした人々のためだけのように思われるかもしれないが，そうではない。デブリーフィングは，日常的に生じうるような「つらい体験」をもその対象に含む。事実，ノルディック・ラープにおいてデブリーフィングの対象となっているのは，ゲームプレイに参加した人々である。ノルディック・ラープでは，そのゲームプレイの中で，人々がさまざまな出来事を体験し，感情が大きく揺り動かされること──それは決して，すべてが心地良いものばかりではなく，つらさや傷みを感じることもある──を想定して，ゲームプレイ後に必ず，デブリーフィングの機会を設けることにしているのである。

　例えば，ひきこもり当事者の生活世界の追体験を通して，ひきこもり当事者への共感を育むことをねらいとしたノルディック・ラープ「安心からの脱出（Village, Shelter, Comfort）」（Kamm, 2017）のデブリーフィングでは，

多くの参加者から，思考が堂々めぐり（circularity）をし続けるような感覚が報告されているほか，決めることができないことへの共感が報告されている（Kamm, 2018, 2019）。これらの感覚や感情は，心地よいものとして体験されるわけではない。事実，2018 年 9 月 1 日に実施された「安心からの脱出」のゲームプレイでは，参加者のひとりが，ゲームプレイ途中にゲームを退出するという事態も生じた。感情的な強い揺れを経験したり，それほど感情的な強度は高くなくとも当惑や苛立ちを感じるような体験をしたりした参加者たちにとって，デブリーフィングは，それを話すことによる感情の乗り越え，さらにいえば，感情を共有しあうことによる新たな感情の創造——ここでは，ひきこもり当事者への共感がそれにあたるだろう——を可能にするのである。

　ここで翻って，PIE プロジェクトのような，演劇系ワークショップにおける「振り返り会」について考えてみると，その「振り返り会」がデブリーフィングの場としての機能を果たしていることに気づかされる。これら身体的・感情的な没入が求められる演劇系ワークショップにおいて，参加者たちは，さまざまな感情的な体験をし，感情を揺り動かされる。ワークショップの中で体験する感情は，もちろん，それほどの強度を持たないままに終わることもあるだろうが，そのような状況ばかりではない。ワークショップによっては，怒りや悲しみといった，ネガティブな感情に強く揺さぶられることもある。身体的・感情的な没入を求められるワークショップであれば，そのような感情の強度を生起させることに重要な意味があることも多い。まして社会的な問題と積極的に関わり合おうとする演劇系ワークショップであればあるほど，生起する感情との創造的な向き合い方を，参加者自身が考えていかねばならない。そのような場は，当然，参加者にとって心理的なリスクが高い。ワークショップの途中で，自分自身と向き合う中で，抑えきれぬほどのネガティブな感情が噴出することもあるだろう。そのような感情の渦に巻き込まれる中で，心理的な傷みを感じることもあるだろう。

　演劇系ワークショップの「振り返り会」は，このような参加者たちが，自分自身の感情の揺れ動きと向き合い，それをファシリテーターやその他のスタッフ，同じ場を共有した他の参加者などに向けて言語化していくことで，

その傷みを乗り越えていくための場でもあるのではないか。

(3) PIE プロジェクトにおける「振り返り会」とデブリーフィング
(3‑1) 語ることによる感情の乗り越えと，新たな感情の創出──「自分の
ためのワークショップ」から「皆のためのワークショップ」へ

　PIE プロジェクトの参加者たちにとって，そこでの経験を，自分自身の言葉で語りなおすという行為は，それそのものが，デブリーフィング，すなわち，自分自身の感じた感情の揺れを見直し，それについて報告することで，それを乗り越えるための機能を持つものであるようだ。たとえば，本プロジェクトのボランティア・サポーターとして参加した大学生のひとりは，自分自身の体験について，次のように紙面で語っている（下線は，引用者）。

　　　初めの頃は自分の英語力がどのくらいなのかを知るためだったと思います。しかし，あまりにも自分が英語を話すことができないことに気がつき，大半がゼスチャーをすることになりました。それでも少しの単語とゼスチャーでコミュニケーションができた時はとてもうれしくなり，もっと会話をしてみたいと感じることができました。
　　　きっと，日本語を上手に話すことができない子もそのような気持ちになるに違いないと思い，「自分のためのワークショップ」から，自分のできる日本語学習サポートをし，自分も外国語を勉強する「皆のためのワークショップ」へと気持ちが変わりました。

（杉元，2016，p 7）

　ここで杉元は，自身の感情の変化について語っている。杉元は，「自分の英語力がどのくらいなのかを知るため」に本プロジェクトに参加するが，参加してみると「あまりにも自分が英語を話すことができないことに気がつき」，結局は，少しの単語とゼスチャーを用いて他の参加者とのコミュニケーションを図ることになる。
　杉元はこのときの感情について，「とてもうれしくなり，もっと会話をしてみたいと感じることができた」としか書いていない。「うれしい」「会話をしてみたい」というポジティブな感情しか書かれていないのである。それにもかかわらず，この語りは，彼自身が「あまりにも自分が英語を話すことが

できないことに気がつ」いたときの戸惑いや，積極的にコミュニケーションをとっていきづらいといった後ろ向きの感情も，次の文との間のズレとして，含みこんでいる。杉元は，次の文で，外国につながる子どもたちに視点を移しながら，「日本語を上手に話すことができない子もそのような気持ちになるに違いない」と思ったと語る。ここで書かれている文章をそのまま受け止めるのであれば，ここでいう「そのような気持ち」とは，「うれしい」「会話をしてみたい」という気持ちであろうが，おそらく，そうではない。もし，杉元が外国につながる子どもたちの感じる戸惑いや後ろ向きの感情に共感を覚えなかったのであれば，彼らに日本語学習サポートをしようという動機も，「皆のためのワークショップ」へと気持ちを変えるきっかけも生じなかったであろう。「そのような気持ち」には，英語／日本語に対するコンプレックスや，思ったように意志疎通できないことへの戸惑い，そして，そのような状況を乗り越えて，ゼスチャーなどを通じてコミュニケーションが取れたときの喜びのすべてが含みこまれているのである。

　そして「そのような気持ち」が，「自分のためのワークショップ」から「皆のためのワークショップ」へと変化を誘うきっかけとなったのだと，杉元は語る。もちろんここで，杉元は「そのような気持ち」について十全に言語化しているわけではない。しかし，上記で示したように，語りきれない複雑な感情を，語りの上でのズレとして残したまま表現できるような場が確保されることによって，杉元は，英語に対して自らが感じた戸惑いや挫折感に対して，新たな感情を創造することによって，乗り越えているように見える。その新たに創造された感情は，「自分のためのワークショップ」から「皆のためのワークショップへ」というキーフレーズに，象徴的に示されている。すなわち，あらゆるものを個人の獲得物としてみる「ゲット文化（getting culture）」（Newman & Goldberg, 2019）ではなく，互いに助け合い，与え合うという関係性の中でものごとを意味づける「ギブ（giving）」（同上）の心に根差した感情を見出したのである。

(4) 語りのズレを契機とした感情の共有
──「振り返り会」における 3 人の大学生ボランティアの語り

　このように，自分自身のワークショップでの経験を語ることそのものが，自分自身の体験した感情の揺れを見直し，詳しく報告することで，それを乗り越え新たな感情を創出する契機となる。参加者全員で，ワークショップにおいて生起した出来事のダイジェスト版を映像で視聴し，それを契機としながら，自分自身の経験について語りあう「振り返り会」では，そこに，映像を媒介とした語りの連鎖が生まれていく。

　たとえば，2016 年 2 月 18 日に開催された PIE プロジェクトの「振り返り会」では，ダイジェスト版映像視聴の後，ボランティアとして参加した大学生たちと他の参加者による次のようなやりとりがあった。

　【事例：ボランティアとして参加した大学生の語り】

　会場の中央にある長机に 3 人並んで座っていた大学生たちに，コメンテーター（石田＝筆者）がコメントを求めると，正面に向かって一番右側に座っていた大学生・杉元（前述）は，「ファシリテーターのチャーリーさんも言ってたんですけど，ゼスチャーで 8 割伝わる。だから自分もなんとかわかるようにゼスチャーを取り入れたり，伝わるように努力してました。」と語り，大切なのは「伝えようという気持ち」なのだと言った。さらに杉元は「伝えようとする気持ち」について，「コリンさんの息子のバディと遊ぶことが多かったんですけど，子どもは日本語がわからない。だけど，伝えようとする気持ちがあるから伝わる」と述べた。

　杉元による語りが終わると，続いて，中央に座っていた照屋（仮名）が，「アクションを起こしていく中で，言葉がなくても伝わることがあると分かった」と述べ，「ワークショップは，各々緊張感がある中でやってたんですけど，プライベート空間でも同じようにしていて，それだからできると思えた。通じないってわかってても，全力で英語で話してくれる方がうれしいですね。自分は。」と語った。

　照屋は，「振り返り会」冒頭のダイジェスト映像の中で，沖縄方言（うちなーぐち）を用いて，自分自身にとっての大切なもの（ピアス）について語っていた学生である。本会の司会でもある松井かおりが，照屋の語りの後，映像の中で照屋が沖縄方言を使用していたことに触れ，「なんで，方言で話したの？」と尋ねると，照屋は，「周りの子が，自分の国の言葉と日本語を混ぜて話して

たんで，自分も，自分の祖国のことを話せればと思って。…ピアスのことを話すときに，方言を使ってたと思うんですけど，それは，家族のことを話すエピソードだったから…なのかな？」と述べた。

　続いて，長机の一番左側に座っていた長谷部（仮名）が，「コリンが最初に，英語でしゃべってきた時点で，終わったな，と思った」と述べ，それでも，「この人たちは信頼できる」と思えたこと，バディが「良いクッション」になっていたことを述べた。

(2016 年 2 月 18 日，フィールドノートより)

　この事例において，注目すべき点は，ふたつある。ひとつは，先に示した杉元の語りと同様，杉元を含む 3 人の大学生が共通して，英語を用いたコミュニケーションによって生じた複雑な感情的体験に焦点を当てた語りを行っている点である。そしてもうひとつは，照屋（仮名）が，松井からの質問に応じて沖縄語（うちなーぐち）について語る際の用語法である。

　まずひとつ目については，3 人が同様に，英語を用いたコミュニケーションを行うことに対する感情的な体験を語っているにもかかわらず，その語り方にズレがあることに着目したい。杉元は，前述した誌面での語りと同型の語りを展開する。すなわち，「伝えようという気持ち」によって，コミュニケーション上の問題を乗り越えうると語るのである。これに対し，照屋は各々が持つ「緊張感」，それがワークショップ内外でも継続して存在していることで「できる」と思えたのだと語る。また長谷部は，ファシリテーター（コリン）への「信頼」や，「良いクッション」としてのバディ（ファシリテーターの息子）など，人に対して抱く感情に重きを置いて語っている。

　これらを，先に引用した紙面上での杉元の語りと比べると，いずれも，詳細に語ることとそこから生み出される複雑な感情の乗り越えが生じているとはいえ，その質は異なっている。その質の異なりは，一言でいえば，語りにおけるズレの大きさである。前述したように，語りにおけるズレは，言語化して語りえない複雑な感情をそのままのかたちで内包しつつ，他者との感情の共有を図ることができる装置となりうる。もちろん，明確に言語化されえない以上，それは，あくまでも，その語りを聞いた他者の中にある感情的体験を呼び覚ますことしかできない。そのため，大学生 3 人の語りは，英語を

用いたコミュニケーションに対する複雑な感情についての語りであるという点で共通してはいるけれど，そこで語られる感情も，各々が語りのなかで生み出す新たな感情もさまざまである。しかしそれでも，「振り返り会」の中で語り合うという場があることによって，英語に対する複雑な感情を，ズレを伴いながら共有しあうこと，他者の語りに含まれる言語化され得ない感情を契機に，それを自分自身の語りの契機として自らの語りを始めることができた。

　このようなズレを伴う語りの連鎖と，そこから生じる感情の共有は，言語をめぐるディスコースを揺るがしていくための契機となりうる。本事例から見出されたふたつ目の点は，「振り返り会」がそのような契機をもたらす場となりうることを示唆している。照屋は，松井による問いに応えるかたちで，本ワークショップの最終日に行われた公演のなかで，沖縄方言を用いることにした経緯について語ろうとする。ここで照屋が沖縄方言を語る際の用語法に着目してみたい。照屋は，自身の語りの中で，外国につながる子どもたちにとっての「自分の国の言葉」と自分がその場で用いた言葉とを重ね合わせ，自分の話を「自分の祖国のこと」と述べた。「方言」という用語は，聞き手である松井に向けて語りをまとめようとする最後の部分に1回登場するのみである。おそらく，彼の体験の中では，沖縄方言は「方言」でなく，「自分の国の言葉」「自分の祖国のこと」であったのだろう。ここで「自分の祖国のこと」が，照屋が公演中に語った内容のこと（「自分の祖国のこと」）なのか，そこで用いられている言葉のこと（「自分の祖国のこと（ば）」）なのかを確定することはできないが，いずれにせよ，ここで照屋が，「方言」という用語を用いずに，その言葉を語るための用語法を模索しながら語っていたことに着目しておきたい。

　當間（1999）は，「ディスコースと権力」と題した論考において，1998年10月31日発行の朝日新聞に掲載されていたコラムを分析している。このコラムは，「足元見た政府　県内移転の『脅し』」と見出しのついたコラムで，執筆者は沖縄出身の文学者・目取真俊氏である。當間は，このコラムにおいては「文体と声が何度か変化していた」と述べ，このコラムが，不特定多数に向けて共通語で書かれた「報告・論説的な文章」から始まり，文章が進む

につれ，「目取真さんを含めた沖縄人たちの声が方言を交えて書かれている」
ことに着目する（當間，1999, pp 75-76）。沖縄出身の文学者による，沖縄人
たちの方言を交えた語りが，従来の新聞コラムにおいて支配的なディスコー
スを揺らがせているのである（同上，p 76）。

　照屋による語りの中にも，沖縄方言をいかに語るかをめぐる支配的なディ
スコースとの微細な闘いがあった。それは「言語」なのか「方言」なのか，
そもそも誰かにとっての母語を「言語」「方言」として区別することになん
の意味があるのか。松井の問いかけからはじまった，照屋の語りは，このよ
うな言語をめぐるディスコースが孕む政治的問題を提起する。この「振り返
り会」では，この後，特に「方言」について議論がなされたわけではない
が，このような問いを生じさせる契機が，「振り返り会」の中にあったこと
を指摘しておきたい。

(5) 言葉を共同的に創造する場としての「振り返り会」

　PIE プロジェクトにボランティアで参加した大学生たちの語りを比べてみ
ると，紙面で報告された語りと「振り返り会」での語りとでは，違いがある
ことに気づく。やはり「振り返り会」での語りには，集合的な感情の創出が
あり，それにともなう感情の乗り越えがある。

　個人化された医療モデルに基づくセラピーに対抗し，集合的・創造的な発
達的活動としてセラピーを捉え，実践を展開してきたセラピーのひとつに，
「ソーシャルセラピー」がある。これについて，その創始者の Fred
Newman は，次のように説明している。

　　私の視点では，感情を伴う会話は，「現実」を「科学的」に記述することよ
　　りもずっと，詩を共同で創り上げることに似ています。つまりソーシャルセラ
　　ピーの関心は，単に情報を明確にすることではなく，意味を共同で作り上げる
　　ことを助けることなのです。私たちは意味の構築を言語の，それもとくに感情
　　を表現する言語の重要な次元だと考えます。メタダイアログの問題点は，ソー
　　シャルセラピーの観点から見れば，言語が共有された創造的活動であるという
　　ことがすっぽり抜けていることです。
　　ソーシャルセラピーでは，人びとが感情をさまざまに表現することを助ける

中で，こうした言語の創造的で活動的な理解を伝えていきます。なぜなら言語とは，とくに感情を表現する言語は，単に用いられるものではないからです。それは創り上げられるものだし，創造的なものなのです。単に機能的なものではなく，詩的なものなのです。

(Newman & Goldberg, 2019, p 183)

　Newman がここで述べているソーシャルセラピーのプロセス——人びとが感情をさまざまに表現することを助ける中で，共同で詩を創造するように，感情を示す言語を創造していくこと——は，本稿で見てきた「振り返り会」での大学生たちの語りと重なる部分が多い。「振り返り会」において，大学生たちは互いの語りを支えとしながら，感情的な経験を表現する言葉を探し，語ろうとしていた。今回の場合は，新たな言葉そのものが創造されたわけではないが，語りのズレや用語法といったかたちで，言葉に対する意味が共同的に生み出されていた。

　もちろん，短い時間で行われた 1 回限りの「振り返り会」でできることには限りがある。今回の「振り返り会」で生み出された感情や言葉は，今後の実践を展開していくためのきっかけに過ぎないだろう。しかしながら，ある実践のあとに，そこで生じた感情に基づきながら，皆で詩を創造するかのように，言葉を共同で生み出していくこと，そこで生み出された感情や言葉を踏まえて，新たな実践を展開していくこと——このことを繰り返していくことが，ワークショップに関わるすべての人々，そしてそれらの人々をとりまく社会・文化を発達的に変容させていくことにつながる。

　このことについて考えるために，読者が「会話体で書かれた戯曲」（岸井，2010, p 3）として楽しめるように書かれた，上演時間百日間の演劇プロジェクト《墨東まち見世ロビー》（《東京の条件 WORK1》）の批評的記録をとりあげてみたい。本プロジェクトは，「劇作家の岸井大輔が，京島のキラキラ橘商店街にある店舗を借りて住みこみ，まち見世会期の百日間ノンストップで運営した」プロジェクトである。本プロジェクトでは，「まち見世全体の案内所の役割を果たしながら，アーティスト，来場者，地域の人々を巻き込むことで，会期の終了後も自主的な活動が展開される場となるようあらかじめ目指されていた」（同上，p 2）。本プロジェクトの特徴は，一見，地域アート

プロジェクトの「案内所」に過ぎない場の運営が，「演劇」として行われ，意味づけられていたことにある。この批評的記録は，「演劇」としての本プロジェクトの意味を，「戯曲」として言語化し，記録することで，完成させるものであったと考えられる。

　この批評的記録は，《墨東まち見世ロビー》に足を運び，そのプロジェクトに関わった人々と岸井との間で，本プロジェクト後に行われたインタビュー等での実際の会話に基づいている。以下に，その一部を紹介する（下線は引用者）。

　　アンジェ。小学三年生。フィリピン人。毎週日曜日に教会になるキラキラ橘の公民館に，親に連れられて通っていて，足立区からロビーに遊びに来るようになった。服を全部自分で選んで買っている。おしゃれな働き者

　　アンジェ　引っ越したの？
　　岸井　　　引っ越したよ。
　　アンジェ　ダンス，二十五日できなくて日曜日にやったの。
　　岸井　　　あ，そうだったね。練習してたものね。クリスマスのダンスどうだった？
　　アンジェ　五位だった。
　　岸井　　　教会でやって順位がつくんだ。
　　アンジェ　一位になると思ったのに。
　　岸井　　　それは残念だったね。
　　アンジェ　それで泣いちゃったのよ。
　　岸井　　　そりゃ泣くわな，自信があるときには。一位の人はよかった？
　　アンジェ　うん。まだやるのhere？
　　岸井　　　映画館をこれからやるよ。僕がこの辺にずっといたとき，なにか覚えてることある？おもしろかったこととか。
　　アンジェ　えっとチラシ配ったことかな。
　　岸井　　　チラシ配ったこと楽しかったのか。まだ口上覚えてる？
　　アンジェ　えっと。「『墨東まち見世2009』曳舟向島八広エリアでやってます！見にきてください。」
　　栗原　　　子供をダシにして。
　　岸井　　　違うよ，僕がいない日にアンジェが自主的に始めたんだよ。
　　アンジェ　うん。あとエリカとゆうかもだよ。お皿洗ったり，掃除したり。

岸井　　　僕はね，労働しないでってお願いしたんだよ。いや，ごめん，怒っ
　　　　　たんじゃなくて，子供が労働すると変な目で見られるからって。でも
　　　　　も仕事楽しかったんだよね。

アンジェ　うん。

岸井　　　もっとさせてあげたかったんだけど。掃除とかもしてくれたよね。
　　　　　すごいアンジェきれいにしてくれたんだよ。

アンジェ　うん。

岸井　　　お世話になりました。

アンジェ　うん。

岸井　　　僕がいなくなってどこいったの，とか言ってたんだってね。

アンジェ　ちゃんと言ってよね。心配するんだから！

岸井　　　だって日曜しか会えないからさー。

アンジェ　むー。

（「きらきらたちばなし⑥アンジェ」より）

　下線を施した部分は，毎週日曜日に《墨東まち見世ロビー》に通ってい
た，外国につながる少女・アンジェに，岸井がインタビューを行う場面であ
る。ここでの岸井による問いかけ（「僕がこの辺にずっといたとき，なにか覚え
てることある？おもしろかったこととか。」）は，地域アートプロジェクトを評
価するために行う質問としては一般的な質問であり，特に変わったところは
ない。それに対するアンジェの回答（「えっとチラシ配ったことかな」）も同様
である。むしろ，アートプロジェクトの評価の文脈では，意味の見出しにく
い回答と受け取られる可能性すらある。しかし，これらが「会話体で書かれ
た戯曲」の中に埋め込まれることによって，そこには，一般的な評価とは異
なった，詩的な意味が生じている。このふたりの会話の中には，感情的な揺
れ動きがあり，それにともなう，2人の関係性の変容がある。この「会話体
としての戯曲」を目にする読者にとっては，アンジェがチラシ配りを「おも
しろかったこと」とする情報そのものよりも，むしろ，彼女にとって，毎週
日曜日にこの場所に通い，「口上」を述べながら通行人にチラシを配布した
り，その場の清掃をしたりしながら過ごしたその時間のかけがえのなさの方
が，はるかに重要なものとして伝わってくる。アンジェが述べる「『墨東ま
ち見世2009』曳舟向島八広エリアでやってます！　見にきてください」と

いう口上には，特別なところは何もないが，彼女がこのインタビューが行われたその時に，まるでテープレコーダーを再生するかのように，当時の状況そのままにこの「口上」を述べているというその事実が，詩的な意味をもち，読者である私たちの感情を揺り動かす。

　ここで，岸井が，このような一連の会話の記録を「戯曲」と呼んでいることに象徴的に示されるように，この批評的記録に掲載されているすべての会話には，会話の参加者たちが共同で詩を創造し，そこから言葉の意味を生み出していくかのような姿をいくつも見出すことができる。そして，このことは，言語を創造する場としての「振り返り会」について考えるうえでの示唆を与えてくれる。Fred Newman が述べるように，私たちは，感情に焦点を当てて自らの体験を語り合うことで，詩を共同で創造するかのように，言葉を生み出していく。そして，また異なる場で次なる会話を生み出すために，そこで行われた創造プロセスを記録し，言葉によって記録しようとする行為は，まさに「戯曲」を書く行為であるといえるであろう。

(6) 言葉を共同的に創造する場としての「振り返り会」

　本稿では，現在のワークショップにおいて，映像を用いた振り返りが，知識の創造・共有を主たる目的として実施されていることを問題視し，ワークショップ参加者の感情的な体験に焦点を当てた「振り返り会」の可能性を探ってきた。具体的には，ノルディック・ラープの実践の中で重視されてきたデブリーフィングの考え方に基づきながら，ワークショップの中での感情の揺れを乗り越え，新たな感情を創出する場として「振り返り会」を位置付けようとしてきた。また，このような視点から，PIE プロジェクトの「振り返り会」に参加した大学生たちの語りを分析することによって，そこにはたしかに，感情の揺れ動きがあり，それを新たな感情の創出と共有によって乗り越えようとするプロセスがあったことを見出すことができた。

　佐伯（2018）は，Vasudevi Reddy の「二人称的アプローチ（Second-Person Approach）」という考え方を紹介したうえで，教育・保育実践のためのリフレクションにおいては，傍観者的な視点から観察し，「客観的法則」「理論」よって解釈しようとする「三人称的アプローチ（Third-Person Approach）」

を脱するべきだと述べる。また刑部（2018）は，佐伯による主張を踏まえた
うえで望ましいカンファレンスのありかたを提示し，そこで用いられるべ
き，映像技術のありかたを具体的に提示している。この中で刑部が，「二人
称的アプローチ」に由来する項目として挙げる項目のうちひとつ（⑦）は，
以下のとおりである。

> ⑦　対象を三人称的に見て，三人称的にかかわっていないか
>
> 　対象を自分と同じと「一人称的に」見ていたり，対象を傍観者的に（三人
> 称的に）観察して，既存の概念や理論で勝手な解釈をしたりしてはいないか
> を吟味する。また，対象に情感をもって「二人称的に」かかわり，対象の立
> 場，本人の真意（「訴え」）に聴き入ることができているかをリフレクション
> することである。　　　　　　　　　　　　　　　　（刑部，2018, pp. 54-55）

　ここでは，「情感をもって『二人称的に』かかわ」ることが強調されてい
る。これは，映像に映し出される当事者自身が映像を見直すような「振り返
り会」を想定したものではない。しかし，ワークショップに参加した当事者
たちが集まり，映像を視聴しながら自らの体験を振り返る「振り返り会」で
は，このような「二人称的な」場が現出するし，そうあるべきだろう。ワー
クショップを振り返ることの目的は，けして，知識を創造・共有することの
みではない。それと同様に，あるいはそれ以上に大切なことは，あらゆる
人々が「二人称的に」かかわりうる振り返りの場で，人々が互いに「情感を
もって」かかわりあい，感情を揺り動かしあうことによって，新たな感情や
言葉を創造することである。そうであるとすれば，ワークショップの実践
を，人びとやコミュニティにとってより発達的で創造的なものにするため
に，「振り返り会」をどのように位置付けていくべきなのか。そこには，知
識の創造・共有とは異なる可能性があるはずである。学習・発達の場として
のワークショップの可能性を拡張していくためにも，参加者たちの感情的な
体験をベースにした「振り返り会」の可能性を探求していくことが必要であ
ろう。

引用文献

刑部育子. (2018). "教育実践をリフレクションする". 佐伯胖・刑部育子・苅宿俊

文著．ビデオによるリフレクション入門：実践の多義創発性を拓く．東京大学出版会，pp. 39-57.

原田泰・上田信行．(2008)．体験の現像所：出来事の記録，記述，共有への情報デザイン的アプローチ．日本デザイン学会研究発表大会概要集，55，70.

石田喜美．(2015)．密猟されるオープンソースとしての「共通言語」：「Tokyo Art Research Lab」における実践のデザイン．香川秀太・青山征彦編『越境する対話と学び：異質な人・組織・コミュニティをつなぐ』．新曜社.

Kamm, B-O. (2017). LARP ——安心からの脱出．https://www.b-ok.de/ja/vsc_larp/#VSC_DesignDoc

Kamm, B-O. (2018).「Nordic Larp」入門：芸術・政治的な教育 LARP の理論と実践（口頭発表パネル）．TRPG フェスティバル，2018-09-02．熱海：日本．(資料入手先 https://www.b-ok.de/download/trpgfes2018/kamm_trpg_fes2018.pdf)（参照 2019-12-18）.

Kamm, B-O. (2019).「Nordic Larp」入門：芸術・政治的な教育 LARP の理論と実践．RPG 学研究，(1)，p. 5-14，doi: 10.14989/jarps_0_05．http://hdl.handle.net/2433/244243，(accessed 2019-12-18).

岸井大輔．(2010)．LOBBY：はじまりの場を創る（東京の条件 BOOK1）．東京文化発信プロジェクト室.

Newman, F & Goldberg, P.　茂呂雄二・郡司菜津美・城間祥子・有元典文訳．(2019)．みんなの発達！：ニューマン博士の成長と発達のガイドブック．新曜社.

佐伯胖．(2018)．"リフレクション（実践の振り返り）を考える：ショーンの「リフレクション」論を手がかりに"．佐伯胖・刑部育子・苅宿俊文著．ビデオによるリフレクション入門：実践の多義創発性を拓く．東京大学出版会，pp. 1-38.

曽和具之．(2013)．リアルタイム・ドキュメンテーション（Column1）．上田信行・中原淳（編），プレイフル・ラーニング——ワークショップの源流と学びの未来（pp. 158-161）．三省堂.

曽和具之・見寺貞子・かわいひろゆき・福崎千晃．(2012)．学びのプロセスを可視化するドキュメンテーション技術の開発．芸術工学 2012，(n.p.)

杉元賢人．(2016)．PIE プロジェクトに参加して（WORKSHOP）．FORUM：トーク広場（朝日大学経営学部広報誌），(54)，p. 7.

當間千賀子．(1999)．ディスコースと権力．言語，28 (1)，72-77．大修館書店

第5章　演劇合宿の記録

1. 2016 年度　演劇ワークショップ合宿　概要

記録：山田久子

■　日程：　2016 年 12 月 3 日（土）〜 4 日（日）

■　会場：可児市多文化共生センター　フレビア（集合）
　　可児市総合会館分室　大会議室（ワークショップ会場）
　　わくわく体験館（宿泊会場）

■　ワークショップ参加者：
　　さつき教室　生徒
　　　　　　（13 名：フィリピン 8 名，日本＋フィリピンのミックスルーツ 5 名）
　　ゆめ教室　生徒（1 名：中国 1 名）
　　朝日大学　学生
　　　　（10 名：日本 7 名，日本＋フィリピンのミックスルーツ 1 名，ベトナム 2 名）
　　愛知淑徳大学　学生（2 名：日本 2 名）　　　　　　　　　　合計 26 名

■　ワークショップ・ファシリテーター：
　　シャロン・カノリック
　　　　（オールド・ヴィック劇場　エデュケーション＆コミュニティ部門代表）
　　スチュワート・メルトン
　　　　（カンパニー・オブ・エンジェルズ　アソシエイト・アーティスト）

■　通訳：近藤弓子氏

■　ワークショップ・サポーター：
　　村上ヴァネッサ（多文化演劇ユニット MICHI）

■　コーディネーター：
　　松井かおり　（朝日大学）
　　田室寿見子　（Sin Titulo）

■　運営スタッフ：
　　各務眞弓　（可児市国際交流協会　事務局長）
　　湯浅美礼　（さつき教室　コーディネーター）
　　菰田さよ　（さつき教室　指導者）
　　山田久子　（多文化演劇ユニット MICHI　代表）

■　主催：NPO 法人可児市国際交流協会

●演劇ワークショップ合宿スケジュール

1日目	9：50	さつき教室　生徒 フレビア集合	
	10：00	朝日大学　学生 フレビア集合	KIEA 事務局長より，さつき教室についての説明 フレビア見学
	10：15	オリエンテーション	名前シール作成，会場準備，スケジュールの確認
	10：30	ワークショップ①	可児市総合会館分室
	12：30	昼食	
	13：30	ワークショップ②	
	16：00	移動	KIEA スタッフの車で，わくわく体験館へ移動
	16：40	チェックイン	部屋割り
	17：00	夕食準備	施設内の調理室で，参加者の夕食係が作る 並行して，参加者の朝食係が朝食の準備を進める
	18：00	夕食	参加者の手作り：カレー，イカリング，サラダ
	19：00	ワークショップ③	
	20：00	自由時間＆入浴	体育館でバスケットボールをするなど，自由に過ごす
	23：00	就寝	
2日目	7：00	起床	
	8：00	朝食	参加者の手作り：おにぎり，パン，ナゲット，ソーセージ，サラダ，フルーツ
	9：00	チェックアウト／移動	KIEA スタッフの車で，可児市総合会館分室へ移動
	10：00	ワークショップ④	
	12：00	昼食	
	13：00	発表会	
	14：00	ふりかえり	
	15：00	解散	

事前準備

自分にとって大切なものを持参する。

●ワークショップ行程表＆内容

※　行程表における「※」は，記録者によるフィールドノーツ

1 日目		
10:30	WS ① 可児市 総合会館分室	あいさつ コーディネーターよりファシリテーター紹介
10:35	WS ①— 1	<u>1 分間で全員と握手をして自己紹介をしよう　［シャロン］</u> 参加者が会場内を動き回って，一人ひとりと自己紹介・握手をする。
	WS ①— 2	「あなた」　［スチュワート］ 全員で大きな円になって，「あなた」という言葉を渡していく。 「あなた」を渡す相手は誰でもよいが，アイコンタクトと両手を合わせ差し出すことで，受け手に渡されたことがはっきりわかるようにする。 「あなた」を渡された人は，誰かに「あなた」を渡して床に座る。 　　1 回目：全員に「あなた」を渡して終了 　　2 回目：1 回目と同じ順番で「あなた」を渡していく 　　3 回目：1 回目と同じ順番で，両手は使わずアイコンタクトと言葉で「あなた」を渡していく
	WS ①— 3	<u>並べ替え　［シャロン］</u> 1 分間の間にお題の順番に並ぶ。 　　1 回目：「背の順」 　　2 回目：「年齢順」 ※　さつきメンバーの中ではたくさん言葉が交わされている。楽しんでゲームに参加している。 ※　何となく共通語が英語になっている。そのことにベトナム人留学生が不安を感じているように見える。 ※　2 回目の答え合わせでは，さつき男子生徒のおしゃべりが止まらず，何回か注意されている。
	WS ①— 4	<u>歩く　［シャロン］</u> 会場の中を歩く。 「友達と離れて，いつも会場がみんなで埋まっているように歩きましょう」とファシリテーターより指示。 　　「速く」歩く　→　「ゆっくり」歩く ※　ここでも集中しきれないさつき男子生徒に，シャロンが注意している 仲間探し　［シャロン］ お題の答えが同じ人をさがして集まる 　　1 回目：「好きな色」

		※　全体的にゲームに参加出来ている
		※　ケアヌがふざけている為か，まじめに参加しない生徒が増えてくる。まじめに参加している生徒の反応が冷ややかである
	WS ①—6	グループ決め　[スチュワート] 2 人一組ペアになり，グループ 1 とグループ 2 に分かれる。 各グループで話し合ってグループ名を決める。 　　　「キング＆クイーン」 　　　「サーティーンズ（13）」 ※　ケアヌのグループにシャロンが入り，みんなから意見を引きき出そうとするがなかなか出ず，ケアヌのアイデアが出て時間切れとなる。 ※　スチュワートがグループ名を尋ね，ケアヌが答えるが聞き取るのに時間がかかる。（発音の問題？）微妙な空気が流れるが，シャロンのフォローはなし。 ジェスチャーゲーム　[スチュワート] 各チームの代表者を決め，スチュワートの出すお題（職業）をパントマイムで見せる。他の人の職業を当てる。 ※　ケアヌが少し恥ずかしそうにしているが，スチュワートの反応を見ながら「皿洗い」のマイムをやる。
	WS ①—7	私たちの一日　[シャロン] 「私の朝」 朝の様子をマイムでやってみる。 寝ているところから，「起きます，いつも通り起きてください，話してはいけません。起きてすぐなにをしますか」の掛け声とともに，各自の朝の様子を発表する。 「私たちの一日」 ファシリテーターが「9 時，10 時……」と時間を刻むのに合わせて，その時間にいつもやっていることをマイムでやる。 5 人ずつ前にでて発表する（会場の一角をステージに見立てる）
12:30	昼食	
13:30	WS ②—1	サムライの「わ！」　[スチュワート] 大きな円になる。 【第 1 段階】 「わ！」と言いながら刀（両手を合わせて）を振り上げて，誰か一人に向けて「わ！」と言いながら刀を振り下ろす。 受けとった人は，「わ！」と言いながら刀を振り上げて，別の人に向けて「わ！」と言いながら刀を振り下ろす。 「わ！」を送る際には，アイコンタクトをしっかりする。

		【第2段階】 「わ！」を受け取ったその両側の人は，受け取った人のお腹に向かって「わ！」と言いながら刀を振り下ろす。 間違えた人はアウト（座る）していく。
	WS②—2	これを回してください　［シャロン］ 全員で大きな円になる。 「ここにとても重たいものがあります（シャロン：マイムで見せている）これを回していってください。」 ※　さつき男子生徒の多くはまだ恥ずかしさがみられるが，コウジなどは重さをうまく表現している ※　朝日大学生は，重さをうまく表現している
	WS②—3	大切な思い出　［シャロン］ シャロンが持ってきた大切な物の思い出について話す。 「13才のときにおじさんとおばさんからもらったブレスレット，私はユダヤ系で，ユダヤ人は13才になると大人に仲間入りするための儀式がある。」 【グループで話す】 一人ずつ自分が持ってきた物のエピソードを話す。
	WS②—4	シーンを作ろう　［シャロン］ 大切な思い出を話したグループで，写真のように止まってシーンを作る。 　　　1回目：「家族写真」 　　　2回目：「最悪な休日」 各グループ発表
	WS②—5	「大切な思い出」のシーン作り　［シャロン］ 【第1段階】 グループで話した「自分にとって大切な思い出」から一つを選んで，その思い出について3つのシーンを作る。 【第2段階】 3つのシーンを1つの場面にしていく。その際，一人一言ずつセリフを入れる。
	WS②—6	イヤなことをみんなに話す　［スチュワート］ 一人ずつイスの上に立って，「イヤだったこと」を話す
	WS②—7	マリオネット（あやつり人形）　［スチュワート］ ペアになって一人がマリオネット，一人が動かす人になる。 1ペアずつ発表
16:00	WS②終了	わくわく体験館へ移動，チェックイン
17:00	夕食作り	参加者による自炊
18:00	夕食	※　大きなテーブルが2つ，さつき教室生徒・朝日大学生・スタッフが，それぞれ固まって座って食べている。とても活気がある。

19:00	WS ③—1	セブン［シャロン］ 1 から 7 までの数を順番に数えて，その時に数を回したい方向の肩に反対側の手を置く。（左周りなら右手を左肩におく） 「7」の時だけは手を頭に置く。（左周りなら右手，右周りなら左手） 順番が回ってきた人は自由に方向を変えることができる。 ※　ケアヌのおしゃべりが止まらないので，シャロンがにこやかに声をかける。 決勝戦では決闘シーンのように 2 人背中合わせで中央に立ち，日本の地名を聞いたら 1 歩前に，日本の地名ではない言葉を聞いたら両手を出しながら振り返る。先に振り返ったほうが勝ち。 周りに座っている敗者たちが日本の地名等を言っていく。
	WS ③—2	ウィンク・キラー［スチュワート］ 鬼であるウィンク・キラーにウィンクをされたら，3 秒後に死ぬマイムをする。 探偵は，ウィンク・キラーがウィンクする瞬間を見つけて誰がウィンク・キラーか探し出す。
	WS ③—3	リーダーを探せ［シャロン］ 探偵を一人，リーダーを一人決める。他の人はリーダーと同じ動きをする。探偵は円の中央で，リーダーを見つけ出す
	WS ③—4	銅像を作ろう［スチュワート］ ペアになり，彫刻家役がパートナーの体を動かして銅像をつくる。顔の表情を作る時は，彫刻家が自分でその表情をやって見せて，パートナーはそれを真似る。 ファシリテーター「まず 10 年後の自分をイメージしてみよう。仕事は？　家族はいる？　独身かな？　どこに住んでいる？可児？　他のところ？　目を閉じてイメージしてみよう。」 　　1 回目：「日本の動物」 　　2 回目：「10 年後の自分」
20:00	WS ③終了	体育館でバスケットをしたり，談笑したり，入浴・就寝まで思い思いに過ごす。
2 日目		
8:00	朝食	参加者による自炊
9:00	チェックアウト	可児市総合会館分室へ移動
10:00	WS ④—1	ワークショップのウォーミングアップ サムライの「わ！」［スチュワート］ セブン［シャロン］

		※　１日目よりもかなり和やかにリズムよく進んで，つながるようになってきている
	WS ④—2	ミラー　［スチュワート］ ペアになり，一人がリーダー，もう一人は鏡に映っているかのように動きを真似る。 ※　１日目からほとんどパートナーを変えていないメンバーもいる。 ※　動きが面白くなってきて，おしゃべりが増える。 ※　「今度は静かに，鏡の中の自分を見て」とファシリテーターから指示があっても，話すのをやめない生徒がいる。
	WS ④—3	４つの動き　［シャロン］ ペアを作る際，さつきの生徒と大学生がパートナーになるよう指示。 シンプルな４つの動きを相談して作り，音楽にのせてダンスのようにする。 ２組のペアが一緒になり，４人で１つのグループになる。 ※　ケアヌ，日本語を使いながら大学生に教えている。 ※　さつき生徒２人，大学生２人になったことで，グループ内で大学生とさつき生徒が分かれそうになる。 各グループ発表
	WS ④—4	発表会のリハーサル①（シャロン・スチュワート） 【私たちの一日】 １日目にやったことを思い出しながら練習。 全員の立ち位置，音楽のタイミングが伝えられ，リハーサル ※　マイムが１日目よりもうまくなってきている，細かい描写をしている生徒も多い。 ※　シノは周りを気にしているが，シノ以外はマイムに集中している。シノの場所が悪いのか？（中央近く） ※　パフォーマンスに近づいてきて，ファシリテーター二人の目が厳しくなった。
	WS ④—5	発表会のリハーサル②（シャロン・スチュワート） 【大切な思い出】 １日目に作ったものを，もう一度練習。
	WS ④—6	発表会のリハーサル③（シャロン・スチュワート） 【将来の夢—10 年後の自分】 発表会で使う音楽ともに，１日目のペアと銅像を再度作り合った。 立ち位置の確認，銅像がどんな 10 年後の自分なのか発表する順番を確認して，リハーサル。
	WS ④—7	発表会のリハーサル④（シャロン・スチュワート） 【創作ダンス】 「将来の夢—10 年後の私」の立ち位置から移動し，「創作ダ

		ンス」の立ち位置への移動の練習。 ※　全体的に音楽にのれておらず，時間がかかり過ぎているとファシリテーターより注意。 ※　各グループで考えた4つの動きをした後，何となく終わってしまったリハーサルを見て，スチュワートが頭を抱えている。（期待通りではなかったかもしれない） 【カーテンコール】
12:00	昼食	
13:00	発表会準備	スプラッツ　［シャロン］ 全員で円になる。中央に指示を出す人が立つ。その人が「スプラッツ」と言いながら誰か一人に向かってレーザー光線を送るように手のひらを向ける。 「スプラッツ」と言われた人は，しゃがむ。その両隣りの人は言われた人の頭上に腕を斜めに上げ，二人で家の形をつくる。 言われた人が座らなかったり，両隣りの人が家を作るのを忘れたらアウト，ゲームから外れる。 発表会に向けての話 全員で「ミラー」 リーダーの動きを全員で真似する，全員がシンクロすることを目指す。 深呼吸ハミング 30秒くらいかけてゆっくり深呼吸し，吐く時に「んーーーーー」とハミングをし続ける。その後，発音を変える，「あーーーーー」。
	発表会	●　パフォーマンス ①　私たちの一日 ファシリテーターの「7時」「8時」「9時」……の掛け声に合わせて，参加者それぞれの時間の行動をマイムで表現する。 ②　大切な思い出 グループで話し合った思い出のシーンのうちの一つをグループ全員で再現する。 ③　将来の夢―10年後の自分 ペアで「10年後の自分」を話し合い，お互いの身体を使ってその自分の姿を銅像にする。 ④　創作ダンス グループで考えた動きを音楽に合わせて踊る。 ●　ファシリテーターからのコメント

		[シャロン]「すごいです。こんな素晴らしいものが出来上がりました。1 日半でここまで仕上げたんですよ。演劇は初めてで，会うのも初めての人もいましたよね。私もすごく嬉しいです。皆さんは，わたしの誇りです。」 [スチュワート]「とても楽しんでいたのがわかりました。これを初めてとしてドラマに関わってもらえると良いと思います。」 [シャロン]「みんなはとても才能があります。すごいと思います。」 [スチュワート]「10 年後にまたここに戻ってきて皆さんに会いたいなと思います。」 ● 写真撮影会 ● すもう観戦＆トライ 朝日大学すもう部学生がすもうを披露。 スチュワートやさつき教室の生徒たちも参戦するものの，惨敗。
14:00	ふりかえり	コーディネーターより，参加者からのフィードバックを聞く。
15:00	解散	

2. 2017 年度 演劇ワークショップ合宿 概要

記録：山田久子

■ 日程：2018 年 2 月 24 日（土）〜25 日（日）

■ 会場：可児市多文化共生センター フレビア（集合・解散）
　　各務原市少年自然の家

■ ワークショップ参加者：
　　さつき教室　生徒 （14 名：フィリピン 11 名，ブラジル 2 名，中国 1 名）
　　ゆめ教室　生徒 （1 名：ブラジル 1 名）
　　犬山高校定時制　生徒 （4 名：フィリピン 3 名，ボリビア 1 名）
　　朝日大学　学生
　　　　（7 名：日本 4 名，中国 2 名，日本＋フィリピンのミックスルーツ 1 名）
　　愛知淑徳大学　学生 （2 名：日本 2 名）
　　元さつき教室　生徒 （3 名：フィリピン 2 名，ブラジル 1 名）
　　可児市役所職員 （1 名：日本 1 名）
　　　　　　　　　　　　　　　　　　　　　　　　　　　　合計 32 名

■ ワークショップ・ファシリテーター：
　　シャロン・カノリック
　　　　（フランティック・アッセンブリー ラーニング＆パーティシペイ
　　　　ション部門 代表）
　　スチュワート・メルトン
　　　　（カンパニー・オブ・エンジェルズ アソシエイト・アーティスト）

■ 通訳：長谷川康子

■ ワークショップ・サポーター：
　　・アーツアカデミー東京芸術劇場プロフェッショナル人材養成研修 研修生：
　　鹿野遼太郎，山際真奈，星野麻子，奥本真司，秋葉よりえ（引率）
　　・演劇ワークショップ・ファシリテーター養成講座（可児市国際交流協会実施
　　事業） 修了生：住吉エリオ洋一，林里美，長谷川あつ子
　　・東京藝術大学 大学院生：楊嫡淳

■ コーディネーター：
　　松井かおり （朝日大学）
　　田室寿見子 （Sin Titulo/ 東京芸術劇場）

■　運営スタッフ：
　　　各務眞弓　（可児市国際交流協会事務局長）
　　　菰田さよ　（さつき教室　コーディネーター）
　　　小木曽絢子　（さつき教室　指導者）
　　　羽賀順子　（さつき教室　指導者）
　　　山田久子　（多文化演劇ユニット MICHI 代表）

■　主催：NPO 法人可児市国際交流協会

●演劇ワークショップ合宿スケジュール

1 日目	8：30	フレビア出発	フレビアより各務原少年自然の家へバス移動
	10：00	入所式 オリエンテーション	入所のことば 施設利用の注意点や，ベットメイキングについて
	11：00	ワークショップ①	
	12：00	昼食	
	13：00	ワークショップ②	
	17：25	夕食	
	18：30	プラネタリウム鑑賞	施設で実施されていたプラネタリウム鑑賞会に参加
	20：00	入浴	
	22：00	就寝	
2 日目	6：30	起床	
	7：30	清掃	
	7：55	朝食	
	9：15	ワークショップ③	
	12：00	昼食	
	13：00	ワークショップ④	
	14：00	発表会	
	14：30	振り返り	
	15：30	奉仕活動	施設内を清掃
	16：00	退所式 （集会所）	退所のことば 施設の皆さんへ感謝のことばなど
	16：30	解散 フレビアへ出発	

●ワークショップ行程表＆実施内容

※ 行程表における「※」は，記録者によるフィールドノーツ

I 日目		
10:50	WS ①	あいさつ，ファシリテーター紹介
10:55	WS ①―I	I 分間で全員と握手をして自己紹介をしよう ［シャロン］ 参加者が会場内を動き回って，一人ひとりと自己紹介・握手をする。
11:00	WS ①―2	身体と心の準備運動 ［スチュワート］ 【第 I 段階】 演劇・舞台の言葉を使って，号令に合わせて全員で会場内を移動する。 　　　　　Up Stage（アップステージ）　― 舞台の奥 　　　　　Down Stage（ダウンステージ）　― 舞台の前側 　　　　　Stage Right（ステイジライト）　― 舞台の右側 　　　　　Stage Left（ステイジレフト）　― 舞台の左側 【第 2 段階】 舞台で行われているパフォーマンスをやってみよう。 　　　　　バレエ（両手やかかととをあげてポーズ） 　　　　　パペット（あやつり人形のポーズ） 　　　　　オペラ（片手をあげて歌い上げるポーズ ＋ あぁぁぁぁ～） 　　　　　歌舞伎（よぉっとっとっと，＋ 片手片足をあげて I 回転） 　　　　　スポットライト（片手を回しあげてポーズ） 【第 3 段階】 【第 I 段階】【第 2 段階】の中からランダムに号令をだして動く
11:10	WS ①―3	並べ替え ［シャロン］ I 分間の間にお題の順番に並ぶ。 　　　　　I 回目：「背の順」 　　　　　2 回目：「髪の毛の長さ」 　　　　　3 回目：「年齢順」 ※ 全体的に楽しんで参加できているが，朝日大学生同士のコミュニケーションがまだ難しそう。
11:20	WS ①―4	仲間分け ［シャロン］ I 分間でお題の答えが同じ人と集まって座る。 　　　　　I 回目：「好きな色」 　　　　　2 回目：「好きな食べ物」 　　　　　3 回目：「日本の中で好きな場所」 ※ さつき教室ブラジル人生徒や朝日大学すもう部員など，少人数のグループが固まって動いている。 ※ 中国人留学生がゲームの輪から外れそうになるが，シャロンが話しかけて中に入れた。

11:30	WS ①— 5	サムライの「わ！」［スチュワート］
		大きな円になる。
		【第 1 段階】
		「わ！」と言いながら刀（両手を合わせて）を振り上げて，誰か一人に向けて「わ！」と言いながら刀を振り下ろす。
		受けとった人は「わ！」と言いながら刀を振り上げて，別の人に向けて「わ！」と言いながら刀を振り下ろす。
		誰に送ったかわかるように，アイコンタクトをしっかりする。
		【第 2 段階】
		「わ！」を受け取った人の両側の人は，受け取った人のお腹に向かって「わ！」と言いながら刀を振り下ろす。
		アクションを間違えた時はアウト（その場に座る）となる。
		反応が遅い場合やエネルギーが少ない場合も，アウトとなる。
		最後の 2 人となったところで決勝戦。
		決闘のように 2 人背中合わせで中央に立ち，フルーツの名前を聞いたら 1 歩前に，フルーツではない言葉をきいたら相手に「わ！」と言いながら刀を振り下ろす。先に「わ！」と刀を振り下ろしたほうが勝ちとする。
		周りに座っている敗者たちが，フルーツ等の言葉を順番に言っていく。
		※ 敗者も決勝戦までゲームに集中して参加できている
11:50	WS ①— 6	探偵ゲーム　［シャロン］
		参加者の中から探偵とリーダーをきめる。それ以外の人はリーダーの動きのマネをする。探偵は誰がリーダーなのか全員の動きをみて探す。探偵は誰がリーダーかわかったら名前を言う。（名前を言うチャンスは 3 回まで）
		※ リーダーの動きは流行曲のダンスが多かったため，知らない人は真似するのが難しかった。
		※ 探偵役やリーダー役の希望者を募るが，誰も出てこなかった。
		※ さつき教室ブラジル人生徒たちに，ここで初めてポルトガル語の通訳が入る。
12:00	昼食	昼食後，シャロンとスチュワートの婚約を祝うセレモニーを実施。
		さつき教室の生徒から，歌とともにプレゼントが渡された。
		このセレモニーのため，予定より 25 分遅れて WS ②開始。
13:25	WS ②— 1	サイン・リレー　［シャロン］
		2 グループに分かれて，各グループ 1 列になって座る。
		ファシリテーターが 10 円玉をコイントス。「10」と書いてあるほうが出たら，各グループの先頭から最後の人まで，順番

		に隣の人の手をにぎってサインを送る。最後まで行ったら，一番後ろの人は少し離れたところに置かれたペットボトルを取りに行く。早く取ったほうが勝ち。 一巡する毎に，一番後ろの人が先頭へ移動。 　　１つ目のサイン　手をにぎる　５回実施 　　２つ目のサイン　メキシカン・ウェーブ（腕を波のように動かす） 　　３つ目のサイン　立ってメキシカン・ウェーブ 　　４つ目のサイン　アイデアを参加者から募集⇒両手でハイタッチ 　※　シャロンの指示に対しての動きが早くなってきている。足取りが軽くなってきた。
13:50	WS ②— 2	ヒーローについて話そう（スチュワート） 「あなたのヒーローはだれですか？」 家族や友達，実際にあったことのある人誰でも良い，ニュースやインターネットで見た人でも良い。本当に素敵だと思う，こうなりたいと思う人について話す。 【第１段階】 2人ペアになる。 3分間で，お互いに自分にとってのヒーローが誰なのかを話し合う。 【第2段階】 ペアの体を使って，自分のヒーローの銅像を作る。 出来た銅像をみんなで観てまわる。 　※　英語と日本語では理解が難しい参加者が，流れに乗り遅れていることが目立ってくる。 　※　さつき教室のブラジル人生徒（マルセロ）は通訳を得て，自分のヒーロー像を発表出来たことで，ワークショップへの参加意識を高めている。
14:20	WS ②— 3	スーパー・ヒーローついて考える　［スチュワート］ 4人グループになる。 グループでどんな超能力があるか，アイデアを出しあう。（1分間） どんな超能力のアイデアが出たか，グループごとに発表。 グループで超能力をひとつ決めて，体や言葉，音をつかって表現する。（5分間） 　　グループごとに発表。 　※　「みんなを笑顔にする超能力」のアイデアが，発表会のパフォーマンスにつながる。

		※　グループでの話し合いが，まだぎこちない。 ※　「ステージと観客（演じる人と見る人）」の意識が初めて生まれた。 ※　日頃は日本語を話さないさつき教室生徒が，日本語でセリフを話し始める。
14:55	休憩	
15:20	WS ②— 4	**椅子サッカー　［スチュワート］** 会場内に人数分の椅子をバラバラに置き，座る。 鬼役を一人決める。鬼は会場の端から空いている椅子に座ろうと歩いていく。鬼以外の人は，鬼に座らせないように空いている椅子へと移動し，座る。 ※　途中，「どうやったらもっと上手く鬼の邪魔ができるか」と，ファシリテーターから参加者に質問があった。 ※　上記のファシリテーターの質問の際，マルセロは英語でも日本語でも意味が理解出来なかったため，他の生徒に確認に行く。
15:40	WS ②— 5	**だるまさんがころんだ　［スチュワート］** 鬼役は会場前方に立ち，すぐ後ろにペットボトルを置く。鬼以外の人は会場後方に鬼に向かって一列に並ぶ。 鬼以外の人は鬼が見ていない隙に鬼に近寄り，鬼が見ている間は動きを止める。動いているのが鬼に見つかった人は，スタートラインからやり直し。ペットボトルを取った人がヒーロー（勝者）となる。 **【ルールの追加】** ①鬼以外の人は，毎回止まる度に体の高さをかえる。（身をかがめたり，手を天井に伸ばしたり） ②鬼以外の人は，毎回止まる度に体の高さをかえながら，体のどこかで誰かとつながる。（手や足で触る） **【ゲームからシーンを立ち上げる】** 「だるまさんがころんだ」のルールはそのまま，鬼以外の人はペットボトルを狙うのではなく，鬼役を狙うように動いていき，最後は鬼を取り囲む。そして自分たちの存在を示すように「うぉー！」と叫び声をあげる。 鬼は両手からパワーを発射する超能力「ファイヤー・ボール」を使って，取り囲んでいる人々を倒していく。 ※　パフォーマンスとして動きを全てスローモーションで，ゆっくり行うようアドバイス。 ※　英語や日本語では理解が難しいさつき教室のフィリピン人生徒が，ルールを伝え合っている。しかし追加ルールには対応できず，理解できないまま参加して注意を受けている。 ※　シーンの中でマルセロが鬼になる。動きにターンを入れたりパフォーマンスを楽しんでいる
15:55	WS ②— 6	ハッピー・チェンジ　［シャロン］

		2人ペアになる。 ケンカをしているカップルや美容院で髪の毛をめちゃくちゃにされたなど，ハッピーではない状況を考える。 考えた状況のうちの1つについて体を使って表現し，全体で発表する。 発表したハッピーじゃない状況の解決策を考え，全体で発表する。 ※　「みんなを笑顔にする超能力」を使って，いろいろな問題が解決していくシーンを作りたいと説明があった。 ※　ペア同士で言語が異なっていても，お互い「伝えたい」「理解したい」という思いが参加者の中で強くなってきている。その一方で，うまく対話が出来ず，退室してしまうペアもいた。
16:30	WS ②—7	シークレット・アイデンティティ　［スチュワート］ 周りの人が本当の自分のことを知らないと感じることはありませんか？ 「みんなは私のことを○○だというけど，本当は△△なんだ」 ＝シークレット・アイデンティティ 2人ペアになる。自分のシークレット・アイデンティティについて話し合う。 各自で自分のシークレット・アイデンティティを体で表現する。 　（第1シーン）みんなが思う自分○○○ → つなぎの動き → 　（第2シーン）本当の自分△△△ 全体で発表する ※　サポーターに通訳を求めたり，質問をする参加者が増えてくる。 ※　一人で表現することに恥ずかしさを感じているのか，動きの練習が進まない。
17:00	WS ②終了	夕食後，施設内のプラネタリウム鑑賞会に参加
2日目		
9:20	WS ③	準備運動　［スチュワート］ ファリテーターの動きをマネする。 　大あくび → 手足をふる → 腰をふる → アキレス腱を伸ばしてストレッチ→（アイデア募集）相撲の又割り → スクワット ※　全体的に楽しく参加出来ている。円の大きさも小さくなっている。
9:30	WS ③—1	スカイ＆フロア　　［シャロン］

		「スカイ」→ 両手を上にのばす（空にさわるように） 「フロア」→ 両手に床におく ファシリテーターの「スカイ」「フロア」に合わせて動く。 [指示の追加] 　　「ビック」→ 両手両足体全体，顔も含めて大きく伸びる 　　「スモール」→ 体を丸めて出来るだけ小さくなる 　　「数字」→ その数字の人数で集まる 　　「Go」→ あるく 　　「Stop」→ 止まる ファシリテーターが指示をだして全員で動く ※　1日目に言語面でルールが理解出来なかったり，ペアでの対話が困 　　難だった参加者の動きがぎこちない ※　腰痛のため，朝日大学生1名がワークショップから離れた
9:40	WS ③—2	サムライの「わ！」[スチュワート]
9:50	WS ③—3	椅子サッカー　[スチュワート] 　　4回戦　実施
10:05	WS ③—4	チャレンジについて　[スチュワート] 2人ペアになる。 　自分に起こったことでもいいし，誰かが経験したことでも良い。チャレンジ，困難だったこと，難しかったことを思い出して話し合う。 ※　全体的にペアと向き合って対話が出来ている。（1日目に対話が難し 　　かった参加者もペアの組み合わせがよかった為か，スムーズに対話 　　できている）
	WS ③—5	ミラー　[スチュワート] ペアで，一人がリーダー，もう一人は鏡に映っているかのように動きを真似る。 交代して反対も実施。
	WS ③—6	ゲート（門）をつくろう　[スチュワート] 「チャレンジについて（WS ③—4）」で話したことをイメージしたゲート（門）を，ペアで作る。 「ミラー（WS ③—5）」で練習したように，ペアは同じ動きをする。 ペアは向かい合い，手か足を使って「入口の門」「出口の門」をつくる。2つの門の間は「チャレンジについて」で話したことイメージできる仕掛けを考え，通る人に体験してもらえるようにする。 言葉も使ってよい。椅子などの小道具も使用可としている。 全体を2つのグループに分け，ゲート（門）がある曲がりくねった障害物コースを2つ作る。 道順がわかるように，養生テープで矢印等を作る。

		それぞれのグループのゲートを体験する。
		※　ペアでの話し合い，動きの相談がどんどん早くなっている。
		※　スタッフも参加者と一緒にゲートを体験した。
		※　ゲートを体験する時間は，ゲートを作っている人も通っている人もどちらも楽しそうで，笑い声が絶えない時間になっている。終了後にハイタッチをするペアもいた。
11:20	休憩	
11:30	WS ③—7	ハッピー・チェンジ（パフォーマンス練習）［スチュワート］ １日目に作った「ハッピー・チェンジ（問題とその解決策）（WS ②—6）」のパフォーマンスを発表会用にアレンジし，練習する。 １日目のワークを思い出し，アイデアを追加しながらペアで練習する。 ファシリテーターが発表会の時の立ち位置を伝える。 舞台の両端に１列ずつ，ペアが向かい合うように並ぶ。 「みんなを笑顔にするパワー」のアイデアを出した生徒が各ペアのパフォーマンスに登場し，パワーを使って問題解決していくパフォーマンスにする。 ※　説明を聞くときの円がさらに小さくなる。 ※　１日目に退室してしまったペアは，２日目から参加している参加者と新しいペアになって参加。ファシリテーターがサポートして創作活動を進めている。 ※　ブラジル人生徒たちが通訳なしでパートナーとコミュニケーションする時間が増える。 ※　他のペアの発表もしっかりと見て，拍手しながら楽しんでいる
12:05	昼食	誕生日の KIEA 各務事務局長に，サプライズ・プレゼント。 さつき教室の生徒から，プレゼントと歌が渡された。 このセレモニーのため，予定より 15 分遅れて WS ④開始
13:20	WS ④—1	発表リハーサル　［スチュワート］ 発表会で実施するパフォーマンスを順番に復習。 パフォーマンスでは２日間で参加者がつくってきたものを行う。 BGM を流して動くタイミングや，立ち位置を確認していく。 ※　全体的に動きをゆっくり大きくすることや声を大きくすること，体の向き等についてアドバイスされた。 ※　１日目にペアとの対話が難しかった参加者に，ファシリテーターが発表会の選曲を依頼した。 ※　さつき教室生徒１名が体調不良のため，見学となる。
14:25	発表会	①ファイヤー・ボール

		「だるまさんがころんだ（WS ②―5）」の最後に行ったパフォーマンス。 鬼が見ていない隙に周りを取り囲み威嚇するが，鬼から発せられるファイヤー・ボールに全員倒されてしまう。 ②ヒーロー 舞台いっぱいに広がって，自分のヒーローを銅像で表現する。 ③シークレット・アイデンティティ 周りから思われている自分と本当の自分をパフォーマンスで表現する。 4 つのグループに分かれて順番にみせていく。 ④ハッピー・チェンジ 「みんなを笑顔にする超能力」をもつスーパー・ウーマンが，人々の困りごとを解決して，みんなを笑顔にしていく。 ⑤カーテンコール ※　リハーサルより良いパフォーマンスが出来た参加者が多かった。
14:45	ふりかえり	ふりかえり　［シャロン・スチュワート］ 2 人ペアになり，2 日間の中で一番楽しかったこと，良かったことを話し合う。 2 つのグループに分かれて，ペアで話したことを発表する。 ファシリテーターより最後のあいさつ，拍手。
15:25	終了	

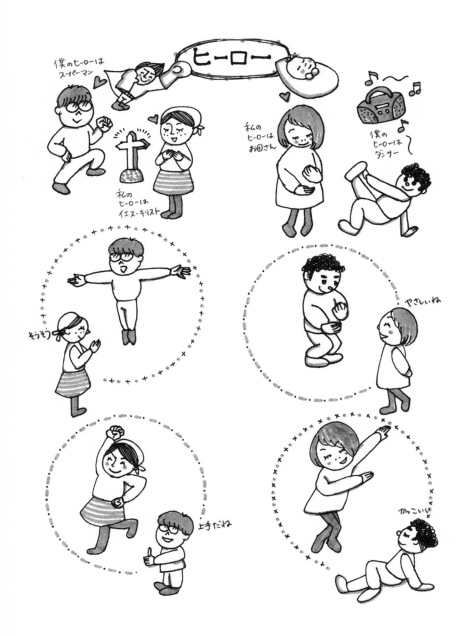

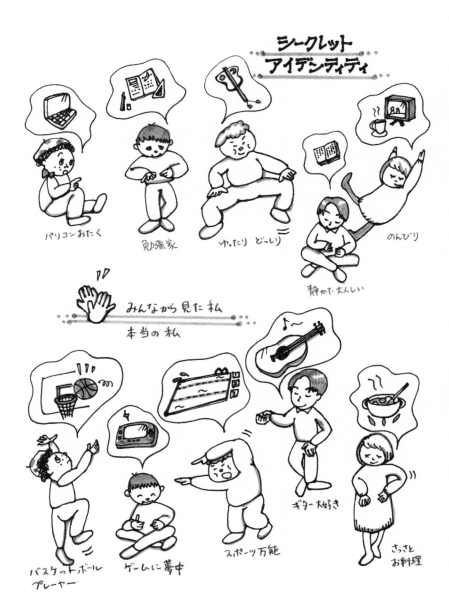

3. 指導者の声

魔法の時間──演劇ワークショップ合宿の体験から──

菰田さよ

(1) 演劇ワークショップって何？

　初めて "演劇ワークショップ" という言葉を聞いたとき，みんなで1つの劇をするものだと思っていました。恥ずかしいことに，はじめはこのワークショップの意味を全然理解せずに参加してしまっていたのです。

　2016年度は，「生徒を見守る役」という感覚でした。実際に，他の業務との兼ね合いで，合宿の2日間の中で私が参加できたのは1日目の昼食の買い出しと，2日目夜のワークショップ，そして生徒たちと一緒に泊まること。発表会を見ることができなくて，とても悲しかったことをよく覚えています。1日目の夜にいつも元気で活発なさつき教室の生徒たちが，初めて出会った人たちの中で，不思議な一体感の中でワークショップに取り組んでいる姿，また，授業では見せない，生き生きとしている表情に驚きました。

　特に印象に残っているワークは，「10年後の自分の姿を像にして表す」という活動です。"未来を考える" 方法は様々だと思いますが，一つの静止場面で，身体を使って表すなんて思ってもいませんでした。エンジニア，料理人，パイロットなど，それぞれの夢を表現していました。日本に来て，言語も違う国で，不安もたくさんあると思います。しかしそんな中でも，10年後の自分を見据え，進路をしっかり考えているのだと，3ヶ月半生徒たちと接していた中で，分からなかったこと，話していなかったこと，教えてくれなかったことを見ることができました。今実際，そのワークショップにいた生徒たちがその夢に近づいていっています。その度に，このワークショップのことを想い出しています。2016年度は，少ししか関わることができませんでしたが，演劇ワークショップは「みんなで劇を演じることではない」と

理解した私は，もっとこの活動について，よく知りたいなと感じていました。

(2) 演劇ワークショップが創る団結力，集中力

　そうして「演劇ワークショップの可能性の大きさ」を強く感じたのは2017年度のことです。今度は「運営側」としても関わりました。昨年度の振り返りから，活動の時間をもっと確保したいということがあったので，各務原少年自然の家で，合宿での演劇ワークショップを計画しました。この活動を通して「将来を考える」という目的とは別に，クラスの中がいつも国籍別で固まってしまっていたので，それが少しでも解けてとほしいという想いがありました。そしてこの年のワークショップは，約50人の参加者（運営側含む）で，関わる人の背景も様々でした。

　2日間の合宿を普段より少し離れた距離から接していて感じたことは，演劇ワークショップは "みんなが魔法にかかっているみたいだ" ということです。短い時間にも関わらず，初日にそれぞれのグループや国籍で固まっていた生徒たちが，最終日の発表会で一体感を感じさせるまでになっていたからです。

　まず生徒たちにはこのワークショップに，「言葉の壁」があります。どの生徒にとっても1番いい言語環境の中でワークショップが行われているわけではありません。そんな環境の中で，さらに，出会って間もないにも関わらず，お互いのアイディアや経験を躊躇することなく話しています。私たちは，さつき教室の生徒たちとほぼ毎日一緒に過ごしていますが，信頼関係を作るのは容易ではありません。ですが，参加した生徒たちがこの短い時間の中だけで "家族みたいだ" と思えるほどの関係を築けている生徒もいることに驚きました。そして，ひとつひとつのワークに対する生徒たちの団結力・集中力は，普段の授業の中でも簡単にできるものではなく，ファシリテーターの二人をはじめとする，このワークショップに少し嫉妬してしまうくらいでした。

　またこの魔法は，ひとつひとつのワークショップやその過程だけではなく，シャロンやスチュワートの声かけの部分も関係していると思いました。

褒めたり，助けたり，全員をまとめたり，そういうさりげない場面で子ども達に向けて発せられる言葉のひとつひとつが，きちんと意味をもっていて，活動を動かしているようでした。ワークショップに参加していない私ですらそう感じたので，生徒にはもっと強く響いていたのではないかと思います。

　しかし，この魔法の時間の中にも，それぞれの現実の中で生徒達が戦っている場面もありました。2日目に英検の二次試験があったため，ワークショップには，朝から参加することができず，戻ってきて発表会にいきなり参加した生徒。好きな女の子がペアの男の子と楽しそうにしている姿を見たくなくて，ワークショップを外れ，昼休みは一人抜け出した男子生徒。そして，ある一人の女子生徒は，当時家族との関係がまだうまく築けておらず，参加を理解してもらうためにワークショップに参加するのが遅くなってしまった生徒。ペアとの関係がうまく築けなくて，投げ出しそうになったけど，話し合って理解できた生徒。セリフを練習では英語を使っていたのに，発表では突然日本語を使う生徒。楽しいだけではなく，みんな様々な気持ちの中で2日間を過ごしていました。

(3) 演劇ワークショップの後も続く生徒の変化

　2日間のワークショップ中と現実との中で，様々な出来事や変化がありましたが，すべての人が彼らと関わりサポートしようとしていたからこそ，無事終えることができたのだと思います。この活動に関わる人たちのチームワークの大切さを強く感じました。このワークショップでの魔法は，終了後も解けることもなく，翌日から生き生きとした笑顔で授業に取り組む生徒達がいました。2月に実施したため，生徒たちは高校受験のモチベーションとなり，その後の合格につながったと感じています。この活動が，私たちが主たる目標としていた，「生徒たちが自分の将来を考える」ことに，直接つながっているのかは正直なところ定かではありませんが，確実に生徒たちの学びとなり，彼らが何がしか自分を見つめ直すきっかけになっていると思います。「言葉がわからないから」という理由で交わることのなかった他国の人との壁が，"伝える方法は言葉だけではない"，"相手の目を見る"など具体的なコミュニケーションの方法を知って，ずいぶん低くなったのではないで

しょうか。

　私は，"演劇ワークショップ"は，コミュニケーションを含め，様々な場面で有効な方法だと感じています。私たちが，シャロンやスチュワートたちのように，ワークショップのファシリテーターになることはできませんが，普段のさつき教室の中でワークショップの一つをやってみたり，声かけを工夫してみたりなど，できることはあります。演劇ワークショップの効果を指導者も理解し，普段の生活の身近なところで取り入れていく工夫が必要だと思います。

　今後もさつき教室を含む，青少年の子どもたちに，このような活動の場を作っていけたらいいなと願っています。そして，演劇ワークショップのまだまだ知らない可能性や面白さを発見していきたいです。

演劇ワークショップ合宿の運営スタッフとして目指したこと

山田久子

はじめに

　多国籍の参加者たちで行われた演劇ワークショップに参加して，その何とも言えない魅力に魅せられてしまった私は，可児市国際交流協会（KIEA）のさつき教室で行われてきた様々な演劇ワークショップに，ある年は自身もワークショップに参加しながら生徒たちをサポートし，またある年は，発表会でセルフストーリーを語る生徒たちをサポートする演出助手のような役割を担いましたが，2016年からはKIEAの運営スタッフとして開催場所やスケジュールの立案などにも関わるようになりました。ここでは運営スタッフとして考えたことを振り返り，書き記していこうと思います。

(1) 初めてのワークショップ合宿

　2016・17年度は，ファシリテーターであるシャロンとスチュワートが可児に2日間滞在してくださいましたが，演劇ワークショップの開催が土日ということで，さつき教室以外のKIEAに関わる子どもたちにも参加するチャンスが出来ました。そのため，「ゆめ教室」という義務教育年齢で，不就学，不登校，自宅待機の海外につながる子どものための就学支援教室からも参加者を受け入れることが出来ました。

　しかしその反面，さつき教室は通常は土日が休みなので，メイン対象者であるさつきの生徒たちが遅刻もしくは欠席するリスクも高まりました。週末は家族との時間や，教会へ行くことを大切にする生徒も多いためなのですが，それまでもイベント当日の朝，指導者が生徒全員にモーニングコールをかけて参加を呼びかけないと来ない，という話も聞いていたので，生徒たちを缶詰状態に出来る1泊2日の合宿形式を提案し，KIEA側に了承を得ました。

　運営側の都合で決めた合宿形式でしたが，参加者には好評で，演劇ワークショップにも良い効果を与えていたと思います。日頃，外部の人との交流が

少ないさつき教室の生徒たちには多様な人々と交流してほしいと，2016 年
度には朝日大学の学生の皆さん，通訳も兼ねて多文化演劇ユニット MICHI
のメンバー，2017 年度にはさつき教室の OB/OG や東京芸術劇場の研修生
の皆さんなど，様々な方々にご参加いただきました。

　多様な故に相互理解を深めるには時間がかるのですが，一緒に食事をし，
お風呂に入り，大部屋で一晩過ごすことは，運営スタッフを含めて参加者全
員の距離感を縮める助けになったと感じています。もちろんワークショップ
活動の成果でもあるのですが，2 日目の朝の様子は 1 日目とは全然違ってい
て，ワークショップが始まる時に全員で作った円の大きさは，初日に比べる
と隣の人との距離が縮まった分かなり小さくなって，活動がしづらそうなく
らいでした。

(2)　多言語による壁

　交流は深まる一方で，中には言語の面から他の参加者となじめず，自分を
うまく表現できない生徒もいました。それぞれの子ども達が歩みよって理解
を深めようとする姿は，多文化共生の点からもとてもすばらしいのですが，
言語だけではないパフォーマンス活動を通して自分を表現することも大切な
目的のひとつなので，言語が壁になってしまうことで多文化・多言語ワーク
ショップの難しさを感じました。

　外国につながる子ども達と演劇ワークショップを行う上で，常に大きな障
害なるのは言語です。事前に参加者の言語状態を確認し，通訳の手配を検討
するのですが，全言語に対応することは出来ません。合宿では英語とポルト
ガル語の通訳を配置して進めましたが，それでもファシリテーターの指示を
理解出来ず，すぐには動けない生徒も少なからずいました。

　「だるまさんがころんだ」など，コミュニケーションゲームであれば他の
人の動きを見て理解し，比較的全員が楽しむことも出来ましたが，ペアで話
し合う活動ではテーマを理解できていない生徒や，お互いの言語が理解でき
ないために話し合いを始められないペアもありました。

　しかし，ワークショップが進むにつれて少しずつ変化が見られました。ペ
アになった相手が言語を理解できていないとわかると，相手が通訳を呼んで

話し合いを進めたり，初日は通訳がいないと話し合いどころかゲームへの参加も難しかった生徒が，2日目には自分で身振り手振りを使って会話し，通訳には話し合う内容だけ確認するようになりました。

(3) 将来を考えるワークショップ

　さつき教室の演劇ワークショップでファシリテーターにいつもお願いしているテーマは，「将来を考えるワークショップ」です。教室で生徒たちに将来の夢を語ってもらうと，医者・弁護士・パイロットなどの職業が多い印象がありますが，だからといって医者になるためにどういった進路を進む必要があるのかを知っている生徒は少ないように思います。そんな生徒たちに自分の好きな事，やりたいこと具体的に考えてもらいたいと思ったのですが，ファシリテーターから提示されたキーワードは「ヒーロー」でした。どんなものになるのか全く想像出来ませんでしたが，ワクワクしたことを今でも覚えています。

　「あなたのヒーローは誰？」，「超能力を持っているとしたら，どんな超能力？」「周りの人が思う自分と，自分が思う本当の自分は？（シークレット・アイデンティティ）」などの質問が投げかけられ，ペアやグループで話し合いました。

　「将来を考える」というテーマとは直接つながっていないように思われる質問も，現在の自分はどんなことが好きで，どんな人になりたいのかを話し合いや身体表現の過程で見つめなおす，素晴らしいプログラムだったと思います。

　生徒のアイデアのひとつに「みんなを笑顔にする超能力」というのがあったのですが，それをすぐに発表用のパフォーマンスにつなげることで，参加者全体にも笑顔が増えたので，ファシリテーターの着眼点と構成力にただただ感心しました。

　さらにシャロンとスチュワートは，言語でつまずいている生徒たちをパフォーマンスの重要な役どころに抜擢し，活躍できる機会を与えて自信を取り戻させようとしました。発表会後，シャロンたちに抜擢した事に不安はなかったのか聞いたところ，何の躊躇もなく「彼らなら出来ると思ったよ」と即

答しました。子どもたちの個性を見極め，可能性を強く信じているのだと感じ，私自身が日常的に生徒たちと接する指導者として見習うべき点だと思いました。

(4) ワークショップの終わりに

　演劇ワークショップは日常を離れた特別な場所であり，ファシリテーターが作った安全と安心の空間の中で，日常では特別考えもしないことを真剣に考えて表現する場所になります。シャロンとスチュワートのワークショップに参加した生徒や大学生だけでなく，大人たちもそんな場所で遊び，話し合い，表現しあって，パフォーマンスを創り上げ，発表会でもそれぞれの個性が光る素敵なパフォーマンスを見せてくれました。その姿の中には合宿初日のような丸い背中はもうありません。正面をしっかりと見て，やるべき時にやるべきパフォーマンスをして，そして自分や仲間たちの表現を楽しんでいるようでした。

　そしてワークショップ最後の時，拍手が高らかに鳴り響いていました。その一人ひとりの拍手がシャロンとスチュワートに，一緒にワークショップをうけた仲間たちに，そして最後まで頑張った自分自身に向けられているように感じて，私はこの拍手を聞くことが出来て本当に良かったと思いましたし，この拍手を聞くために頑張ってきたんだとも思いました。

4. 演劇ワークショップにおける子ども達のコミュニケーション
——英語授業におけるコミュニケーションとの比較から——[1]

松井かおり

(1) はじめに

　次期学習指導要領案が示すように，日本の外国語教育は，単一外国語（英語）教育，早期学習の導入，学習項目の増量，母語（日本語）介在の排除を志向し，「簡単な情報や考えなどを理解したり表現したり伝え合ったりする」という，いわば情報伝達型コミュニケーション能力の育成を目標に掲げている。この目標を下支えしているのは，「インプットの増加に応じて英語の習熟度が高まる」という認知主義的学習観であり，「正しい知識に基づき正確な文を作ることができればコミュニケーションが成立する」というナイーブなコミュニケーション観である。また，授業を「実際のコミュニケーションの場面」とすることをめざしながら，授業参与者が背負う言語・文化・社会的多様性や授業参与者同士が創りだす場の独自性を捨象し，学習者の発達を一様に直線的・段階的な言語習得モデルの範疇で捉えているようにみえる。しかし，ヴィゴツキー（1978）らの思想を源流に持つ社会文化的アプローチの立場から，バフチン（2002）は対話を，話者の共通理解や価値観が重なることはあっても同一にならないがゆえに継続可能となるものとし，また金沢（2003）も「話者が自分の意図を正確に伝達できると信じて行うコミュニケーションは，結果的に正確な伝達に失敗する」（p. 213）と述べている。これを外国語授業に置き換えれば，授業参与者が他者とのコミュニケーションへ向かおうとし，実際に自分がその行為の主体者であると実感するのは，求められている応答が簡単に予測できるような（例えば情報伝達）コミュニケーション場面においてではなく，むしろ理解不能な，あるいは相手との見解が異なる状況にあっても，なんとか相手と関わろうとし続ける相互行為の中で実感されるのであり，その中で参与者の変容（成長）が促進されるといえるだろう。そのとき授業参与者の多様性は，相互行為が立ち上がる場面の大切

なリソースのひとつとなる。

　本稿は，海外にルーツを持つ子ども達と留学生，日本人学生達が合同で行ったインプロドラマ・ワークショップにおける相互行為を社会文化的視点からみようとするものである。インプロ（"Impro"）とは，台本など事前の決め事を持たない即興的な表現活動を指し，「グループとしての活動を学習すること」（Lobman, C. and Lundquist 2007）である。言い換えるなら，多種多様な人の集まりの中で互いに他者に反応し合い，集団として意味ある場を創り上げる活動であり，必ずしも言語習得を目的としない。本稿が取り上げるインプロドラマ・ワークショップは授業外で行われ，言語習得が第一義ではなかった。しかし，この活動の中に現在の外国語教育の学習観，言語能力観が見逃している創造的で主体的なコミュニケーションの過程が観察された。そしてその様態は，これまで言語授業において獲得すべきとされてきた目標としてのコミュニケーション能力の考え方，授業方法を再考する機会を与えてくれた。

　本稿は，社会文化的視点からみたコミュニケーション観の背景となる言語能力観をもとに，インプロドラマ・ワークショップのインプロ過程における参加者集団の変化を分析し，その意味を読み解きたい。その上で，多言語・多文化を背景に持つ子ども達との活動において観察されたコミュニケーションが，海外にルーツを持つ教員（ALT を含む）や児童・生徒をインクルーシブする言語学習環境での新しい教授／学習を生み出す可能性を述べる。なお，本稿において海外にルーツをもつ子どもとは，両親の移動に伴って海外から日本社会に移り住んだ子どもだけでなく，日本生まれであっても両親のどちらかが海外にルーツを持つ子どもも含むこととする。また本稿において第二言語とは，外国語も含むこととする。

(2) 現在の外国語（英語）授業を支える言語能力観・コミュニケーション観
(2-1) コミュニカティブ・ティーチングの課題

　現在外国語（英語）授業において主流の教授方法となっているのがコミュニカティブ・ティーチングである。最初にその教授理論が持つ認知的な言語能力観・コミュニケーション観の特徴とそこに欠落している視点を確認す

る。

　コミュニカティブ・ティーチング（"Communicative Language Teaching"：
"CLT"）とは，コミュニカティブ・アプローチ（"Communicative Approach"：
"CA"）とも呼ばれる。これに先立つ伝統的教授法である文法訳読式教授法
（"Grammar-Translation Method"）やオーラル・アプローチ（"Audiolingual
Method"）が，書き言葉における文法の正確性や話し言葉における音声と語
彙の形式面を過度に重視することに対して批判が高まり，また実際に学習者
の第二言語運用力を伸ばすことができなかったという反省から 1970 年代以
降ヨーロッパに拡大した。CLT は様々な理論が援用されている教授方法で
あるが，「コミュニケーション能力を高めるために，学習者にコミュニケー
ションに関わる機会を与える 」（Savingnon 1972）という主概念の下，「ロー
ルプレイ」[3] や「インフォメーション・ギャップ」[2] というタスク活動を学習
者に与えることで

　第二言語を使用する場を作り出し，コミュニケーション能力（「学習者がほ
かの話者と関わる能力」Savingnon 2012）を育成することを目標にしている。
この教授法の基底をなすのは，1980 年代，Hymes（1972）が提唱した「伝
達能力」をさらに３つの下位能力に分類しそれをコミュニケーション能力と
したコミュニケーション観である。３つの下位能力とは，文法能力，社会言
語的能力（社会文化的能力と談話能力から成る）と方略的能力（Canal and
Swain 1980）であり，これらの能力は，CLT などの教授学習によって個人が
認知的に獲得される対象と見なされた[4]。CLT で目指されているのは，互い
に自分が知らない情報を相手から聞き出し作業を完成させる「インフォメー
ション・ギャップ」に代表されるように，与えられた場面設定の中で，他者
に情報を受け渡しするための道具として第二言語を使い，ある程度予想でき
る過程を経て，正確に情報を相手に伝えるという行為である。現実社会の言
語使用場面に似せていながら即興性が乏しく，相互行為の中で間主観的に創
られる意味の構築や，情報の交換以外のコミュニケーションを度外視してい
る。

(2-2) 社会文化的アプローチによる言語習得観, コミュニケーション観

　これに対して, 90年代以降, 社会文化的アプローチに基づく新しい言語習得観, コミュニケーション観が提唱された (Lantolf and Appelem 1994, Firth and Wagner 1997, Larsen-Freeman 2007)。CLT は, 外国語使用の場を教室に創り出そうとしながらも, 学習の特性を「頭の中の変化」とし, 言語の特性を「心的な構成物」という理論を基底に持っている。そのため, 会話における発話の意味は発話者の脳内にあり, 発話された時点で聞き手にその意味がそのまま引き継がれると考える。これに対し, 社会文化的アプローチでは, 学習とは, 学習者が道具を媒介にしながら教師や他の学習者との相互行為を通して関係性を変化させていくこと, つまり「社会 (授業) への参加の仕方の変化」であり, 言語は「社会的な構成物」であると捉える。会話における各々の発話は一連の相互行為の産物であり, 発話者が先行発話をどのように理解したかというその時点での発話者の理解の表れであると考える。

　さらに近年, ヴィゴツキー心理学を基に, 演劇などパフォーマンスを通して人の発達を論じるホルツマン (2009) は, 認知と情動を二元論で論じてきた従来の心理学を批判し, 認知と情動を統合する学びの重要性を強調した。この理論は言語習得に特化したものではないが, この発達理論を基に行われたのがニューヨークの下町にある小学校での教科学習の枠を超えるドラマWS や, 全米に拡大した演劇協同活動 (“All Star Project”) である。そこでは大人や熟達者が足場掛け (“scaffolding”) を行うのではなく, ドラマ特有の能動的で集団的な活動 (“performance”) が子ども達自身を変革していく場であり, 子ども達の主体性を育てるのだという。この実践では, 多様な文化出自を持つ子ども達が「なりたい自分」を演じることで次第に自己認識を変え, 他者との関係も組み替え, ひいては自己の世界に対する見方も変える子ども達の発達を捉えていて興味深い。

　社会文化的アプローチが, 学習に自他の区別をつけず, 学習を集団での学びにおける関係性の変化とするとき, そこで起こる相互行為を見ずして学習は語れない。次項では, 多言語・多文化で行われたインプロドラマ・ワークショップから2つの相互行為場面に焦点をあて, 通常の外国語 (英語) 授業との比較を行う。

(3) インプロドラマ・ワークショップ実践

(3-1) 目的と概要

（開催期間）2015 年 10 月 12 日～10 月 18 日までの 7 日間

（参加者）　可児市国際交流協会で学ぶ子ども達，大学生，留学生（表 1 参照）

（スタッフ）英国人演劇教育ファシリテーター 2 名　日本人演出家 1 名，ス
　　　　　　タッフ 3 名

（目的）

・地域の海外にルーツがある子どもたちと日本人学生，留学生の交流

・多文化多言語の環境で，コミュニケーションに向かう態度を養う

・地域の外国人住民が抱える課題に対して理解を深める

（活動の内容）

・台本はなく，即興的に行ったワークショップをつないで作品をつくる。最
　後に，小さな観客の前で発表会を行う。

・活動は，身体を使ったゲームやダンス，歌の活動からグループで行うイン
　プロやショー・アンド・テル（物を見せながら話す活動）へと段階を踏んで
　行われた（表 1 参照）。

表 1　ワークショップの活動段階

活動導入	活動目的	活動内容
プレ（10/12～10/14）	大学生がワークショップに親しむ	・様々な即興演劇活動を体験する
段階 1（10/15）	参加者がお互いを知り合う	・ボール渡し，チャンツなど身体的なゲームやダンス，歌など ・自分にとって大切なもの，将来行きたい国これまでの人生に起こった出来事について，工作や描画，物を使って表現する
段階 2（10/16）	グループで即興劇づくりができる	グループで，「旅」のテーマに沿った場面を即興で演じる
段階 3（10/17）	参加者全員で即興劇づくりができる	2 日間で体験したワークショップを繋いで，テーマに基づいてストーリーをつくる
段階 4（10/18）	即興劇の公開	小さな観客の前で演じる
段階 5（ 2/18）	振り返り会	活動記録映像をみながら，参加者が自分の行為と感情を振り返る

(3-2) 事例1：ストーリーの協同創作

　最初に，参加者たちが即興でドラマのストーリーを創っている場面を検討する。英語習熟度が低く通常の英語授業では寡黙な学生たちが，英語で進められた活動でも落ちこぼれることなく参加できた（ように見える）理由を考えたい。以下は，「旅」をテーマに行われたドラマ創作の中で，エンディングを参加たちが考えている場面である。

1. Y： Ah::: ((ハンドルを握る動作をした手を下げて苦笑い))
2. F： ((生徒たちを見る))
3. M： I'm wondering if at the very last moment, Y says "This journey has finished, and we are going to start a new journey. Now it's your turn." a sort of …
   （「本当に最後に，Yさんがこう言うのはどうかしら。『旅は終わったよ，新しい旅がもう始まっているんだ。次はあなたが自分で旅に出る番なんですよ』って」）
4. SS： Oh:::::
5. F： Lovely.（「いいね」）
6. J： And we should leave here silently. Ah:: 黙って（・・）でて（・）いく↑のがいい。
   （そのあと，静かに僕たちはみんなこの場を去るようにした方がいいんじゃない。えーっと，）
7. F： ((うなずいて他の生徒たちを見る))
8. Y： ((エレベーターの方へ歩いていき，ボタンを押して扉を開ける))
9. N： ((反対方向へ歩いていく))
10. S, U： ((手をとりあって，階段を下りていく))
    ((残りの生徒たちも思い思いの方向へ去っていく))

※　Y, N：日本人学生，F：英国人ファシリテーター，M, J：フィリピン人生徒，SS：参加者たち，S, U：中国人生徒
※　（　）内の記述は，日本語訳を表し，((　))内の記述は動作を表す
※　発話の前の番号は，分析のために筆者が付加した
※　（・）ポーズを示す　カッコ内の1ドットは0.5秒
※　↑ 上昇イントネーション，… 余韻のある発話の休止，：は音を伸ばしていることを示す

　エンディングを迎えた場面で，演技に困っている運転手役のY（発話番号１以下 #1）に対して，MはYのセリフを提案する（#3）。参加者たちから「おー」という称賛の声が挙がり，その案はみんなに受け入れられる（#4）。すると，すかさずJが，「静かに立ち去って終わるのがいいのではないか」という次の提案を重ねる（#6）。それを受けて日本人学生Yがエレベーターの方へ黙って歩き出し，ボタンを押して乗り込もうとする（#8）。間髪入れず，日本人学生Nがその反対方向へ歩き出す（#9）。すると次々と参加者たちは無言のまま演技を始め，あっという間にエンディングが完成した（#10）。

　この場面では，ホームルームの話し合いの時間のように，ドラマのエンディングを決める，というトピックが明示的に示され，参与者たちの理解と意見を促すような典型的な談話（例えば，I-R-E構造（教師による「発問」，児童・生徒による「応答」，教師による「評価」）が生起していないにも関わらず，各々の参与者たちが場の状況を理解し，自分たちが何をめざしているのかを把握している。Yが次のアクションに困っているという無言の働きかけ（オファー）に対して，Mが提案（オファー）で応じ，JはMのオファーを受け入れた後，すぐに新しいオファーを重ねて，ストーリーを先に進めていく。日本人学生のYも，Jの「黙って出ていく」という発話を手掛かりに，状況にふさわしい行動を考え，真っ先に動き出すことでJのオファーを受け入れ，他の参加者たちに「僕ならこうする」という新たなオファーを投げている。

　通常，英語授業のロール・プレイなどのペア・グループ活動場面では，会話に必要な語彙や文法は事前に教師によって提示され，話題も発話順も設定されている。話すべき内容，使用すべき語彙，話すべきタイミングが全て用意されているにも関わらず，それでも口ごもる学生たちが多いのに対し，英語が多用され，いつ，誰が何を言いだすのか先が読めないインプロ活動に学生が主体的に取り組むことができることは興味深い。その理由のひとつには，先行する発話や行為を自由に意味づける（"completion" Holzman 1999）ことが許されているからではないか。また自分の発話や行為が他者によって受け止められ意味づけられることよって，学生はよりよく自分の発話や行為

の意味を知ることができる。意味付けの仕方が限定を受けず，使用言語や身体表現などの自由があるとき，参加者たちは場の状況を理解するだけでなく，楽しんでことばと身体で応じあう関係を創り出すことができる。その関係が成立してはじめて主体的なことばの使用が始まるのであろう。

(3‐3)　事例2：Show & Tell

　次の事例は，ワークショップの最終日に行った「ワールド・マップ」というショー・アンド・テルの活動である。参加者は，将来自分が行きたい場所とそこへ持っていきたいものを床に作図した世界地図の上に立ち，持ってきたい物を見せながら紹介する。（内容は，真実ではなく舞台小道具を使った創作でもよい。）この活動にあたって，台本やファシリテーターからの指導はなく，話す内容と長さ，使用言語や表現方法についての一切は参加者にゆだねられていた。小さな観客を入れての発表会直前，段取りを掴むため，一度リハーサルを行った。

　表2は，そのリハーサル時と本番時に発表者が使用した言語の比較である。興味深いことに，リハーサル時と異なり，本番では全ての発表者が母語（方言）を使って発表している。リハーサル時から本番までに，参加者が打ち合わせをしたり，演出家から指導を受けてはおらず，これは本番の中で最初の発表者の影響を受けたのだと考えられる。最初の発表者は，沖縄出身の大学生であったが，彼は将来行きたい場所として故郷の沖縄を挙げ，卒業後は故郷に戻って地域のために働きたいと述べている。このとき，家族の話をする場面で彼は沖縄のことば（ウチナーグチ）で母親の口真似をしたり，家族とのエピソードを語っている。引き続き話者となったほかの4人も，出自と関係深い話題を語るとき母語（方言）を使ったという点で一致していた。ベトナム人留学生たちは，各々，アオザイの紹介時と幼い時の想い出をベトナム語で，フィリピンの子どもは，フィリピンの島の名前の紹介をタガログ語で話している。自分のアイデンティティと深く関わる話題を語ることばとして母語を選択するという行為が，一連のパフォーマンスの中で，参与者間で引継がれ，それぞれに意味づけされながら，集団全体としてのパフォーマンスの質を変化させた。ソーヤー（1995）は，集団でのパフォーマンスをマ

表2　ワールド・マップ活動使用言語の推移

発話順	行きたい場所 / 持っていきたい物	リハーサル 使用言語	本番での使用言語 (左から発現順)
1	（大学生） 沖縄　メモリアルタオル, イヤリング	日本語 (L1)	日本語 / **方言** / 日本語 / (L1)　**(L1)**　(L1)
2	（ベトナム人留学生） 世界中　アオザイ	日本語 / 英語 (L2)　(L2)	日本語 / **ベトナム語** / 日本語 / (L2)　**(L1)**　(L2)
3	（フィリピン人生徒） パリ　日記帳	英語 (L2)	**タガログ語** / 英語 **(L1)**　(L2)
4	（ベトナム人留学生） アフリカ　木製の靴型	日本語 (L2)	日本語 / **ベトナム語** / 日本語 / 英語 / 日本語 (L2)　**(L1)**　(L2)　(L2)　(L2)

イクロな時間内での相互行為として捉えようとし，その行為には模倣と変革の両面が含まれていると述べているが，本事例においても，各々の参加者が，一回性の実践の中で，新しいことに挑戦しパフォーマンスを創発し続けることで生まれた結果といえよう。

　さらにこの場面の興味深い点は，その即興的な互いの行為の意味づけと新たなパフォーマンスの創造というだけではない。通常教室の中では，そして外国語授業においては特に参加者の母語（方言）が全体の場へ持ち込まれることは厳しく制約を受けるが，ここではそれを参加者が破り，母語（方言）も表現の道具として利用している点にある。そもそも，母語（方言）は身体性と切り離されない生きたことばとして，また創造性が発揮された芸術的表現と理解されてきた。また身体は自然や他の身体との相互行為や循環により構成される世界に属するものであるが，それは常にローカルで，その共通体験を意味づけるものとして母語（方言）が生まれている。したがって母語（方言）は，人間存在の基底に貫通することばであり，母語（方言）でしか語りえないものに真実が潜むという理解もこうして生まれるのだといえる。このことばを尊重するということは，学習者の存在の基底をなす世界から学習者の生活の全体性を肯定し，その次元としての当事者を承認することを意味しているといえるのではないか。このような視点からすれば，教室で母語（方言）で語ることができるということは，学習者の基底をなすコミュニテ

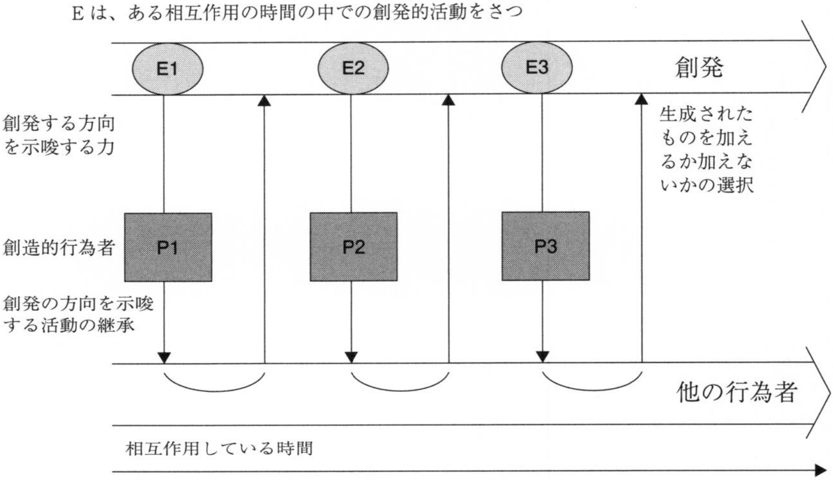

E は、ある相互作用の時間の中での創発的活動をさつ

図1　共時的（即興的）創発過程のモデル（Sawyer 1995）

ィー，あるいは生活世界を教室に持ち込むことを意味していることになる。
つまり，ここでは2つの実践コミュニティーが重なりあい，その重なりあい
の中で，学習に関わる出来事の意味の交渉がなされているともいえ，新たな
教室文脈を生成させる出来事になっている。

（4）おわりに：インクルーシブな言語授業をめざして

　ここまでインプロドラマ・ワークショップの2つの事例から，多文化・多
言語の状況が学習者に身体の使用や言語の選択など主体的な表現の工夫を促
し，母語と第二言語を混交させる新しい場を創り出したり，場（コンテクス
ト）の理解を促している様子が明らかになった。またインプロドラマのよう
な先がどうなってしまうかわからない活動において，他者の発話や行為を意
味づけること，また他者から意味づけられることに積極的に向かう様子も観
察された。これは，中学校の外国語授業において，外国語指導助手（ALT）
が "Good" のような生徒の発話を評価する先生らしい発話ではなく，"ah"
のような意味が定まらない間投詞を使って生徒の発話に応じることによっ
て，逆に生徒から更なる発話を引き出したり会話を継続させる事例と似てい

る（松井 2004）。つまり，外国語（英語）において，教師 – 生徒間，生徒 – 生徒の役割意識が強くなり，自由な発話の意味づけが許されない状況では，コミュニケーションは硬直化し，質問と答え，その評価という発話連鎖しか生まれなくなってしまう。

　現在，日本の外国語授業では，ほとんどの学校で自動的に英語が採択され，児童・生徒らの母語に関係なく一律に英語で英語を学ぶことが求められている。しかし現実社会において我々は，日本語（あるいは英語）という単一のことばに頼って暮らしているわけではない。日常生活の中には海外から異動してきた人たちが使う様々な言語のほか，地域のことば，若者ことば，インターネットのことば，メディアのことば，写真やイラストに至るまで，様々な言語や記号が混然一体となっており，我々はそこから意味を汲み取り，時には推測して日々コミュニケーションを行っている。国語や英語のようなことばの授業においても，海外にルーツがある子ども達や教師とともに，彼らのことばや文化習慣をも学びのリソースとすることによって，教室を蛸壺化することなく，児童・生徒の主体的な学びと積極的な対話をうむ環境づくりができるのだと考える。

注

1　本稿は，「英語授業という場の制約を越えたコミュニケーション環境の創造をめざして—多言語多文化ワークショップの事例から—」（2018）全国大学国語教育学会・公開講座ブックレット 10『—教室のなかの多様性／多言語・多文化と授業づくり—インクルーシブ教育とアクティブ・ラーニング』を一部改編したものである。

2　参加者が特定の状況で各自に与えられた役を務める誘導会話から，各参加者が様々な要素から成り立つ活動の一役を担うシナリオによるドラマ活動までを含む。

3　学習者がペアかグループになって，各人が部分的な情報，あるいは相手と違う情報を保有した後，相手がまだ知らない情報や意見を伝え合う活動。例えば町の人にインタビューをして行方不明のネコを探す，初めて入るコインランドリー店で洗濯をするなど。オピニオン・ギャップとも呼ばれる。

4　文法能力は言語記号の知識，社会文化的能力は言語使用とその非言語的なコンテクストの関係との関係に関する知識，談話能力は発話と伝達機能の結合に対す

る規則の知識，方略的能力は，コミュニケーションの失敗を補うために要求させる言語的，非言語的コミュニケーションの知識である。

参考文献

バフチン（2002）桑野隆・小林潔編訳　バフチン言語論入門』東京：せりか書房.

Canal, M. and Swain, M.（1980）Theoretical Bases of Communicative Approaches to Second Language Teaching and Testing. *Applied Linguistics*, 1（1）, 1-47.

Canal, M.（1983）From communicative competence to communicative language pedagogy. In J. C. Richards and R. W. Schmidt（Eds）, *Language and Communication*. Harlow: Longman, 2-27.

Cummins, J.（1986）Empowering Minority Students: A Framework for Intervention, *Harvard Educational Review*, 51（1）, 18-36.

Firth, A. and Wagner, Wagner, J.（1997）On discourse, communication, and（some）fundamental concepts in SLA research. *The Modern Language Journal, 81*（3）, 285-300.

Garcia, 0.（2009a）*Bilingual education in the 21st century: A global perspective*. MA: Wiley-Blackwell.

Holzman, L.（1999）*Performing Psychology*. New York, NY: Routledge.

Holzman, L.（2009）*Vygotsky at work and play*. New York, NY: Routledge.

Hymes D.（1972）On communicative competence. In J. B. Pride & J. Holmes（Eds.）, *Sociolinguistics*（269-293）. U.K.: Penguin Books.

金沢創（2003）『他人の心を知るということ』東京：角川書店.

Lantolf, J. and Appelm, G.（1994）*Vygotskian approaches to second language research. Norwood*, N.J: Ablex.

Larsen-Freeman, D.（2007）Reflecting the cognitive-social debate in second language acquisition. *Modern Language Journal*, 91. Focus Issue, 773-787.

Lobman, C. and Lundquist, M.（2007）*Unscripted Learning*. NY: Teacher Clollege Press.

（ジャパン・オールスターズ訳（2016）『インプロをすべての教室へ　学びを革新する即興ゲーム・ガイド』東京：新曜社.）

松井かおり（2004）「外国語授業における間投詞 'Ah' の役割」『英語教育研究』No. 27，関西英語教育学会，33-49.

文部科学省 HP「小学校学習指導要領の全部を改正する告示及び中学校学習指導要領の全部を改正する告示等の公示について」

http://www.mext.go.jp/a_menu/shotou/new-cs/1384661.htm（アクセス日 2017 年 10 月 20 日）

Savingnon, S.（1972）*Communicative competence: An experiment in foreign language teaching*. Philadelphia: Center for Curriculum Development.

Savignon, S.（2007）"Beyond communicative language teaching: What's ahead ?" *Journal of Pragmatics*, 39, 207-220.

Sawyer, R. K.（1995）Creativity as mediated action: A comparison of improvisational performance and product creativity. *Mind, Culture, and Activity, 2*, 172-191.

田崎清忠（1995）『現代英語教授法総覧』東京：大修館書店.

寄稿者，翻訳・イラスト協力者一覧（50音順・敬称略）

石田　喜美（いしだ　きみ）
横浜国立大学教育学部，准教授
専門は読書教育・リテラシー教育。ワークショップやゲームなどの活動の導入によって創り出される学習・発達についての研究・実践を行っている。

各務　眞弓（かかむ　まゆみ）
NPO法人可児市国際交流協会事務局長
外国人への情報提供手段として，演劇手法を活用したプログラムを開発し実践している。

キーヴァ・マカヴィンシー（Caoimhe McAvinchey）
ロンドン大学上級講師
専門は社会的パフォーマンス実践研究。パカマの活動調査のほか，近年は女性や刑務所とパフォーマンスに関するテーマで調査プロジェクトに従事している。

菰田　さよ（こもだ　さよ）
NPO法人可児市国際交流協会　さつき・かがやき教室コーディネーター
日本での高校進学をめざす子ども達の指導のほか，地域の成人に向けた日本語教室で活動している。

コリン・ミカレフ（Corinne Micallef）
英国の劇団ペガサス・シアター共同CEO，芸術監督
ブリティッシュカウンシルと連携し，世界各国でユース・プロジェクトを企画・運営するほか，ゴールド・スミスカレッジやロンドンメトロポリタン大学などでも教鞭をとる。

シャロン・カノリック（Sharon Kanolik）
英国・芸術団体フランティック・アッセンブリー，ラーニング＆パーティシペーション部門代表，脚本家
メンタル面で問題を抱える青少年や難民など，マージナルな位置に身を置く人に向けたアート活動に力を入れている。

スチュワート・メルトン（Stewart Melton）
劇作家，演出家，ドラマトゥルク，ファシリテーター
ロンドン市内にある演劇学校で若い人を中心にファシリテーション，舞台製作を行う。特に子どもや若者，家族を対象とした劇作やパフォーマンスのファシリテーションが得意。

チャーリー・ホロロンショ（Charlie Folorunsho）
俳優，講師，ワークショップファシリテーター
英国内外でこれまで多くのシアターカンパニーとの公演経験を持つ。Business and Technology Education Councilなどでは学生を指導し，警察やNHSとも長年協働する。

中山　夏織（なかやま　かおり）

プロデューサー・翻訳。NPO 法人シアタープラニングネットワーク代表。桐朋学園芸術短期大学特任教授
主な著書に『演劇と社会—英国演劇社会史』（2003, 美学出版）が，主な翻訳に『応用ドラマ』『子どもという観客』がある。

山田　久子（やまだ　ひさこ）

多文化演劇ユニット MICHI 代表
地域の外国人住民を対象に防災ワークショップなど様々なワークショップを計画，実施している。

湯浅　美礼（ゆあさ　みれい）

語学学校運営のフリースクール職員
2009 年 10 月〜2017 年 3 月まで NPO 法人可児市国際交流協会にて，高校進学支援教室のコーディネートを担当する。

・翻訳

長谷川　康子（はせがわ　やすこ）

舞台美術家，ファシリテーター
舞台美術，国際交流プロジェクトでの通翻訳，教育，医療とアートなど演劇を根っこに活動している。

・翻訳

茂木　裕美（もぎ　ひろみ）

翻訳者
演劇関連の講演記録から，ビジネス，医薬分野の翻訳まで幅広く手掛けている。

・イラスト

北　都（きた　みやこ）

美術家。2 児の母。アートを介して，周囲の人たちとのつながりを楽しむ。

・イラスト協力

村上　ヴァネッサ・クリスチーニ

Mamaland ママランド代表。外国人定住者の立場から，地域で多文化共生活動を展開中。

編著者紹介

松井かおり（まつい　かおり）

朝日大学保健医療学部准教授，多文化こどもエデュ niho ☆ nico 代表
専門は，英語授業研究，コミュニケーション論。近年は，海外にルーツがある子ども達と
日本人児童生徒の共同学習の方策に関心を持ち，応用ドラマや写真，工作など身体とアー
トを用いた学習環境づくりを，地域住民とのグループ実践活動から探究している。主著に
『中学校英語授業における学習とコミュニケーションの相互性に関わる質的研究：ある熟
練教師の実践課程から』(2012)，「多文化・多言語社会を生きる子ども達のドラマ活動の
意義と可能性：海外にルーツがある子ども達の「居場所」としての市民共同劇の役割に焦
点をあてて」(2016) などがある。

著者紹介

田室寿見子（たむろ　すみこ）

演劇ユニット Sin Titulo 代表，東京芸術劇場　人材育成担当係長
2004 年に多国籍アーティストとともに Sin Titulo を設立。人種・言語・ジャンル等の枠組
みを超えたパフォーマンス創作を目指し，日本外国特派員協会などを拠点に上演。2008
年，岐阜県の可児市文化創造センターの依頼により，外国人と日本人の交流を目指した演
劇事業「多文化共生プロジェクト」を立ち上げ，総合ディレクターとして 2012 年まで製
作。2011 年からは可児市国際交流協会とともに，演劇による外国人の自立支援と雇用創出
に向けて活動。2014 年より，東京芸術劇場において人材育成・教育普及を担当。

演劇ワークショップでつながる子ども達
多文化・多言語社会で生きる
2020 年 3 月 20 日　初 版第 1 刷発行

編著者　　松　井　か　お　り
発行者　　阿　部　成　一
〒 162-0041　東京都新宿区早稲田鶴巻町 514 番地
発行所　株式会社　成　文　堂
電話 03 (3203) 9201　FAX 03 (3203) 9206
http://www.seibundoh.co.jp

製版・印刷・製本　シナノ印刷
©2020　K. Matsui　　Printed in Japan
☆落丁・乱丁本はおとりかえいたします☆
ISBN978-4-7923-8083-0 C3074　　検印省略
定価(本体 3000 円＋税)